CB127944

plurall

Esta obra está no **Plurall**.
Baixe o app no seu celular
ou acesse **http://plurall.net**
e descubra uma nova
forma de estudar!

AAAHGYSNN

Atenção! Somente serão liberados conteúdos
e serviços relacionados a esta obra.

1274

LIV PROJETO TELARIS HISTORIA - 8 ANO 542430 Aluno

Ajuda: @plurallnet

SOMOS EDUCAÇÃO

projeto

Teláris

estudar HISTÓRIA

Um fato, diversas interpretações. Como será na História?

Daniel Almeida/Arquivo da editora

Podemos julgar o passado com os olhos do presente?

Você já reparou como costumamos mudar de opinião e interesses ao longo do tempo? É bem provável que seus interesses de hoje sejam bem diferentes daqueles de quatro ou oito anos atrás. Os interesses mudam porque novas perspectivas e conhecimentos vão sendo acrescentados em nossa vida.

Com a História não é diferente. O historiador vive seu próprio tempo, e essa realidade em que ele vive influencia a maneira como observa e interpreta o passado. Os historiadores podem estudar os mesmos fatos analisados pelos colegas do passado mas, muitas vezes, o fazem sob diferentes perspectivas.

Veja um exemplo. Há alguns anos, quando as questões ligadas aos direitos dos trabalhadores do Brasil eram muito desrespeitadas, diversos historiadores se debruçaram sobre o período do nascimento das fábricas tentando entender como havia sido a formação do operariado no Brasil. Hoje uma das grandes questões discutidas é o problema ambiental e os efeitos da ação do ser humano sobre a natureza. Esse assunto do presente faz com que historiadores olhem para o mesmo período do nascimento das fábricas, procurando observar e interpretar a História a partir da relação entre o ser humano e a natureza. Perceba que os fatos históricos não mudam! O que muda são as análises, o foco das pesquisas, as interpretações.

Então, o historiador pode analisar o passado a partir de suas preocupações com o presente?

Em parte, isso é verdadeiro. O presente influencia e estimula a pesquisa histórica. Porém, o historiador sempre deve evitar cometer um erro chamado **anacronismo**, ou seja, julgar o passado de acordo com os olhos do presente. Por exemplo, dizer que as sociedades do passado eram menos evoluídas que a nossa; dizer que os trabalhadores de hoje vivem como os da época do nascimento das fábricas; etc. Esse tipo de julgamento pode atrapalhar a compreensão da História e das transformações que ocorrem nas sociedades humanas ao longo do tempo.

Cada época deve ser analisada de acordo com o seu contexto.

Warner Bros/Arquivo da editora

O ator Brad Pitt em cena do filme *Troia*. EUA, 2004, direção Wolfgang Petersen.

Você já percebeu que existem várias formas de contar o mesmo acontecimento? Em História muitas vezes os historiadores interpretam o mesmo fato de forma diferente. Vamos entender isso melhor?

Ilustrações: Daniel Almeida/Arquivo da editora

O que é a verdade para o historiador?

Para entender essa pergunta, vamos analisar a seguinte situação: durante uma partida de futebol, um jogador cai na proximidade da área adversária. O lance foi rápido e não está claro o que aconteceu. O juiz considera que a falta ocorreu fora da área, o jogador que caiu diz que sofreu pênalti, o adversário diz que não foi falta, a torcida a favor pede o pênalti, a torcida contra diz que não foi nada. O comentarista na televisão também emite sua opinião. Se tiverem gravado a cena de vários ângulos, o vídeo mostrará a todos o que realmente aconteceu.

Esse exemplo ilustra bem quanto um mesmo fato pode receber diferentes interpretações. Cada um pode explicá-lo de acordo com seu ponto de vista. Com os historiadores ocorre algo semelhante. Partindo dos mesmos fatos e situações, dois historiadores podem fazer diferentes análises sobre o tema que estudam. Por essa razão, dizemos que a verdade em História é uma questão de ponto de vista e interpretação.

Quer dizer que o historiador pode dizer o que bem entende?

Informe-se, compare, reflita. Assim você forma a sua opinião!

Não é simples assim. O historiador trabalha com **fatos históricos**, aquilo que realmente aconteceu. Para analisar e interpretar esses fatos o historiador faz uso de documentos. Ele não inventa situações, mas examina os documentos de acordo com suas preocupações e interesses, respeitando as informações existentes. A isso chamamos **interpretação**.

Por isso, podemos dizer que em História não existe uma única versão dos fatos. No entanto, ela é diferente da ficção (como é o caso da literatura), já que o historiador não é livre para inventar o que bem entende.

Não é apenas na História que isso ocorre: quando lemos notícias ou explicações sobre acontecimentos políticos, por exemplo, também estamos diante de diferentes interpretações. Faça um pequeno exercício: selecione dois jornais, dois *sites* ou dois canais de TV e veja como eles tratam a mesma notícia. Observe se todos eles discutem o fato da mesma forma. Provavelmente não. Sempre que você ler uma notícia ou texto pense nisso! Compare o que foi dito sobre o assunto e não aceite a primeira versão como verdade inquestionável.

AUTOAVALIAÇÃO! QUE BICHO É ESSE?

Que tal descobrir antes de todo mundo como você está indo nos estudos?
Não precisa esperar o resultado das provas para isso. Você pode fazer de tempos em tempos uma autoavaliação (e evitar aborrecimentos!).

Ícones e ilustração: Bruno Algarve/Arquivo da editora

O QUE É AUTOAVALIAÇÃO?

auto ↓ de si mesmo + **avaliação** ↓ verificação da competência desenvolvida

É a forma de uma pessoa verificar como está se saindo numa determinada tarefa ou comportamento.

Você pode fazer uma autoavaliação no decorrer do bimestre ou no final dele. Há várias formas de se autoavaliar. Sugerimos uma tabela, que pode ser adaptada para cada disciplina. Veja a seguir:

Data	*O que é avaliado*	*Meu conceito/ minha nota*	*Minha autoavaliação ou o que fazer*
	AVALIAÇÕES PARCIAIS (Realizadas ao longo do bimestre)		
	AVALIAÇÃO BIMESTRAL (Avalia todo o conteúdo do bimestre)		
	TRABALHOS/ATIVIDADES EM CLASSE (Jogos, trabalhos em grupo ou individuais que são considerados pelo seu professor como uma avaliação)		
	TRABALHOS EXTRACLASSE		
	LIÇÕES DE CASA (Anotar se foram realizadas ou não)		
	PARTICIPAÇÃO (Dependerá do combinado entre o professor e toda a classe)		
	OUTROS (Seu caderno em dia, seu material escolar completo, seu ritmo, sua conduta em sala)		

Nesta coluna, anote as tarefas e/ou comportamentos que são avaliados em cada disciplina.

Nesta coluna, anote suas notas/conceitos.

Nesta coluna, em cada um dos itens você poderá anotar as mudanças possíveis, segundo sua visão, para melhorar seu desempenho.

DICAS

- ✔ Faça uma tabela para cada disciplina. Você pode montá-las no caderno ou na agenda.
- ✔ Registre suas notas de todo o bimestre. Cada vez que seus professores fizerem uma avaliação, anote o resultado na sua tabela.
- ✔ Faça sua autoavaliação na última coluna.

A visualização geral dos resultados ajudará você a acompanhar seu desenvolvimento e a identificar problemas.

TOME CONTA DO SEU DESEMPENHO! COMPARTILHE SUA AVALIAÇÃO COM SEUS PROFESSORES.

O nome do Projeto Teláris se inspira na forma latina telarium, *que significa "tecelão", para evocar o entrelaçamento dos saberes na construção do conhecimento.*

projeto

Teláris

Gislane Azevedo
Reinaldo Seriacopi

História 8

Idade Contemporânea

Gislane Azevedo

- Mestre em História Social pela Pontifícia Universidade Católica de São Paulo (PUC-SP)
- Professora universitária, pesquisadora e ex-professora de História do Ensino Fundamental e Médio nas redes privada e pública

Reinaldo Seriacopi

- Bacharel em Língua Portuguesa pela Universidade de São Paulo (USP) e em Comunicação Social pelo Instituto Metodista de Ensino Superior (IMS-SP)
- Editor especializado na área de História

Coautores da coleção *História em movimento* e do *Projeto Voaz – História* (Editora Ática), para alunos do Ensino Médio

Use esse QR Code para acessar o *site* exclusivo do Projeto Teláris.
Basta fazer o *download* de um leitor de QR Code no seu celular ou *tablet* e posicionar a câmera como se fosse fotografar a imagem acima.

55º Jabuti 2013

editora ática

editora ática

Diretoria de conteúdo e inovação pedagógica
Mário Ghio Júnior
Diretoria editorial
Lidiane Vivaldini Olo
Gerência editorial
Luiz Tonolli
Editoria de Ciências Humanas
Heloisa Pimentel
Edição
Solange Mingorance,
Thamirys Gênova da Silva e Mariana Renó Faria (estags.)
Arte
Ricardo de Gan Braga (superv.),
Andréa Dellamagna (coord. de criação),
Katia Kimie Kunimura (editora de arte)
e Casa de Tipos (edit. eletrôn.)
Revisão
Hélia de Jesus Gonsaga (ger.), Rosângela Muricy (coord.),
Ana Paula Chabaribery Malfa, Luís Maurício Bôa Nova,
Vanessa de Paula Santos e Brenda Morais (estag.)
Iconografia
Sílvio Kligin (superv.),
Evelyn Torrecilla e Carlos Luvizari (pesquisa),
Cesar Wolf e Fernanda Crevin (tratamento de imagem)
Ilustrações
Suryara Bernardi
Cartografia
Eric Fuzii, Marcelo Seiji Hirata, Márcio Santos de Souza
e Robson Rosendo da Rocha

Foto da capa: OlegD/Shutterstock/Glow Images

Direitos desta edição cedidos à Editora Ática S.A.
Avenida das Nações Unidas, 7221, 3º andar, Setor C
Pinheiros – São Paulo – SP – CEP 05425-902
Tel.: 4003-3061
www.atica.com.br / editora@atica.com.br

Dados Internacionais de Catalogação na Publicação (CIP)
(Câmara Brasileira do Livro, SP, Brasil)

Azevedo, Gislane
Projeto Teláris : história : ensino fundamental 2 / Gislane Azevedo, Reinaldo Seriacopi. – 2. ed. – São Paulo : Ática, 2015. – (Projeto Teláris : história)

Obra em 4 v. para alunos do 6º ao 9 ano. Conteúdo: 6º ano. Da Pré-História à Antiguidade – 7º ano. Idade Média e Idade Moderna – 8º ano. Idade Contemporânea – 9º ano. Séculos XX e XXI.

1. História (Ensino fundamental) I. Seriacopi, Reinaldo. II. Título. III. Série.

15-03001 CDD-372.89

Índice para catálogo sistemático:
1. História : Ensino fundamental 372.89

2018

ISBN 978 85 08 17261 0 (AL)
ISBN 978 85 08 17260 3 (PR)
Cód. da obra CL 738807
CAE 542 430 (AL) / 542 442 (PR)

2ª edição
5ª impressão

Impressão e acabamento
Brasilform Editora e Ind. Gráfica

Apresentação

Olhe para seus amigos em sala de aula. Provavelmente você vai observar a presença de pessoas com variados gostos, estilos, feições e crenças.

Alguns, por exemplo, têm olhos escuros, outros claros; uns cabelos lisos, outros encaracolados. É provável que também haja pessoas com diferentes crenças religiosas e mesmo aqueles que não professam nenhuma religião. Em geral tem gente que adora *rock* e outros que gostam de *rap*, música sertaneja ou regional. Há ainda os que curtem futebol e os que nem querem ouvir falar do esporte. É muita diferença, não é mesmo?

Se pensar bem, não é só na sala de aula que você encontra tanta diversidade de gostos, crenças, etc. Nossa cidade, nosso país e o mundo inteiro são formados por pessoas e povos bastante variados.

Mas como será que surgiram tantas diferenças? De modo geral essa diversidade é resultado da vivência que as pessoas ou povos tiveram nos variados lugares do planeta ao longo do tempo. Ou seja, a diversidade está relacionada à história dos povos e grupos humanos.

Como você pode perceber, o **estudo da História** é fundamental para entendermos o mundo em que vivemos.

Esta coleção tem entre seus objetivos ajudar você a conhecer a história dos grupos humanos que compõem nosso país, assim como a história de outras sociedades e povos que viveram em outras épocas, nas mais diferentes regiões do planeta.

Acreditamos que esse conhecimento é o primeiro passo para cultivarmos o respeito pelos outros e assim transformar nosso mundo em um lugar onde todos possam viver felizes — mesmo com nossas diferenças!

Um grande abraço,

Os autores

Conheça seu livro de História

1

2

3

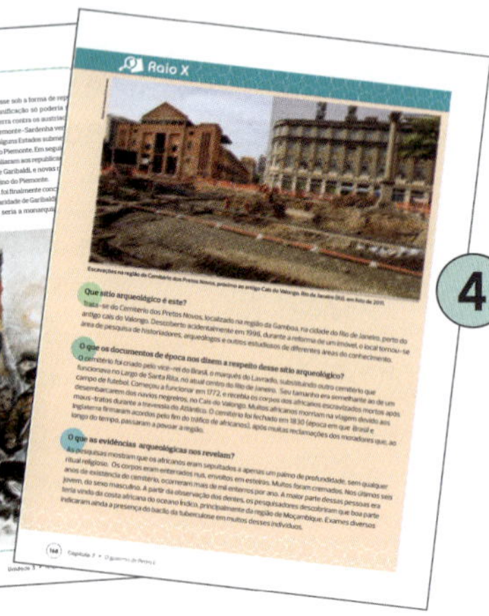

4

① Abertura de Unidade

Apresenta uma imagem em página inteira e um pequeno texto de introdução ao conceito da Unidade. Cada volume tem quatro Unidades.

Cada Unidade é identificada por um ícone amarelo, que se repete em azul nas páginas ímpares. Os ícones ajudam a localizar a Unidade e o capítulo com mais facilidade.

Ponto de partida

Esta seção traz questões que ajudam você a refletir sobre o conceito que será trabalhado na Unidade.

Continuação da abertura

Esta dupla de páginas amplia, com textos e imagens, a discussão prévia dos conceitos da Unidade.

② Abertura de capítulo

Todos os capítulos começam com uma ou duas imagens e textos que tratam de assuntos do presente. Assim, você perceberá que a História tem tudo a ver com o dia a dia de todos nós.

Glossário

Os termos e conceitos destacados no texto em laranja remetem ao glossário na lateral da página, que apresenta sua definição.

③ Seções

Ao longo dos capítulos, você encontra várias seções como:

Você sabia? – pequeno texto que desenvolve um aspecto do texto principal;

Passado presente – reforça a relação entre as questões do passado e do presente;

As palavras têm história – associa uma palavra do texto ao contexto histórico em que surgiu ou apresenta palavras que mudaram de sentido ao longo do tempo;

Enquanto isso... – aparece no final do capítulo e mostra outros acontecimentos históricos que ocorreram na mesma época tratada no capítulo.

Imagem condutora

Todas as vezes que você vir uma imagem com moldura vermelha, fique atento. Ela será analisada em detalhes nas páginas seguintes.

④ Raio X

Seção especial para a análise de variados tipos de documentos históricos.

Esta coleção traz aspectos da história do Brasil e do mundo narrados em linguagem atraente, sempre relacionando o passado com o presente. Imagens diversas servem de ponto de partida para a apresentação dos assuntos. As atividades auxiliam você a fixar o conteúdo estudado e estimulam a reflexão sobre seu cotidiano.

5

6
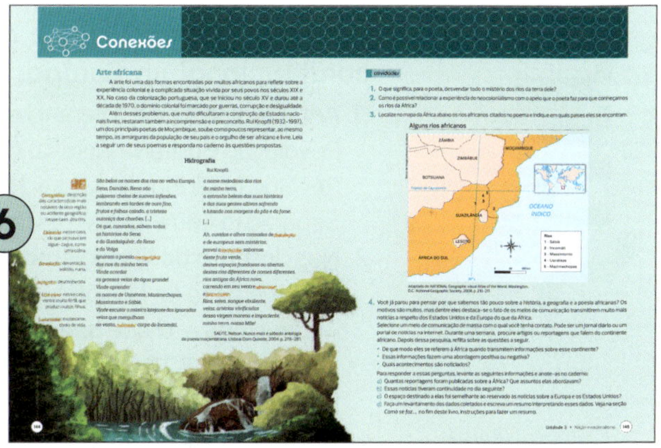

7 8 9
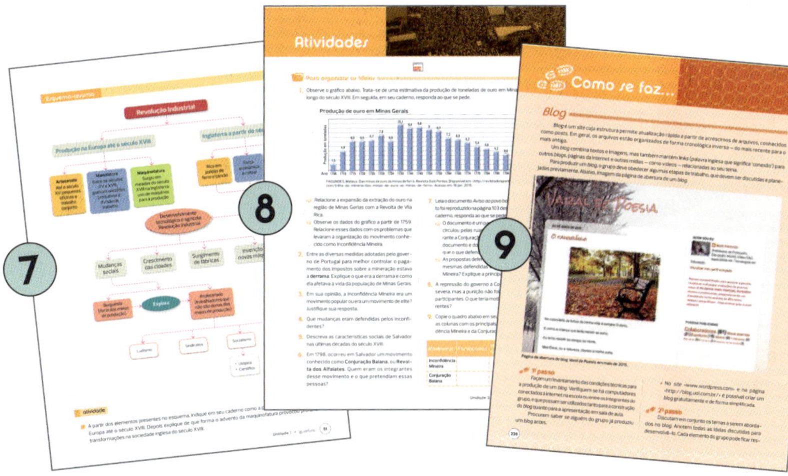

Ponto de chegada

Esta seção encerra a Unidade e traz dois ou mais documentos históricos para você discutir e refletir sobre o assunto estudado.

⑤ Olho vivo

Seção que traz imagens de diversas épocas e lugares. Por meio da observação e leitura, você perceberá que as imagens são documentos históricos que representam interesses e visões de mundo de pessoas e de grupos sociais.

⑥ Conexões

Seção que trabalha a interdisciplinaridade, mostrando que a História dialoga com as outras disciplinas.

⑦ Esquema-resumo

Encerra os capítulos com uma síntese dos assuntos trabalhados.

⑧ Atividades

No final dos capítulos você vai encontrar atividades variadas, como:

Para organizar as ideias – exercícios de compreensão de texto.

Teste seus conhecimentos – questões objetivas em formato de testes de vestibular.

Diálogos – reflexões sobre a sua comunidade e a História.

Interpretando documentos – análise de diferentes tipos de documentos históricos.

Nosso mundo hoje – textos jornalísticos sobre questões atuais.

Hora de refletir – relações entre o conceito do capítulo e o tema da Unidade.

Minha biblioteca – indicação de leituras complementares.

Mundo virtual – indicação de *sites* para pesquisa.

⑨ Como se faz...

Esta seção contribui para o seu desenvolvimento escolar. Por meio dela, você vai receber orientações para fazer fichamentos, entrevistas, pesquisas, resumos, entre outras tarefas.

CONTEÚDO DIGITAL

Este ícone indica que há conteúdo digital disponível em: www.projetotelaris.com.br

Sumário

Unidade 1 Igualdade

Sumário

Unidade 2 • Movimentos sociais

Caricaturistas Brasileiros - 1836-2001/ Pedro Corrêa do Lago/Sextante Artes

Sumário

Unidade 3 • Nação e nacionalismo

The Granger Collection/Other Images

Unidade 4 Terra e meio ambiente

Sumário

Marc Ferrez/Instituto Moreira Salles

Unidade 1

Maurício Simonetti/Pulsar Imagens

Embarque de passageiros no metrô Barra Funda, em São Paulo. Foto de 2012.

Igualdade

Liberdade, igualdade, fraternidade. Nenhuma sociedade moderna pode ser verdadeiramente justa sem praticar esses três valores. Mas, para alcançá-los, foi preciso lutar muito no curso da História. Ainda hoje, eles precisam ser reafirmados todos os dias. A igualdade, por exemplo, tem sido constantemente negada pelo preconceito e pela discriminação contra minorias.

Para fazê-la valer, é preciso que cada um de nós se convença de que só seremos iguais se soubermos respeitar as diferenças.

Vamos conversar sobre esses valores tão importantes para a democracia utilizando as questões da seção Ponto de partida.

Ponto de partida

1. Cite exemplos de situações nas quais percebemos a igualdade em nossa sociedade.

2. Você já presenciou ou soube de situações nas quais o princípio da igualdade foi desrespeitado? Em caso afirmativo, que situações foram essas?

Igualdade jurídica e social

Você já teve a curiosidade de consultar a Constituição brasileira? Lá, no artigo 5º, está escrito que somos todos iguais perante a lei. Mas o que isso quer dizer? Como podemos alcançar a igualdade se somos diferentes? A igualdade pressupõe o fim das diferenças? Não, a igualdade não pressupõe o fim das diferenças.

O conceito de igualdade jurídica estabelece que as pessoas, mesmo com todas as suas diferenças, devem ter os mesmos direitos e deveres. Todos têm o direito de receber do Estado e da sociedade um tratamento idêntico, independentemente de sexo, idade, etnia, crença religiosa ou posição social.

Entretanto, a igualdade enquanto valor social ainda não é plenamente aplicada. Em nosso país, por exemplo, a população afro-brasileira não tem as mesmas oportunidades que a população branca. Em geral, recebe salários mais baixos e tem menos acesso à educação, por exemplo.

Em quase todas as sociedades ainda encontramos manifestações de discriminação e preconceitos em razão de diferenças étnicas, culturais, religiosas,

Rogério Reis/Pulsar Imagens

Dezenas de luxuosos edifícios residenciais às margens da praia de Copacabana, no Rio de Janeiro (RJ), contrastam com as modestas construções da favela do Cantagalo, ao fundo. O valor do metro quadrado no bairro de Copacabana, na zona sul, é um dos mais caros da cidade carioca. Foto de 2013.

econômicas, de sexo e de orientação sexual. Essas manifestações estão em completa oposição ao ideal de igualdade.

Defender a igualdade significa, portanto, contribuir para a construção de uma sociedade democrática de fato, na qual as pessoas possam fazer livremente suas escolhas e ser respeitadas em suas características particulares.

Hoje, a noção de que somos todos juridicamente iguais é reconhecida. No passado, porém, houve muita resistência contra essa ideia, particularmente de grupos sociais que não estavam dispostos a perder seus privilégios.

Dessa forma, a igualdade que hoje encontramos na Constituição brasileira e na de outros povos só pôde ser obtida por meio de lutas contra os grupos que resistiam a ela. Assim como a liberdade, a igualdade foi conquistada pela ação de muitas pessoas ao longo da História.

Nesta Unidade vamos estudar alguns dos processos históricos que levaram à conquista da igualdade como valor fundamental da democracia.

Denis Charlet/Agência France-Presse

A jovem francesa Pascale Juilliard Eleonore Laloux (na foto, em sua casa), portadora da síndrome de Down, usa seu computador normalmente. Há 28 anos, quando Pascale nasceu, foi considerada uma "aberração cromossômica". Hoje ela trabalha, vive sozinha e é engajada na luta pela igualdade de direitos e no combate ao preconceito contra os portadores de síndrome de Down. Foto de 2014, na França.

Capítulo 1

Iluminismo e Monarquia constitucional na Europa

A todo momento novos remédios e vacinas são desenvolvidos para ajudar a melhorar a qualidade de vida das pessoas. Esses novos medicamentos são fruto do trabalho de cientistas.

Para inventar um novo medicamento, o cientista deve estudar bastante a respeito do assunto, lendo textos que outros especialistas já escreveram sobre o tema, por exemplo.

Inúmeras experiências são feitas até que se chegue ao resultado desejado. E em muitos casos os cientistas não atingem seus objetivos.

Mas nem sempre a condução das pesquisas científicas foi feita assim. Até o século XVIII, as questões da ciência estavam, de modo geral, muito ligadas aos preceitos religiosos da época. Tudo o que na concepção da Igreja estivesse contra os princípios cristãos não poderia ser "experimentado".

Isso começou a mudar no século XVIII, quando teve início na Europa um movimento de pensadores e cientistas contrários a essa ideia. Para essas pessoas, as luzes da razão e a ciência deveriam triunfar sobre a ignorância e o misticismo. Esse movimento de ideias é conhecido como **Iluminismo**.

Neste capítulo veremos como o Iluminismo promoveu mudanças em vários campos do saber e abalou o poder dos reis absolutistas.

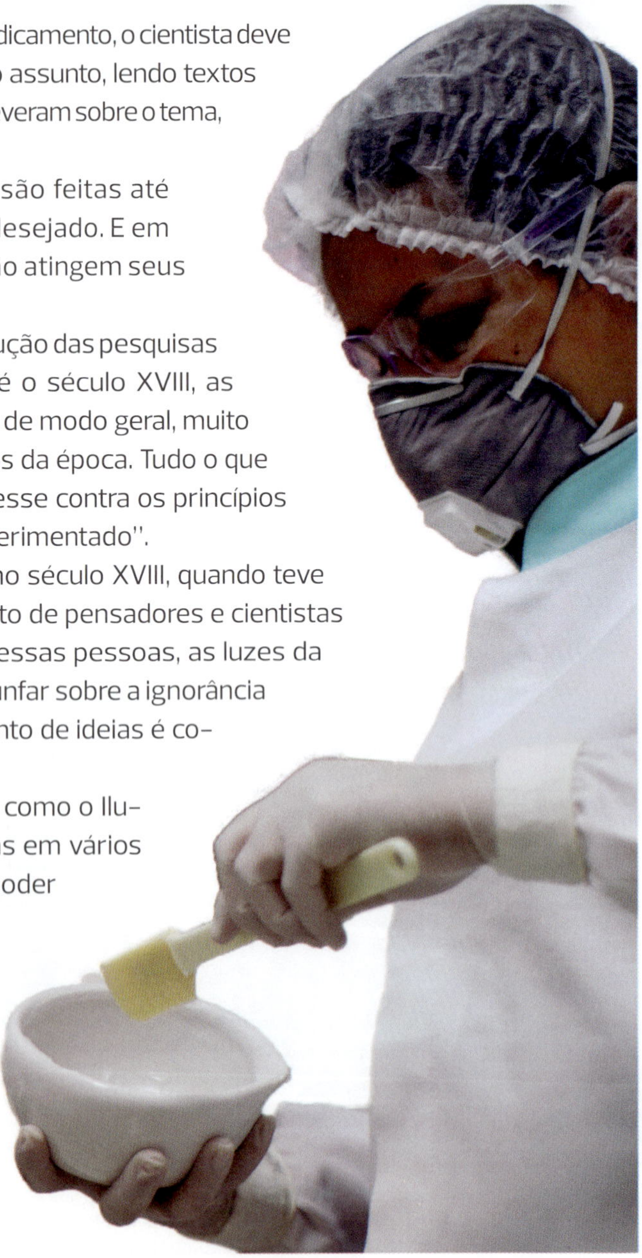

Para uma pesquisa ser considerada científica, deve atender a procedimentos sistemáticos, seguir métodos consagrados pela ciência e estar baseada no raciocínio lógico. Tais pressupostos, ainda em vigor no mundo contemporâneo, nasceram com o Iluminismo, no século XVIII. Na foto, de 2014, farmacêutica trabalha em laboratório de dermocosméticos.

Cassandra Cury/Pulsar Imagens

1 Antiabsolutismo e tolerância religiosa

O **absolutismo** foi uma das marcas do século XVII na Europa. Na França, na Inglaterra e na Espanha, por exemplo, a autoridade do rei era quase absoluta. Isso significa que ela não estava limitada por nenhum outro poder, exceto, como se acreditava na época, pelas leis de Deus e por alguns costumes locais. Acreditava-se que o poder dos reis era concedido diretamente por Deus. Isso era chamado de **direito divino dos reis**.

Uma das primeiras nações a passar por mudanças na forma de governar foi a Inglaterra. Lá a **transição de monarquia absolutista para monarquia constitucional** aconteceu após **duas revoluções**, uma iniciada em 1640 (conhecida como Revolução Puritana) e outra iniciada em 1688 (chamada de Revolução Gloriosa).

Revolução Puritana inglesa

A Revolução Puritana aconteceu durante o governo do rei Carlos I (que governou de 1600 a 1649). De caráter extremamente absolutista, Carlos I governava à revelia do Parlamento. Além disso, criou taxas alfandegárias para garantir o sustento da família real, impôs aos proprietários um empréstimo forçado à Coroa e perseguiu de forma sistemática seus opositores.

Esses conflitos resultaram, em 1640, em uma guerra civil. Pequenos proprietários e representantes da pequena nobreza rural (os *gentry*), aliados a setores da burguesia, organizaram um exército e lutaram contra as forças reais. Essa guerra se estendeu até 1649 e teve como resultado a deposição de Carlos I. Acusado - de forma inédita, até então - de alta traição por ter violado "a Constituição fundamental do povo", o rei foi condenado à morte.

A monarquia foi substituída por uma república, liderada por Oliver Cromwell.

Giraudon/The Bridgeman Art Library/Keystone/Castelo de Versalhes, Versalhes, França.

O líder inglês Oliver Cromwell em óleo sobre tela do artista belga Gaspar de Crayer (1584-1669).

Revolução Gloriosa inglesa

Em 1660, dois anos após a morte de Cromwell, o Parlamento inglês decidiu pelo retorno da monarquia. Carlos II, filho do rei Carlos I, a convite do Parlamento, retornou de seu exílio na França e assumiu a coroa da Inglaterra. Mas temendo o mesmo destino de seu pai, não implantou o absolutismo. Mesmo assim, tanto Carlos II quanto seu sucessor, Jaime II, procuraram fortalecer o poder régio e enfraquecer a força do Parlamento. Em resposta a essa política, o Parlamento depôs Jaime II em 1688 e entregou o trono a seu genro, o príncipe holandês Guilherme de Orange.

Foi esse processo que configurou a segunda revolução inglesa. Como a deposição do rei ocorreu sem conflitos ou mortes, esse movimento ficou conhecido como a Revolução Gloriosa. Coroado como Guilherme II em 1689, o novo rei aceitou o acordo feito com o Parlamento de obedecer às medidas previstas no *Bill of Rights* (Declaração de Direitos). Essa declaração garantia ao Parlamento o direito de votar leis que o rei deveria aceitar e respeitar. Por isso, a assinatura dessa medida significou o fim do absolutismo e do poder ilimitado do rei inglês, que agora deveria governar ao lado do Parlamento.

Separação entre Igreja e Estado

Hegemonia: neste caso, é o predomínio, ou a supremacia, de um país sobre os outros.

Outra marca do século XVII foram as guerras entre as potências europeias, na disputa pela **hegemonia** no continente. Alguns desses conflitos tiveram conotações políticas e religiosas ao mesmo tempo. A intolerância religiosa entre católicos e protestantes provocava sangrentos conflitos em vários países da Europa, como podemos observar na gravura desta página.

Como reação a esses conflitos, em 1689 foi publicado na Inglaterra um texto intitulado *Carta acerca da tolerância*, de autoria do pensador inglês John Locke (1632-1704). Nesse escrito, Locke defendia a liberdade de consciência, a tolerância religiosa e o direito de cada um escolher sua própria religião.

Em outros textos, Locke criticou a tradição do Absolutismo, segundo a qual o poder do rei era sagrado, concedido por Deus. Para ele, isso não era verdade, pois a política não dependia da intervenção divina, já que era uma invenção humana. Por isso, Locke propunha a **separação entre a Igreja e o Estado**.

John Locke foi um dos precursores do Iluminismo, que se difundiria pela Europa no decorrer do século XVIII a partir da Inglaterra e, sobretudo, da França. Ao lado dele, o cientista inglês Isaac Newton (1643-1727) também exerceu enorme influência no pensamento científico da época. Newton afirmava que a ciência deveria descobrir leis universais e demonstrá-las de forma racional, ou seja, por meio da razão.

Dois temas, portanto, começavam a se destacar entre os pensadores ingleses na passagem do século XVII para o século XVIII: a necessidade da **tolerância** para o convívio em sociedade e o uso da **razão** como instrumento fundamental do conhecimento humano.

Auguste Christian Fleischmann representa, nesta gravura do século XVIII, o que teria sido uma celebração à deusa da Razão na Catedral de Notre-Dame, em Paris, no dia 10 de novembro de 1793. Gravura colorizada posteriormente.

Biblioteca Nacional Francesa, Paris/Arquivo da editora

2 Nascimento do Iluminismo

As primeiras manifestações do que mais tarde viria a ser chamado de Iluminismo ocorreram nos **Países Baixos** ainda no século XVII. Por essa época, muitos pensadores que fugiam de perseguições em outros países procuravam abrigo nessa região.

Essa escolha tinha sua razão de ser. É que havia mais liberdade de pensamento e de expressão nos Países Baixos do que em qualquer outro país da Europa. Um dos motivos é que a forma de governo vigente na região, nessa época, era a república, e não a monarquia absolutista.

Nos Países Baixos as pessoas podiam discutir e publicar seus tratados científicos e suas ideias contra a Igreja católica e as monarquias absolutistas. Dois dos mais importantes precursores do Iluminismo, René Descartes e John Locke, viveram alguns anos na Holanda, uma das províncias dos Países Baixos. Lá, eles puderam desfrutar do clima de liberdade em que ocorriam os debates e a troca de ideias.

A Z

Países Baixos: o Reino dos Países Baixos é um pequeno país do noroeste da Europa. Como boa parte do território é conhecido como Holanda, o país também é reconhecido por esse nome. Seus habitantes são chamados de neerlandeses e também de holandeses.

Nova geração de filósofos

Na França, o filósofo René Descartes (1596-1650) também havia defendido o método racional de pensamento e o uso da reflexão e da dúvida para chegar à verdade. Para ele, o conhecimento precisava passar por um rigoroso processo de investigação. As ideias deviam ser postas à prova, e só as que resistissem às dúvidas e à investigação deveriam ser consideradas verdadeiras. Para esse filósofo, a razão era o ponto de partida de todo conhecimento.

Esses e outros pensadores foram fundamentais para a **formação** de uma **nova geração de filósofos e cientistas** capazes de **pensar racionalmente e sem recorrer ao pensamento religioso para explicar a natureza e a sociedade**. Começava a nascer, assim, o Iluminismo.

Veja a seção *Conexões* a seguir.

Archives Charmet/The Bridgeman Art Library/Keystone/Coleção particular

Em litografia colorida de Jean Baptiste Moret, de 1791, o filósofo, físico e matemático francês René Descartes em seu escritório de estudos. Descartes é considerado um dos mais influentes pensadores da Idade Moderna.

Conexões

O que queriam os iluministas?

O Iluminismo foi, como vimos, um movimento de ideias que abarcou diversos campos do conhecimento humano, como a Filosofia, as Ciências, a Política, a Economia e o estudo da sociedade e da cultura em geral.

Em sua reflexão e, em parte, em sua ação, os iluministas defendiam:

- A extinção da ignorância e da superstição por meio da educação e da divulgação do conhecimento científico.
- O uso da razão como instrumento para conquistar a liberdade e a capacidade de o ser humano pensar por si próprio.
- A tolerância e a liberdade religiosa e política.
- A liberdade de consciência e de expressão.
- A condenação das injustiças, dos privilégios, da dominação religiosa e do Estado absolutista.

atividade

Muitas descobertas feitas no campo da Medicina foram graças a experiências com animais, como vemos representado abaixo na tela de Joseph Wright.

Atualmente, porém, muitas pessoas colocam em dúvida a necessidade de utilizar seres vivos nesses experimentos. Para essas pessoas, experiências com animais vivos provocam um grande sofrimento a esses seres e podem levá-los à morte.

Em 2008, o governo brasileiro criou o Conselho Nacional de Controle de Experimentação Animal (Concea), um órgão encarregado de coordenar o uso de animais em estudos científicos.

Joseph Wright/Galeria Tate, Londres

Experimento com um pássaro em uma bomba de ar, óleo sobre tela de Joseph Wright, c. 1768. Esta tela representa a tentativa de um cientista de demonstrar a importância do oxigênio para a vida dos seres. Para isso, ele precisaria retirar o ar do globo de vidro onde está o pássaro. Ao fazer isso, a ave morreria, provando assim sua teoria.

O *site* de notícias *G1* entrevistou diversos cientistas a respeito dessa questão. Alguns se posicionaram a favor e outros contra o uso de animais nesses experimentos. Nessa matéria também foi publicada uma tabela (veja abaixo), com um resumo dos argumentos apresentados por esses especialistas.

Uso de animais em testes	
Contra	**A favor**
Testes em laboratórios causam sofrimento, ferimentos e transtornos psicológicos nos animais. Uma corrente de neurocientistas sugere que os animais, incluindo todos os mamíferos, aves e polvos, possuem substratos neurológicos que geram consciência e comportamentos intencionais. Ou seja, eles sentem dor.	Os testes com animais são submetidos a comitês de ética. A principal ênfase é não causar sofrimento nem dor. O Conselho Nacional de Controle de Experimentação Animal (Concea) cria normas que protegem o bem-estar desses animais. O fim do uso de animais em testes no Brasil tornaria a ciência brasileira dependente da tecnologia externa.
Animais em benefício dos seres humanos	
Contra	**A favor**
É justo os animais sofrerem com os testes para a obtenção de medicamentos e produtos que beneficiarão o ser humano? Isso não é uma forma de exploração?	Os testes com animais beneficiam também os próprios animais, pois são usados no desenvolvimento de rações, vacinas e medicamentos veterinários.
Resultados em animais × resultados em humanos	
Contra	**A favor**
Nem sempre os resultados obtidos em animais são os mesmos obtidos posteriormente em humanos. Sendo assim, não seria melhor testar os produtos diretamente nos humanos?	Antes de testar o produto em humanos, é importante testá-los em animais para evitar que voluntários humanos sejam submetidos a substâncias potencialmente perigosas.
Métodos alternativos	
Contra	**A favor**
Há alternativas capazes de substituir o uso de animais em testes, como a aplicação de modelos matemáticos e computacionais e as técnicas *in vitro* com tecidos de seres humanos ou de animais.	Ainda não há como substituir o animal em todos os testes. Sempre que existir um método alternativo com eficácia comprovada, ele deve ser substituído. A ciência tem o objetivo de reduzir e até abolir o uso de animais.

CARVALHO, Eduardo; LENHARO, Mariana. Argumentos a favor e contra o uso de animais em pesquisas científicas. *G1 Ciência e Saúde*. Disponível em: < http://tinyurl.com/n3extgh >. Acesso em: 26 dez. 2014.

1. Pense se você concorda ou não com o uso de animais em experimentos científicos.
2. Elabore uma carta ao Concea expondo sua opinião a respeito do assunto.
3. Antes de enviá-la, leia seus argumentos para a classe.

Difusão do conhecimento

Até o século XVII, a circulação e a difusão do conhecimento na Europa estavam concentradas quase exclusivamente nas universidades.

Entre os **séculos XVII e XVIII** surgiu outro espaço para a circulação das ideias: as **academias científicas**, fundadas como alternativa ao tradicional Ensino Superior. Nelas, jovens da nobreza e da burguesia estudavam disciplinas como Matemática, Línguas e Filosofia, que seriam úteis para sua formação e suas carreiras profissionais.

Algumas ideias novas, como as de John Locke sobre o Estado, também eram estudadas nessas instituições, fato que demonstra o caráter inovador e questionador das academias científicas.

Os cafés e salões

Aos poucos, o interesse pelas novas ideias ultrapassou as fronteiras das universidades e das academias. Isso ocorreu, em parte, porque os iluministas não eram somente cientistas ou filósofos. Muitos deles eram também profissionais liberais (como professores, médicos e advogados), artistas, nobres, comerciantes, funcionários do Estado, clérigos, etc.

Essas pessoas, que não frequentavam mais a escola, precisavam se encontrar em lugares onde pudessem conversar livremente, como nos cafés, nos clubes de leitura e em casas de particulares.

Gravura de um café parisiense do século XVIII. Com o objetivo de discutir ideias e obras artísticas em geral, diversos poetas, escritores e estudiosos da época costumavam encontrar-se em espaços como este.

Culture Club/Getty Images/Coleção particular

No século XVII, sobretudo na Inglaterra, na França e na península Itálica, os cafés começaram a se tornar ponto de encontro e lugar de lazer e de troca de ideias. Além de comer doces e tomar bebidas quentes, os clientes tinham à sua disposição jornais e revistas. Entre um pedaço de torta e um gole de chá, café ou chocolate, eles podiam ler as últimas notícias e discutir os acontecimentos mais recentes.

Você sabia?

Os primeiros cafés, tal como os conhecemos hoje, como lugares para se tomar uma bebida quente e comer um lanche, surgiram em meados do século XVII, na Inglaterra, na França e na península Itálica. Esses estabelecimentos ofereciam bolos, tortas, sorvetes e três bebidas muito diferentes daquilo que os europeus estavam acostumados a tomar: chá, café e chocolate.

Essas bebidas eram consideradas exóticas por virem de lugares muito distantes: o chá, do Oriente; o café, da África; e o chocolate, da América.

Na França, país no qual o Iluminismo teve seu maior desenvolvimento, a circulação de informações também ocorreu em clubes de leitura e nos **salões** de casas burguesas ou de pessoas da nobreza. Esses encontros propiciavam debates acalorados, tanto em torno de novas obras literárias quanto a respeito das mudanças de pensamento no campo das Ciências, da Política, da Religião, etc.

3 Iluminismo na França

Para conhecer um pouco mais os salões de Paris e os maiores nomes do Iluminismo francês, vamos analisar a pintura a seguir.

Anicet-Charles Lemonnier/The Bridgeman Art Library

imagem condutora

Leitura da tragédia 'O órfão da China' no salão de madame Geoffrin ou *Uma noite no salão de madame Geoffrin*, óleo sobre tela de Anicet-Charles Lemonnier representando as famosas reuniões literárias organizadas pela senhora Geoffrin no século XVIII, em Paris.

Pintado em 1822 pelo artista francês Lemonnier, o quadro representa um encontro que teria ocorrido em 1755 na casa de madame Marie-Thérèse Geoffrin (1699-1777). Na realidade, a obra é uma grande fantasia do pintor, pois ele agrupou em uma mesma cena personagens que jamais se encontraram, ou que nunca estiveram ao mesmo tempo nos salões de madame Geoffrin.

Do ponto de vista da arte, isso é o que chamamos de "licença poética", recurso pelo qual um artista modifica a realidade para dar realce a aspectos que considera importantes. Dessa forma, o artista seleciona informações segundo seu critério para falar de determinado assunto.

A intenção de Lemonnier ao pintar essa tela era "fazer ver" algumas das personagens mais importantes do Iluminismo francês. O fato de algumas delas nunca terem se encontrado nos salões de madame Geoffrin não tinha importância nesse contexto.

Do ponto de vista da História, é mais uma oportunidade de observarmos como as **imagens não são "o que realmente aconteceu"**, e sim **representações**. (Veja o boxe *Imagens: verdade ou representação?* a seguir.)

Imagens: verdade ou representação?

A produção de imagens foi uma das primeiras formas que o ser humano encontrou para registrar e dividir com outros seus conhecimentos, crenças e emoções. Milhares de anos antes de inventar a escrita, os grupos humanos já se expressavam por meio de inscrições e pinturas nas rochas e em paredes de cavernas.

Mas uma imagem – pintura ou mesmo fotografia – não é um registro fiel da "verdade". Ou seja, ela não mostra algo como "realmente aconteceu".

Ao ler uma imagem precisamos ter preocupações semelhantes às que temos ao ler um texto: qual é a sua ideia central? O que o autor quer informar? Por que tal obra foi produzida?

Podemos dizer, portanto, que as imagens são representações de uma realidade, de uma pessoa ou de um momento histórico. Por trás de sua produção há interesses, mensagens que se deseja passar, aspectos que se deseja esconder, etc.

Ao longo deste volume faremos várias atividades baseadas em imagens. Em algumas dessas atividades, usaremos uma imagem principal para conduzir boa parte do capítulo. Em outras delas, você é que analisará o significado das imagens. Com isso, você verá como as imagens, junto com outras evidências, podem ser um excelente recurso para nos auxiliar na compreensão das sociedades e de sua história.

Jacques-Louis David/Museu Metropolitano de Arte de Nova York

A morte de Sócrates **(1787), óleo sobre tela do pintor francês Jacques-Louis David (1748-1825). O filósofo grego foi acusado de corromper os jovens com seus ensinamentos e condenado à morte. O pintor representa Sócrates (469 a.C.-399 a.C.) falando calmamente com os seus angustiados discípulos minutos antes de beber cicuta, o veneno que o mataria. A tela foi pintada 2,1 mil anos depois do fato ocorrido.**

Função dos mecenas

Mecena: pessoa rica que encomenda obras de arte e financia os artistas enquanto eles produzem essas obras.

Mas voltemos à imagem da página anterior para vermos a intenção do artista ao produzi-la.

Comecemos pela anfitriã. Sentada à direita, na primeira fileira, a senhora olha para o observador, ou seja, para todos aqueles que contemplam a cena representada na tela. Ela convidava pessoas para jantar em sua casa desde 1740. Às segundas-feiras, recebia grupos de artistas e de apreciadores das artes. Às quartas-feiras, era a vez dos "homens de letras", escritores e pessoas interessadas em discutir obras literárias recém-publicadas. Além de escritores e artistas, madame Geoffrin recebia burgueses, aristocratas, embaixadores e visitantes estrangeiros.

Fotos: Anicet-Charles Lemonnier/The Bridgeman Art Library

Madame Geoffrin – detalhe da pintura de Anicet-Charles Lemonnier.

Observe mais uma vez a pintura: madame Geoffrin e seus 53 convidados aparecem agrupados em semicírculo. Os quadros nas paredes podem revelar como a anfitriã gostava de arte. O luxo do ambiente sugere que ela era muito rica e também era um mecenas: grande incentivadora da arte, da literatura e dos salões.

Alguns convidados estão em pé; outros, sentados. Provavelmente, o jantar já havia sido servido. O momento, em questão, estava reservado para a leitura de uma obra específica, chamada *O órfão da China*, escrita por Voltaire em 1755.

Voltaire: defensor das liberdades individuais

Voltaire, cujo nome de batismo era Jean-Marie Arouet (1694-1778), foi um dos mais importantes iluministas franceses. Escritor e filósofo, ele criticava duramente a monarquia absolutista francesa por limitar as liberdades individuais. Também condenava o fanatismo religioso, que provocava guerras religiosas e impedia os seres humanos de pensar com clareza.

Henri-Louis Cain, de casaco vermelho, próximo do busto de Voltaire – detalhe da pintura de Anicet-Charles Lemonnier.

Fotos: Anicet-Charles Lemonnier/The Bridgeman Art Library

Na pintura, Voltaire não é representado entre os convidados presentes na roda de leitura: suas ideias levaram-no muitas vezes à prisão e ele foi obrigado a viver no exterior por vários anos. Por isso, Lemonnier resolveu representá-lo por meio de um busto, colocado quase no centro da tela.

Observe como a estátua está mais alta do que a linha formada pela cabeça dos convidados. Simbolicamente, o pintor usou esse artifício para representar como as ideias de Voltaire, pensador reconhecido como inovador, deveriam dominar o encontro.

Abaixo do busto há uma mesa coberta com uma toalha de veludo verde. Sentado diante dela, o ator Henri-Louis Cain (1729-1778), também conhecido como Lekain, lê o texto da peça teatral de Voltaire, que na ocasião não havia sido impressa. As folhas soltas na mão de Lekain indicam que o livro ainda estava em sua forma manuscrita, ou seja, escrito à mão. Ao seu lado esquerdo está representada a atriz Claire-Josèphe Léris (1723-1803).

Crítica ao absolutismo

Sentado bem no canto direito da tela, de casaco escuro, está representado outro grande iluminista: Charles Louis de Secondant (1689-1755), conhecido como barão de Montesquieu.

Montesquieu criticava os costumes morais, religiosos e políticos da França. Segundo ele, as leis não deveriam ser elaboradas de acordo com os desejos dos governantes, e sim com base na realidade social e histórica de cada povo. Era um crítico fervoroso do absolutismo e defendia também a divisão do poder em dois: Poder Executivo e Poder Legislativo.

Montesquieu – detalhe da pintura de Anicet-Charles Lemonnier.

Em pé, à esquerda da atriz Claire-Josèphe Léris, está representado Jean-Jacques Rousseau (1712-1778), um dos pensadores mais originais do Iluminismo. Sua crítica ao Absolutismo era a mais radical entre os iluministas. Para ele, o verdadeiro soberano era o povo; o governante era apenas um funcionário do povo.

Na qualidade de verdadeiro soberano, o povo deveria manifestar diretamente sua "vontade geral" por meio da maioria dos votos em assembleias, e não por intermédio de representantes políticos eleitos. Hoje, chamaríamos isso de democracia direta.

Enciclopédia no Iluminismo

Voltemos à tela representando a sala de estar de madame Geoffrin. Repare em dois homens: um deles, de casaco vermelho, à direita do ator Lekain; o outro, em pé, atrás do homem de casaco verde sentado. Encontrou-os? Eles são a representação, respectivamente, de D'Alembert e de Diderot.

Jean Le Ron D'Alembert (1717-1783) estudou Filosofia, Matemática, Direito e Medicina. Denis Diderot (1713-1784) era mestre em artes e escritor. Juntos, foram convidados por um editor para dirigir uma publicação que se tornou um marco do **Século das Luzes**: a *Enciclopédia* (veja a seção *Passado presente* a seguir).

Fotos: Anicet-Charles Lemonnier/The Bridgeman Art Library

Rousseau – detalhe da pintura de Anicet-Charles Lemonnier.

Fotos: Anicet-Charles Lemonnier/The Bridgeman Art Library

D'Alembert – detalhe da pintura de Anicet-Charles Lemonnier.

Fotos: Anicet-Charles Lemonnier/The Bridgeman Art Library

Diderot – detalhe da pintura de Anicet-Charles Lemonnier.

Passado presente

Da *Enciclopédia* à *Wikipédia*

Durante o Iluminismo muitos cientistas, escritores e filósofos passaram a buscar respostas racionais para diferentes aspectos da sociedade, da natureza e do Universo. Espalhados pela Europa, esses pensadores desenvolveram novas ideias sobre a política e a sociedade, além de abrir caminho para descobertas científicas e inventos tecnológicos.

Os iluministas também produziram diversos livros com o objetivo de organizar e divulgar os saberes adquiridos com as novas descobertas da ciência moderna, para que o público leigo tivesse condições de acompanhar os novos avanços. Esse esforço tomou forma especialmente por meio de obras conhecidas como enciclopédias.

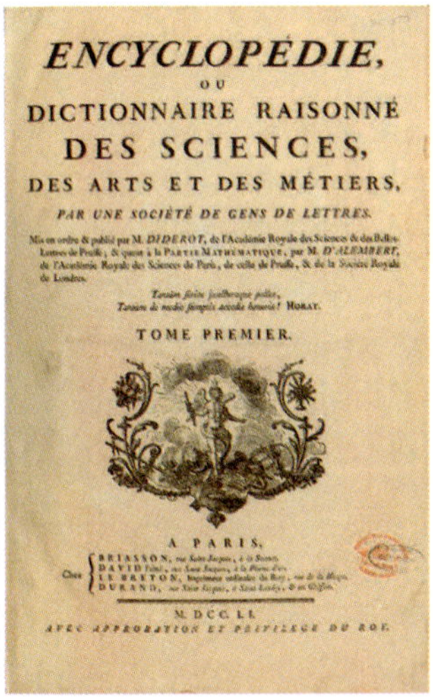

Capa da *Encyclopédie* (Enciclopédia, em português), editada em conjunto pelos filósofos franceses Denis Diderot e Jean D'Alembert entre 1751 e 1772.

A *Enciclopédia* foi publicada em Paris entre 1751 e 1772. Seu título completo é: *Enciclopédia ou dicionário raciocinado das Ciências, das Artes e dos Ofícios por uma sociedade de homens letrados* (organizada e publicada por Diderot e D'Alembert).

A versão francesa seguiria a ordem alfabética e traria textos que desenvolveriam temas relacionados com as ciências e os conhecimentos humanos, dando especial importância para a explicação de termos técnicos e científicos.

No total, a obra contava com 28 volumes, formada por 718 mil verbetes e 2 885 gravuras. Diderot foi responsável pela coordenação geral do projeto, e D'Alembert escreveu os verbetes sobre Ciências Naturais e Matemática.

O propósito dos autores da *Enciclopédia* era elaborar um quadro geral dos conhecimentos humanos em todos os campos do saber. Para isso, Diderot e D'Alembert convidaram outros iluministas para participar do projeto, entre eles Montesquieu, Rousseau e Voltaire (que no total escreveu 43 verbetes). Os mais destacados entre esses iluministas ficaram conhecidos também como enciclopedistas.

Desde então, muitas outras enciclopédias foram publicadas no mundo, todas inspiradas na de Diderot e D'Alembert. Até mesmo a internet tem as suas enciclopédias, como a Wikipédia, na qual podem ser encontradas informações sobre uma grande variedade de assuntos.

Página inicial (parcial), em português, da enciclopédia virtual Wikipédia em maio de 2015.

Déspotas esclarecidos

Como vimos, os iluministas não poupavam críticas ao absolutismo monárquico. A maioria deles defendia a instauração de uma **monarquia constitucionalista**, na qual o rei deve obedecer a uma Constituição e seu poder é limitado pelo Parlamento (ou Poder Legislativo).

Atentos às novas ideias, alguns monarcas europeus procuraram tornar mais racional sua administração, modificando a cobrança de impostos e reformando o sistema de privilégios concedidos à nobreza. Além disso, adotaram medidas para modernizar algumas instituições pertencentes ao Estado, como as de ensino e as Forças Armadas.

Esses monarcas ficaram conhecidos como **déspotas esclarecidos**. Receberam esse nome porque eram governantes absolutistas partidários de algumas ideias iluministas. Entre eles, um dos que mais se destacaram foi Frederico II, o Grande (1712-1786), da Prússia, que protegeu diversos filósofos (como Voltaire) e promoveu uma grande reforma educacional, com o objetivo de acabar com o analfabetismo em seu país.

Na Espanha, Carlos III (1716-1788) diminuiu o poder da Igreja católica, pôs fim à Inquisição e expulsou os jesuítas da Espanha e de suas colônias americanas.

Em Portugal, Sebastião José de Carvalho e Melo (1699-1782), conhecido como Marquês de Pombal, foi ministro do rei José I (1750-1777). Durante sua permanência no governo, ele promoveu o desenvolvimento comercial do reino e estimulou reformas na educação expulsando os jesuítas dos domínios portugueses.

4 Participação das mulheres

Agora, observe novamente a pintura de Lemonnier. Você reparou quantas mulheres estão representadas no salão de madame Geoffrin? Além da anfitriã e da atriz Claire-Josèphe Léris, há na tela mais quatro mulheres. Por que o pintor se preocupou em registrar a presença feminina entre tantos homens?

Porque, ao contrário do que ocorria nas academias, que não aceitavam a presença feminina, as mulheres tiveram papel essencial na organização dos salões. Sob sua proteção, e muitas vezes sob seus incentivos financeiros, os iluministas puderam expor e discutir as novas ideias.

Além disso, nos salões as mulheres podiam se manifestar livremente e saciar sua sede de saber. Neles, além de ouvir os debates, elas expunham suas opiniões e, muitas vezes, suas próprias obras de literatura, teatro ou poesia. É esse o caso das duas mulheres que você pode ver no detalhe ao lado.

No lado esquerdo do quadro, de vestido azul e próxima a Lekain, está representada Jeanne-Julie-Eléonore de Lespinasse (1732-1776). Além de escritora, ela organizava salões, onde recebia vários dos enciclopedistas, como D'Alembert.

Mais ao fundo encontra-se Anne-Marie Fiquet du Boccage (1710-1802), que tinha seu próprio salão desde 1733. Escritora, poeta e dramaturga francesa, sua obra foi elogiada por Voltaire e outros iluministas.

Além de participar das discussões nos campos literário, filosófico, político e artístico, as mulheres tiveram um papel importante no desenvolvimento da ciência moderna, como você vai conferir no boxe a seguir.

Fotos: Anicet-Charles Lemonnier/The Bridgeman Art Library

As escritoras Jeanne-Julie-Eléonore de Lespinasse e, ao fundo, Anne-Marie Fiquet du Boccage – detalhe da pintura de Anicet-Charles Lemonnier.

As mulheres e a ciência moderna

Hoje, um grande número de mulheres se dedica à ciência em todas as áreas. Entretanto, esse é um fato relativamente recente. Até o século XVIII, a atividade científica era um domínio quase exclusivamente masculino. Durante o Iluminismo, algumas mulheres romperam essa barreira, divulgando seus estudos e contribuindo para o avanço da ciência moderna.

Uma delas foi a escritora e poeta inglesa **Mary Wortley Montagu** (1689-1762). Mary era esposa do embaixador inglês em Constantinopla, atual Istambul, na Turquia.

Durante o período em que esteve por lá, ela observou que os turcos utilizavam uma espécie de "vacina" primitiva para se imunizar da varíola. Na época, a varíola matava cerca de 45 mil pessoas por ano na **Grã-Bretanha**.

O método era simples: fazia-se um arranhão no braço de uma pessoa e introduzia-se nele a saliva de um doente. Na pessoa **inoculada**, o vírus da varíola produzido artificialmente era mais fraco do que quando se contraía a doença por contágio. Assim, a pessoa ficava imunizada contra a doença.

Quando voltou à Inglaterra, Lady Mary fez com que a própria filha e a princesa do País de Gales fossem inoculadas com o vírus. Como esses testes deram certo, a prática da inoculação se difundiu rapidamente pela Grã-Bretanha, apesar da divergência da classe médica.

Dessa forma, Lady Mary contribuiu decisivamente para o processo que levou à descoberta de que as doenças transmissíveis são causadas por germes.

Enquanto isso, na França, a marquesa **Émilie du Châtelet** (1706-1749) conduzia vários experimentos científicos. Émilie estudou Matemática e Física com os melhores cientistas da época. Como o acesso às academias científicas era proibido às mulheres, só restava a elas frequentar os cafés e os salões para acompanhar as novidades.

Em 1733, depois de conhecer Voltaire, Émilie montou um laboratório no castelo de Cirey, onde vivia com o marido. O local se tornou um centro de experimentos em Química e Física.

Entre um e outro estudo, Émilie traduziu e publicou várias obras de Isaac Newton. Com as publicações, o método científico newtoniano passou a ser conhecido e utilizado amplamente pelos iluministas franceses.

A escritora inglesa Lady Mary Wortley Montagu foi uma importante figura no processo de inoculação do vírus da varíola, processo esse que levaria à descoberta da vacina. Óleo sobre tela de Charles Jervas (1675-1739).

The Bridgeman Art Library/Keystone/Chawton House Library, Hampshire, Reino Unido.

A Z

Grã-Bretanha: ilha situada no mar do Norte, na Europa, onde se encontram a Inglaterra, a Escócia e o País de Gales. Essas três nações, mais a Irlanda do Norte, que fica em outra ilha, formam o país chamado Reino Unido.

Inocular: introduzir um vírus ou outros germes, mortos ou enfraquecidos, no organismo de uma pessoa sadia para que ela desenvolva defesas naturais contra essa enfermidade. Esse é o princípio da vacina.

5 Iluminismo na economia: o liberalismo

O mercantilismo era um conjunto de princípios que, entre os séculos XV e XVIII, orientou a ação das monarquias europeias com o objetivo de fortalecê-las economicamente. O principal traço desses princípios era a defesa da intervenção do Estado na economia, controlando as atividades econômicas e impedindo a livre-iniciativa dos indivíduos.

Com o advento do Iluminismo, as propostas do mercantilismo foram colocadas em xeque. Os filósofos e economistas iluministas passaram a criticar duramente a postura intervencionista do Estado. Segundo eles, o desenvolvimento econômico só poderia ser alcançado quando existisse a completa liberdade de mercado, sem qualquer regulamentação estatal. Ou seja, o rei e o Estado não poderiam restringir as atividades econômicas dos indivíduos, nem estabelecer preços especiais ou regras para a realização de atividades comerciais.

Essa defesa da liberdade comercial deu origem a um pensamento que recebeu o nome de **liberalismo econômico**. Um dos principais representantes desse pensamento foi o pensador escocês Adam Smith (1723-1790).

Em sua obra mais conhecida, *A riqueza das nações* (1776), o autor defende a liberdade do trabalho, sem a interferência do Estado. Para ele, as relações entre os produtores e os consumidores eram reguladas naturalmente pelo mercado, por meio da lei da oferta e da procura. Segundo essa ideia, o preço de um produto varia naturalmente de acordo com a disponibilidade para venda e o interesse de compra. Isso quer dizer: se há muitas pessoas desejando adquirir uma mercadoria, seu preço no mercado tende a subir. Por outro lado, se uma mercadoria atrai pouco interesse dos compradores, esse preço cai. Para Adam Smith, tentar estabelecer um preço fixo ou impedir o livre trabalho dos indivíduos somente atrapalharia o desenvolvimento natural e racional do mercado.

O liberalismo econômico vai se tornar um importante instrumento de crítica do Absolutismo e das práticas econômicas adotadas pelas monarquias do período. Muitos indivíduos vão defender reformas que ampliem a liberdade do mercado e diminuam o poder de intervenção do Estado, abrindo caminho para transformações sociais importantes no século seguinte.

Enquanto isso...

Expedições científicas na colônia portuguesa

O interesse em conhecer a natureza e povos diferentes, advindo com os ideais iluministas, levou os europeus a enviarem diversas expedições científicas ao Brasil a partir do século XVIII. A primeira delas, conhecida como Viagem Philosophica, foi comandada por Alexandre Rodrigues Ferreira entre 1783 e 1793. Patrocinada pelo governo português, a equipe de Ferreira coletou, descreveu, catalogou e desenhou diversas espécies dos reinos vegetal e animal aqui existentes, assim como elementos do reino mineral. As informações obtidas por essa e por outras expedições foram enviadas para a Europa e passaram a fazer parte dos manuais e enciclopédias lá editados.

BELLUZZO, Ana Maria Moraes (Org.). *O Brasil dos viajantes.* São Paulo: Objetiva/Metalivros, 1999.

Acácia, aquarela de José Joaquim Freire, de 1785. O desenho foi um dos documentos científicos criados durante a Viagem Philosophica.

Esquema-resumo

Iluminismo

Europa: século XVIII

- Guerras entre potências e disputas por hegemonia
- Poucas liberdades individuais
- Absolutismo

Movimento iluminista

- Precursores do Iluminismo
  - **John Locke:** liberdades individuais e tolerância religiosa
  - **René Descartes:** método racional para o pensamento chegar à verdade
  - **Isaac Newton:** uso da razão para o avanço da ciência
- Crítica ao absolutismo e à falta de liberdade
  - Despotismo esclarecido
    - **Racionalização da administração e modernização do Estado**
- Maior difusão do conhecimento
  - Cafés
  - Salões
- Uso da razão pode transformar a sociedade
  - Alguns filósofos iluministas
    - Jean-Jacques Russeau
    - Voltaire
    - Montesquieu
    - Diderot
    - D'Alembert
- Participação das mulheres nos debates intelectuais e na ciência
  - Algumas pesquisadoras iluministas
    - Mary Wortley Montagu
    - Émilie du Chatelet

Joseph Wright/Galeria Tate, Londres

***Experimento com um pássaro em uma bomba de ar*, óleo sobre tela de Joseph Wright, de 1768.**

atividade

- Com base no esquema e na leitura do capítulo, aponte em seu caderno quais eram as características mais importantes do Iluminismo e explique as principais críticas do movimento iluminista ao absolutismo.

Atividades

Para organizar as ideias

1. A formação da monarquia constitucional na Inglaterra ocorreu após duas revoluções. Aponte as principais características de cada revolução e seus principais desdobramentos.

2. O liberalismo econômico foi um conjunto de ideias que criticava as práticas mercantilistas vigentes durante o Absolutismo. De que maneira essas novas ideias se diferenciavam das práticas mercantilistas?

3. René Descartes e John Locke foram dois importantes precursores do Iluminismo. Destaque as principais ideias defendidas por esses dois filósofos.

4. O avanço do Iluminismo foi possível, entre outros motivos, graças à criação de novos espaços de circulação de ideias. Que espaços eram esses? Explique a importância deles para o avanço dos novos conhecimentos.

5. Um dos projetos do Iluminismo era a elaboração de um grande quadro geral de todo o conhecimento humano. Esse projeto recebeu o nome de Enciclopédia. Para sua elaboração, foram convidados especialistas em diversos temas que deveriam escrever artigos sobre os mais diversos assuntos. Podemos comparar a Enciclopédia com a Wikipédia a partir dos conceitos de ruptura e permanência.

   Sobre isso, responda em seu caderno:

   a) Por que a Wikipédia é um exemplo de permanência histórica quando comparada à enciclopédia iluminista?

   b) Aponte um exemplo de ruptura histórica entre a Wikipédia e a Enciclopédia iluminista.

6. O quadro *Leitura da tragédia 'O órfão da China' no salão da madame Geoffrin* aborda algo bastante comum no século XVIII: os salões. Sobre isso, responda no caderno:

   a) O quadro representa uma situação que não correspondia à realidade, pois muitas das personagens reunidas pelo artista nunca se encontraram durante sua vida. Explique por que o pintor decidiu, mesmo assim, representá-las juntas.

   b) Identifique e descreva as principais figuras representadas na tela.

7. O pensamento iluminista afetou até mesmo o modo pelo qual alguns governantes orientavam suas ações e comandavam seus países. Esses governantes ficaram conhecidos como **déspotas esclarecidos**. Explique o que eles pretendiam e cite alguns deles.

Teste seus conhecimentos

1. Durante o Iluminismo, algumas mulheres conseguiram romper a exclusividade masculina das atividades científicas e filosóficas. Com isso, elas divulgaram suas ideias e contribuíram para o avanço da ciência moderna. Assinale, em seu caderno, V para as opções verdadeiras e F para as falsas, levando em consideração as seguintes afirmativas sobre a participação das mulheres no desenvolvimento do conhecimento durante o século XVIII:

   a) Mary Wortley Montagu (1689-1762) observou a utilização de uma espécie de "vacina" primitiva contra a varíola em Constantinopla. Isso contribuiu nas experimentações que levaram à descoberta de que as doenças são causadas por germes.

   b) Émilie du Châtelet (1706-1749) ajudou na divulgação e na tradução das ideias de Isaac Newton na França, publicando várias de suas obras em francês.

c) As mulheres participavam ativamente das academias científicas e na organização dos salões.

d) Anne-Marie Fiquet du Boccage (1710-1802) tinha um salão e ajudou ativamente na organização de reuniões com vários pensadores iluministas.

2. Igualdade social, liberdade de pensamento, ação e soberania popular são manifestações do Iluminismo, que basicamente se caracterizou como:

a) um movimento de retorno aos valores místicos e transcendentes, anteriores ao Renascimento.

b) uma substituição da religião, da tradição e da ordem absolutista pelo pensamento racional em prol dos liberalismos político e econômico.

c) uma utopia social fundada na ideologia cristã, base das correntes humanistas do Ocidente.

d) uma reação contrária à sistematização do saber e à soberania popular.

e) um movimento artístico com ênfase na expressão livre da vontade criadora dos artistas.

3. Voltaire, Rousseau, Montesquieu, entre outros filósofos, marcaram o movimento iluminista do século XVIII, conhecido como o "Século das Luzes", principalmente na França. Uma de suas marcas foi defender:

a) os dogmas da Igreja católica.

b) o liberalismo econômico e combater o Absolutismo.

c) a manutenção do sistema escravista.

d) o voto apenas para aqueles que dispusessem de certa renda.

e) a educação como forma de prevenir futuros castigos, como a prisão.

As questões 2 e 3 foram adaptadas de vestibulares (UEL e UTFPR).

Interpretando documentos

As relações entre os iluministas e alguns monarcas foram marcadas tanto por críticas quanto por aproximações. As críticas levavam muitas vezes seus autores à prisão e ao exílio. As aproximações, ao contrário, geraram um novo fenômeno político na Europa: o Despotismo Esclarecido.

Um dos déspotas esclarecidos mais famosos foi Frederico II, o Grande (1712-1786), da Prússia. Ele protegeu alguns filósofos iluministas e manteve com eles relações estreitas. Observe agora a imagem ao lado, *Voltaire recebe a visita do imperador Frederico II*. Em seguida, responda no caderno ao que se pede:

Biblioteca Nacional Francesa, Paris/Arquivo da editora

A xilogravura de Pierre Charles Baquoy, do século XIX, representa um encontro entre Voltaire e Frederico II, durante a estada do filósofo em Berlim em missão não oficial do governo francês durante a Guerra de Sucessão Austríaca, ocorrida entre 1740 e 1748.

1. Na cena representada, Voltaire aparece sentado diante de uma mesa de trabalho. Frederico II irrompe na sala pela porta aberta. Os dois encontram-se em posições diferentes. Descreva essa diferença e levante hipóteses para explicar a forma como o encontro foi representado.
2. Qual parece ser o papel que Voltaire desempenha diante do imperador da Prússia na gravura? Justifique sua resposta.

Diálogos

A *Enciclopédia* de Diderot e D'Alembert foi uma obra coletiva com 718 mil verbetes, distribuídos por 28 volumes, que buscou reunir todos os conhecimentos humanos.

Essa aspiração — a de compilar o conhecimento humano — se manifesta hoje na internet. Entretanto, há muitas diferenças importantes entre uma e outra.

Uma delas é que na internet podemos encontrar uma quantidade de informações muito maior do que na *Enciclopédia*. É certo que nem todos os autores da internet têm o saber dos enciclopedistas. Na internet encontramos *sites* que disponibilizam informações de revistas, jornais, *blogs*, acervos de bibliotecas e museus, enciclopédias *on-line*, entre outras fontes.

- Discuta com os colegas como a internet modifica a maneira pela qual temos acesso às informações.
- Levantem os aspectos positivos e os negativos dessa modificação.
- Em seguida, faça um resumo que sintetize seu ponto de vista sobre o assunto.
- Veja no final deste volume, na seção *Como se faz...*, instruções para fazer um resumo.

Hora de refletir

Durante o Iluminismo, algumas mulheres romperam as barreiras que as excluíam do mundo das ciências e realizaram estudos que promoveram grandes avanços científicos. Apesar disso, a presença feminina continuava proibida nas academias científicas. Nos dias de hoje, exclusões desse tipo são bem mais raras e não ocorrem em toda parte. Entretanto, nem sempre as mulheres encontram as mesmas condições e oportunidades que os homens.

- Discuta com os colegas a importância da igualdade sexual.
- Faça sugestões que poderiam colaborar para diminuir as desigualdades entre homens e mulheres na sociedade atual.

Minha biblioteca

***Lavoisier e a ciência no Iluminismo*, de Marco Braga e outros, Atual. (Ciência no tempo).**
Uma síntese do trabalho produtivo de Lavoisier e de sua atuação como político durante a época da Revolução Francesa.

Reprodução/Atual Editora

Mundo virtual

<http://tinyurl.com/6o8kpnw>
Portal da Biblioteca Nacional da França, com endereço de acesso às páginas com ilustrações da *Enciclopédia*, de Diderot e D'Alembert. *Site* em francês, mas de fácil navegação: basta clicar nas imagens para vê-las ampliadas e clicar nas setas para avançar ou retroceder na tela.

Acesso em: mar. 2014.

Capítulo

2 Revolução Industrial

Você já percebeu como são comuns, atualmente, as **inovações industriais**? Os robôs das fábricas de automóvel, por exemplo, são quase sempre operados inteiramente por computadores e executam diferentes trabalhos. As novas tecnologias aprimoram o desenvolvimento industrial e participam da fabricação das mais diversas mercadorias em boa parte do planeta.

Mas isso nem sempre foi assim. Por muito tempo na história humana, os objetos foram produzidos da mesma maneira, quase sem mudanças, no modo de produção artesanal. As técnicas de um trabalho manual lento e minucioso eram passadas de um mestre artesão para seus aprendizes. Contudo, isso mudou completamente no século XVIII na Inglaterra: foi lá que aconteceu aquilo que os historiadores chamam de Revolução Industrial.

CONTEÚDO DIGITAL

Imaginechina/Corbis/Latinstock

Na foto, operário monitora o trabalho de robôs de solda em metalúrgica na cidade de Huzhou, na China. Segundo a Federação Internacional de Robótica (IFR, em inglês), em 2017, a China terá mais robôs em operação em suas fábricas do que qualquer outro país no mundo. O país asiático vem investindo pesadamente na automação de suas indústrias, porque ainda está muito atrás de seus pares mais industrializados em termos de densidade de robôs. A China tem apenas 30 robôs para cada 10 mil trabalhadores empregados nas indústrias. Na Coreia do Sul, são 437 robôs para cada 10 mil operários; 323 no Japão; 282 na Alemanha e 152 nos Estados Unidos. Foto de 2014.

Transformações sociais, econômicas e políticas, acompanhadas pela invenção de máquinas, mudaram a forma de os ingleses fabricarem objetos. **O trabalho artesanal e manual foi trocado pelo trabalho de operários com máquinas, aumentando muito o ritmo da produção.** As mudanças na produção afetaram toda a sociedade, que também mudou seu modo de viver.

Neste capítulo estudaremos esse processo. Veremos também o impacto que ele teve na transformação econômica e no modo de vida das sociedades humanas.

1 Máquinas, energia e divisão do trabalho

Até o início da Revolução Industrial, no século XVIII, as mercadorias eram produzidas na Europa por trabalhadores que usavam **ferramentas e máquinas movidas pela energia humana**. A produção podia ser dividida em dois modos principais de trabalho: o artesanato e a manufatura.

O **artesanato** foi a principal forma de produção de objetos na Europa até meados do século XV. Nesse modo de trabalho, o **artesão** e seus aprendizes trabalhavam juntos, geralmente em pequenas oficinas, e **executavam todas as etapas do trabalho, sem muitas divisões das tarefas**. Para fabricar um alfinete, por exemplo, o mesmo artesão preparava o material, cortava-o no formato, afiava uma ponta e então moldava a cabeça do alfinete.

As pessoas começavam a trabalhar ainda jovens, no grau de aprendiz, e iam progredindo no ofício até o grau de mestre. Essa forma de trabalho, muito simples e com produção bastante lenta, era realizada em oficinas.

Gravura de cobre da segunda metade do século XVIII, com desenho de Daniel Chodowiecki, representa artesãos alemães fabricando uma carruagem.

Nachum T. Gidal/Interfoto/Latinstock

Manufatura e maquinofatura

No século XV, o trabalho artesanal começou a ser substituído pela **manufatura**. Surgiram as primeiras grandes unidades produtivas, com divisão do trabalho: cada trabalhador passou a executar uma só tarefa. Ainda usando o exemplo do alfinete, na manufatura um empregado preparava a matéria-prima, outro empregado cortava o material, outro afiava a ponta, e assim por diante. A combinação de esforços e a divisão do trabalho na manufatura possibilitavam a produção mais acelerada de mercadorias.

Uma mudança importante na forma de produção foi o uso de **máquinas** para transformar a matéria-prima. No começo, as máquinas funcionavam com a força humana ou de animais, mas logo começaram a usar outras **fontes de energia, como o carvão e o vapor de água**. O nome dessa forma de produção é **maquinofatura**, e as unidades de trabalho são as fábricas.

Com máquinas cada vez melhores, as fábricas passaram a produzir maior quantidade de mercadorias com um custo de produção menor: um trabalhador com uma máquina produzia a mesma quantidade que diversos trabalhadores sem máquina. O aumento de produção e a redução de custos proporcionaram um lucro muito grande para os donos das **indústrias**, que investiram mais ainda na mecanização. Isso ajuda a entender o sucesso da maquinofatura sobre o artesanato e a manufatura.

A Z

Manufatura: modo de produção manual com divisão de tarefas. Indica também as unidades de produção que usam esse método, ou seja, os locais onde se trabalha assim.

Indústria: fábrica ou conjunto de fábricas com grande mecanização.

Leia o livro *Revolução Industrial*, de Francisco M. P. Teixeira, Ática.

Todo esse processo começou na segunda metade do século XVIII, na Inglaterra. Ao longo do século seguinte, a maquinofatura se espalhou pelo restante da Europa e também para outras regiões do mundo.

Na seção *Raio X*, na próxima página, observe como o artista Joseph Wright representou o interior de uma oficina de modelar metais (forja) em 1772, ou seja, bem no começo da Revolução Industrial. O pintor inglês Joseph Wright foi um dos primeiros artistas a produzir obras que retratavam a sociedade pela ótica da Revolução Industrial.

Mas por que será que a Revolução Industrial começou na Inglaterra? Para responder a essa pergunta, precisaremos conhecer a sociedade inglesa daquele período.

The Granger Collection/Glow Images/Coleção particular

Xilogravura do artista alemão Jose Amman, intitulada *Armeiro*, de 1568. A ilustração representa um trabalhador que fabrica, vende, conserta e limpa armas e armaduras. Nessa época, o trabalho era basicamente artesanal.

Raio X

The Bridgeman Art Library/Keystone/Broadlands Trust, Hampshire, Reino Unido

Pintura em óleo sobre tela do artista inglês Joseph Wright, também conhecido como Wright of Derby, chamada *A Forja*, datada de 1772.

Qual é o nome dessa imagem?

Trata-se de uma pintura feita em óleo sobre tela, chamada *A Forja*, que representa um ferreiro forjando (modelando) o ferro no interior de uma oficina. A máquina funcionava por meio de uma roda-d'água que movimentava para cima e para baixo um enorme martelo mecânico, usado para moldar os lingotes (barras) de ferro incandescentes.

Podemos dizer que a imagem mostra a realidade?

Toda e qualquer produção artística é uma **representação** de algo, ela não é a verdade em si. Por exemplo, o artista representou o ferreiro tranquilo, olhando orgulhoso para pessoas que julgamos ser sua família. De certo modo, o artista escolheu passar a ideia de que o maquinário e a energia que vem da água diminuíram a carga diária de trabalho, sobrando tempo para o ferreiro usufruir com sua família. Ou seja, podemos dizer que o artista deu uma abordagem positiva à Revolução Industrial em sua obra.

Essa abordagem sobre as máquinas é semelhante à visão do artista que produziu a ilustração da página 38?

Não. Ao contrário do autor de *A Forja* (Joseph Wright), o artista que fez a ilustração da página 38 preferiu mostrar as máquinas como responsáveis pelos problemas advindos com a Revolução Industrial. Nesse sentido, quando dizemos que as imagens são **representações**, não estamos dizendo que são falsas, mas sim que em cada evidência histórica existe muito das crenças e dos valores de quem as produziu. É por isso que os historiadores sempre consultam e confrontam diversas fontes para selecionar e organizar as informações.

2 A Inglaterra no início da Revolução Industrial

No começo do século XVIII, a Inglaterra era uma das nações mais influentes do mundo, por sua grande força econômica e poder militar. Seu território era rico em jazidas de ferro e carvão, o país tinha uma poderosa frota naval e controlava colônias em diversos pontos do planeta, tanto na América quanto na África e na Ásia. As colônias, ao mesmo tempo que forneciam **matérias-primas** variadas com baixo custo, eram importantes mercados consumidores dos artigos produzidos na Inglaterra.

Vejamos um exemplo com o algodão, matéria-prima dos tecidos. O algodão era importado das suas colônias na América do Norte (parte do que hoje são os Estados Unidos). Na Inglaterra esse produto era transformado em tecidos, roupas e outros artigos da indústria têxtil. Essas mercadorias eram posteriormente vendidas pelos ingleses aos donos de fazendas nas Américas, gerando um grande lucro.

A Z

Matéria-prima: é a principal substância utilizada na fabricação de algum produto. Ela pode ser natural (como o algodão bruto) ou semimanufaturada (algodão com algum tipo de beneficiamento, por exemplo) e é submetida a um processo até se tornar um produto acabado (o tecido de algodão, por exemplo).

Lucro e tecnologia

Os lucros acumulados na Inglaterra foram investidos no desenvolvimento tecnológico e agrícola, ampliando a produção de alimentos e de matérias-primas. Nas cidades, as manufaturas utilizavam máquinas movidas por novas fontes de energia, que necessitavam de um número menor de trabalhadores e produziam maior quantidade de objetos em um tempo cada vez menor; portanto, foram essenciais no aumento dos lucros.

A combinação desses fatores gerou profundas transformações em toda a sociedade inglesa, não apenas na economia, a partir da segunda metade do século XVIII. São essas transformações que receberam o nome de **Revolução Industrial**. Entre as principais mudanças, destacam-se o crescimento das cidades, o surgimento de mais indústrias, a invenção de máquinas cada vez mais modernas, o crescimento acelerado da produção de mercadorias e o **surgimento de um novo grupo social**, conhecido como **proletariado**, ou operários.

The Granger Collection/Glow Images

Gravura de autor desconhecido representando dezenas de crianças durante o trabalho em uma fábrica de papel na Alemanha, em 1858.

3 Revolução das máquinas

Para acompanhar esse processo, conhecido como Revolução Industrial, e as mudanças provocadas por ele, vamos observar a imagem abaixo. Trata-se de uma gravura feita para o livro *A vida e as aventuras de Michael Armstrong, o garoto da fábrica*, da escritora inglesa Frances Milton Trollope. Essa obra foi publicada em 1840 e pretendia chamar a atenção para as más condições de trabalho nas fábricas, mostrando fortes imagens da exploração do trabalho de crianças e mulheres. Para elaborar o livro, a escritora e o artista que realizou as gravuras visitaram inúmeras fábricas e tentaram retratá-las com realismo. Podemos dizer, portanto, que as imagens dessa obra tinham como objetivo **denunciar uma realidade social**.

Dentro da fábrica

A imagem que estamos analisando mostra o interior de uma fábrica de tecido. Observando-a, sabemos que se trata de uma fábrica têxtil pela presença de uma fiandeira, uma máquina de grande porte que produz fios em grandes quantidades, e de pessoas trabalhando nela. A **indústria têxtil** foi um dos **principais setores da industrialização** na **Inglaterra**.

imagem condutora

World History Archive/TopFoto

Gravura, de autor não identificado, feita para o livro *A vida e as aventuras de Michael Armstrong, o garoto da fábrica* (1840), da escritora Frances Milton Trollope.

A máquina domina o ambiente: é maior e ocupa um espaço muito mais amplo que o de qualquer uma das personagens humanas — observe a criança que sai de debaixo dela. O gigantismo da máquina, comparado ao tamanho dos trabalhadores, é uma forma de retratar a primeira grande mudança trazida pela industrialização: nas fábricas, as máquinas eram consideradas mais importantes que os trabalhadores.

World History Archive/TopFoto

As máquinas tinham grande importância dentro das fábricas. Detalhe da gravura feita para o livro *A vida e as aventuras de Michael Armstrong, o garoto da fábrica*.

World History Archive/TopFoto

Produção de tecidos

Uma das primeiras máquinas inventadas na Revolução Industrial foi justamente a que vemos na imagem abaixo, a **fiandeira**, a máquina de fiar algodão. Inventada em 1764 pelo artesão britânico James Hargreaves, era operada por uma única pessoa e aumentou em oito vezes a produção de fios; ou seja, **um trabalhador e uma máquina produziam a mesma quantidade que oito trabalhadores manuais**.

Album/Akg-Images/Latinstock

'Spinning Jenny', máquina para fiar algodão inventada, em 1764, pelo artesão James Hargreaves. Xilogravura de 1887, de autoria desconhecida, colorizada posteriormente. A fiandeira é composta de diversas bobinas e funciona movida a água.

Outras máquinas foram criadas, aperfeiçoando o invento de Hargreaves, e em pouco tempo a indústria têxtil inglesa experimentava um período de aceleração, com a produção e a exportação de tecidos aumentando significativamente. (Veja o boxe *O algodão e a indústria têxtil*.)

O algodão e a indústria têxtil

Com a expansão da indústria têxtil, os produtores de tecidos da Inglaterra tiveram de enfrentar um problema: a falta de matéria-prima. Por muito tempo, os tecidos ingleses eram feitos quase inteiramente de lã. Quando as novas máquinas começaram a produzir mais depressa, aumentou a necessidade de matéria-prima. Só que não era possível aumentar a produção de lã no mesmo ritmo.

A solução encontrada pelos produtores de tecido foi substituir a lã pelo **algodão**, que era **cultivado** com **trabalho escravo nas colônias da América do Norte**. Em meio às novidades da época, em 1793, o norte-americano Eli Whitney inventou um aparelho que separava o algodão dos caroços, um trabalho que até então era feito manualmente. Com essa máquina, a produção algodoeira deu um salto e pôde atender uma parte das novas necessidades do mercado inglês.

O baixo custo do algodão, as novidades tecnológicas da época e a facilidade dos ingleses para exportar seus tecidos contribuíram para tornar a indústria têxtil o ramo mais importante do início da industrialização inglesa.

Ververidis Vasilis/Shutterstock/Glow Images

A mecanização das indústrias de algodão na Inglaterra, no final do século XVIII, foi um importante fator para levar a Inglaterra ao pioneirismo no processo da Revolução Industrial. As colônias contribuíam com matéria-prima, capitais e consumo. Na foto, algodão maduro, já em ponto de colheita.

CONTEÚDO DIGITAL

Máquinas a vapor

Patentear: registrar, em órgãos oficiais, uma invenção, um desenho ou uma ideia, por exemplo.

Outro grande salto na produção industrial britânica aconteceu em 1769, quando o escocês James Watt **patenteou** um **motor** que funcionava com a energia do **vapor** de água. Esse motor fazia as máquinas trabalharem em uma velocidade bem maior do que quando eram acionadas pela força do trabalhador. Depois de algumas adaptações, o motor de Watt foi utilizado em diversas áreas, como extração e tratamento de minérios, agricultura e outras atividades. O motor a vapor também foi usado em barcos a partir de 1776 e em trens a partir de 1808.

4 Condições de trabalho na nascente indústria

Vamos analisar mais uma vez a imagem, agora com destaque para as pessoas que estão trabalhando. Em primeiro plano, vemos representadas algumas crianças: a que sai de debaixo da máquina poderia estar fazendo alguma inspeção ou manutenção. A outra, com roupas rasgadas e parecendo bem cansada, ampara-se em outra criança que parece ter acabado de chegar. Ao lado, uma mulher e um homem, mas ela está atenta para o funcionamento da máquina, enquanto outra mulher trabalha na produção de fios. A imagem representa um fato bastante comum na industrialização da Inglaterra: a utilização intensa do **trabalho feminino** e do **trabalho infantil**.

World History Archive/TopFoto

World History Archive/TopFoto

A exploração de crianças era constante dentro das fábricas. Detalhe da gravura feita para o livro *A vida e as aventuras de Michael Armstrong, o garoto da fábrica.*

O trabalho infantil e o feminino

Em meados da década de 1830, segundo as estimativas, em cada quatro trabalhadores das fábricas de tecidos, havia um homem adulto, uma mulher e duas crianças ou adolescentes.

Os cargos antes destinados aos homens foram cada vez mais transferidos para mulheres e crianças, que, em geral, só conseguiam trabalho como aprendizes, fosse em uma oficina, fosse em uma fábrica.

As crianças operárias podiam receber castigos duros se cometessem erros ou falhas. Eram obrigadas a trabalhar por períodos longos: há relatos de crianças com apenas 7 anos de idade que trabalhavam de 12 a 15 horas por dia, seis dias por semana, em uma jornada semelhante à de um adulto.

Outro fator ligado ao trabalho infantil e ao feminino era a possibilidade de pagar **menores salários**. As crianças recebiam salário de aprendiz, bastante inferior ao que seria pago a um mestre ou homem adulto. Esses pagamentos inferiores contribuíam para a redução geral dos salários pagos a todos os trabalhadores.

Situação dos homens

Os homens sempre estavam ameaçados de desemprego ou de substituição por outro trabalhador ou trabalhadora que recebesse um salário inferior. Diante dessa possibilidade, muitos eram obrigados a aceitar a redução salarial ou pagamentos injustos e insatisfatórios.

North Wind Picture Archives/Akg-Images/Latinstock

No século XVIII a indústria têxtil empregava mais mulheres e crianças do que homens, como representado nessa xilogravura colorida à mão do início do século XIX.

Além das longas jornadas de trabalho impostas às crianças e mulheres, o **ambiente** de trabalho nas fábricas era sufocante. Embora a imagem central que analisamos neste capítulo não represente esse aspecto, em geral o ambiente das fábricas tinha pouco espaço para a circulação do ar e era geralmente sujo. As máquinas eram perigosas; qualquer distração poderia provocar acidentes – às vezes graves, com perda de uma mão ou de um braço – e até mesmo a morte.

Má alimentação e doenças

As crianças raramente conseguiam se alimentar de maneira correta e quase nunca descansavam, o que as deixava fracas e doentes. Em muitas fábricas, só era permitido parar para se alimentar no jantar – no restante da jornada, era necessário comer e trabalhar ao mesmo tempo. Nesse contexto, a industrialização provocou um grande aumento no número de mortes entre as crianças: aquelas que não sofriam acidente nas fábricas podiam adoecer pelo cansaço e pelas péssimas condições de vida.

Porém, não eram apenas as crianças que sofriam com as transformações provocadas pela industrialização. Todos os trabalhadores, mesmo os homens adultos, sentiam com intensidade as mudanças surgidas nesse mundo fabril que crescia rapidamente.

Moradia

O desenvolvimento das fábricas promoveu o **crescimento das cidades**. A maior parte da população inglesa morava no campo e se dedicava às atividades agrícolas até meados do século XVIII, quando muitas pessoas tiveram de deixar as terras onde viviam e seguir para as cidades. Mas no ambiente urbano as condições eram cada vez piores, com ruas apertadas e sujas, sem áreas para a construção de casas. O ar vivia coberto de fumaça, ou poluição, a novidade trazida pelas novas fábricas. Os outros serviços fundamentais, como **saneamento básico**, quase não existiam ou eram muito ruins.

A Z

Saneamento básico: abastecimento e tratamento de água e de esgotos, coleta de lixo, limpeza das ruas e controle da poluição.

Por falta de espaço, as pessoas viviam em cortiços e construções superlotadas, casebres desprotegidos do vento e da chuva, ou mesmo em habitações temporárias. Esses ambientes poluídos, sem higiene e apertados propiciavam a proliferação de muitas doenças.

Como os trabalhadores recebiam baixos salários e gastavam grande parte em impostos e taxas urbanas, quase não sobrava nada para a alimentação. A fome e a fraqueza tornavam todos mais suscetíveis às doenças. As epidemias de cólera, febre tifoide e outros males espalhavam-se pelos bairros de operários.

AKG-Images/Latinstock/Coleção particular

Pintura do artista galês Penry Williams (1798-1885) representando uma região industrial do País de Gales, no século XIX. A imagem mostra o contraste entre o campo verde e a fumaça expelida pelas várias chaminés das fábricas.

Você sabia?

Vimos que o crescimento das cidades inglesas está ligado ao desenvolvimento industrial. Para que possamos ter uma ideia de como foi acelerado esse processo, vamos considerar alguns números. Em 1750, período anterior ao início da Revolução Industrial, havia apenas duas cidades na Grã-Bretanha com mais de 50 mil habitantes: Londres e Edimburgo. Em 1801, durante a industrialização, já havia oito cidades com mais de 50 mil habitantes. Em 1851, no auge da industrialização inglesa, 29 cidades atingiram esse porte e nove tinham mais de 100 mil habitantes.

E, o mais importante, já havia mais pessoas morando nas cidades do que no campo.

English Heritage/Heritage Images/Getty Images

Vista panorâmica da rua Fleet, em Londres, em 1890. Ao fundo, à direita, a Catedral de Saint Paul (construção com a abóbada). Já naquela época, a rua se mostrava bastante movimentada, com grande fluxo de pessoas e veículos puxados por cavalos, fruto das primeiras transformações da Revolução Industrial no país.

atividades

Interpretando documentos

No século XIX, as autoridades inglesas decidiram investigar as condições de trabalho dentro das fábricas, a fim de criar leis que impedissem o abuso das crianças. Em 1833, criou-se a *Comissão Parlamentar de Inquérito sobre a Condição do Trabalho Infantil nas Fábricas*. Entre as informações levantadas está uma pequena entrevista de um operário que começou a trabalhar muito jovem nas fábricas. Leia os trechos da entrevista e depois responda no caderno às perguntas.

Entrevista com John Wright, trabalhador inglês em uma fábrica de seda, feita pela Comissão Parlamentar de Inquérito sobre a Condição do Trabalho Infantil nas Fábricas, *em 1833.*

Há quanto tempo você trabalha numa fábrica de tecidos?

Há mais de trinta anos.

Você começou a trabalhar quando era uma criança?

Sim, entre 5 e 6 anos de idade.

Quantas horas você trabalhava por dia naquela época?

Trinta anos atrás, eu trabalhava o mesmo que agora.

E quantas horas isso significa?

Onze horas regulares por dia e mais duas horas extras. As horas extras são feitas depois das 6 horas da tarde, até as 8 da noite. A jornada de trabalho vai das 6 horas da manhã até as 6 da tarde, e as outras duas horas são horas extras. Cerca de cinquenta anos atrás, começou-se a trabalhar com horas extras.

Qual é o intervalo para as refeições?

Em nossa fábrica, temos 20 minutos para o café da manhã às 8 horas da manhã, 1 hora para a refeição principal às 2 horas da tarde e 20 minutos para o chá, às 5 horas da tarde.

Quais são os efeitos do presente sistema de trabalho sobre os empregados?

Do que me lembro, percebi que os efeitos são terrivelmente prejudiciais à saúde do operário. Eu tenho visto com frequência crianças sendo levadas para as fábricas incapazes de andar, e isso unicamente em decorrência do excesso de trabalho e confinamento nas fábricas.

A degradação do ambiente das fábricas supera qualquer descrição: minhas duas irmãs foram várias vezes socorridas na fábrica e levadas para casa, até que não puderam mais trabalhar, ficando totalmente incapacitadas das pernas.

Além disso, lembro-me de, uns dez ou doze anos atrás, estar trabalhando numa das maiores empresas de Macclesfield (Messrs. Baker and Pearson) com uns 25 homens e, entre eles, apenas metade ser capaz de prestar serviços à sua Majestade [serviço militar]. Aqueles que ainda tinham pernas boas ficaram com problemas de crescimento e eram também muito mais fracos que seus pais.

Em terceiro lugar, por causa do excesso de trabalho e do confinamento, muitos perdem completamente o apetite, sendo tomados por um tipo de fraqueza e cansaço que derruba até as pessoas mais fortes e reduz as forças a pó.

Em quarto lugar, por causa dos trabalhos prolongados, há um aumento alarmante de aleijados em várias partes da cidade.

Esses fatos chamaram a minha atenção e tive a oportunidade de observá-los.

Adaptado de: Comissão Parlamentar de Inquérito sobre a Condição do Trabalho Infantil nas Fábricas. *Industrial Revolution Documents*: Document 1, 1833. Disponível em: <www.lancefuhrer.com/IR_docs.htm>. Acesso em: mar. 2015. Texto traduzido.

1. O operário faz uma detalhada descrição de sua rotina de trabalho nas fábricas.
Descreva essa rotina destacando as principais informações relatadas na entrevista.

2. Quando perguntado sobre os efeitos do trabalho na vida dos operários, o entrevistado apresenta uma visão bastante negativa.
Escreva no caderno quais problemas ele atribuiu às condições em que trabalhou.

3. Além do operário, a Comissão também solicitou a opinião de médicos para decidir sobre o trabalho infantil.
Um desses médicos defendeu, em seu depoimento, que, por causa das péssimas condições de trabalho nas fábricas, nenhum trabalhador com menos de 14 anos de idade deveria trabalhar mais do que oito horas diárias.

- Você acredita que esse limite seria o suficiente para garantir o bem-estar das crianças e dos jovens? Escreva a sua opinião no caderno.

Diálogos

A maquinofatura permite produzir uma infinidade de objetos em grande velocidade. O crescimento desenfreado da produção foi acompanhado de um consumismo cada vez mais intenso, que vem provocando sérios problemas para a natureza e para as sociedades humanas. Discuta com seus colegas os tópicos a seguir:

- Nossos hábitos de consumo.
- A importância de um consumo consciente.
- A relação entre nossos hábitos de consumo e as práticas de cidadania num momento de degradação do meio ambiente provocada pelo mundo industrial em que vivemos.

5 Burgueses, os donos das fábricas

Durante a Idade Média, os grupos sociais detentores de maior poder na sociedade europeia eram a nobreza e o clero. No outro extremo da sociedade, estavam os agricultores e artesãos. Com o processo conhecido como Revolução Industrial, essa situação mudou. A **burguesia** se tornou o **grupo mais poderoso e influente** da sociedade e vimos **nascer um novo grupo social, os proletários**. Veja no boxe a seguir a história desses termos.

As palavras têm história

Burgueses, burguesia e proletariado

A palavra **burguesia** surgiu como uma referência aos burgos medievais, pequenas cidades ou povoados, quase sempre rodeados por um muro. Inicialmente, todos os habitantes dos burgos eram chamados de **burgueses**. Com o crescimento das cidades e o desenvolvimento do comércio, ao longo da Baixa Idade Média e início da Idade Moderna, os termos "burguesia" e "burgueses" passaram a identificar pessoas e famílias que viviam de atividades comerciais, cada vez mais lucrativas, e acumularam riquezas com o comércio – lembrando que os nobres tinham riquezas acumuladas com impostos e produção agropecuária.

A partir da Revolução Industrial, os novos meios de produção – as fábricas e as máquinas, bem como o capital – passam a pertencer aos burgueses, e não mais aos trabalhadores. A burguesia, portanto, confunde-se com os donos das fábricas, aqueles que lucram com a exploração do trabalho dos operários.

A palavra **proletariado** faz referência aos trabalhadores das fábricas durante a Revolução Industrial. É outra maneira de falar dos operários, ou dos trabalhadores industriais, e de suas famílias. O termo "proletariado" tem origem latina e veio da palavra *prole*, que significa 'descendência', 'filhos'.

Na antiga Roma, os proletários eram pessoas que não tinham bens, sendo por isso isentas de pagar impostos e obrigadas a enviar seus filhos para defender a cidade em caso de guerra, entre outras atividades.

Com a Revolução Industrial, a palavra "proletários" passou a denominar pessoas que não possuíam os meios de produção (oficinas, ferramentas, fábricas e máquinas) e por isso só conseguiam ganhar o próprio sustento e o de sua família trocando sua força de trabalho por um salário.

A Z

Baixa Idade Média: como o período denominado Idade Média é muito longo (do século V ao XV), convencionou-se dividir essa época em dois momentos distintos: a Alta Idade Média (do século V ao X) e a Baixa Idade Média (do século XI ao XV). No entanto, é preciso destacar mais uma vez que essas datas e nomenclaturas são apenas marcos de processos históricos diferentes e que nenhuma sociedade muda de um dia para outro só por causa de datas ou nomes.

Idade Moderna: período da História que vai de 1453 (Queda de Constantinopla) até 1789 (Revolução Francesa). Como já salientamos, esses são marcos históricos criados pelos historiadores para facilitar o estudo da História.

Antagônico: divergente, oposto.

Ao atentar para os detalhes da **imagem condutora** desse capítulo, é possível entender como viviam os representantes desses grupos **antagônicos**. Pela observação da área que representa o interior da fábrica, nota-se três homens conversando. Dois deles usam cartola e estão bem-vestidos. Eles conversam com o terceiro homem, que usa roupas mais simples, apesar de não parecer sujo ou desalinhado.

World History Archive/TopFoto

World History Archive/TopFoto

No detalhe da gravura feita para o livro *A vida e as aventuras de Michael Armstrong, o garoto da fábrica*, vemos representados dois burgueses e um capataz (de boina), a pessoa que deveria tomar conta da fábrica.

Os dois primeiros homens (à direita) representam, na visão do artista, os **burgueses**, donos do dinheiro que era usado para construir fábricas, comprar máquinas e matéria-prima e pagar os salários. Eram, portanto, os donos das fábricas e ficavam com o lucro. O artista os representou conversando com o supervisor ou capataz, um homem que toma conta da fábrica e garante que os operários trabalhem da forma exigida pelos burgueses.

Mecanização

O fortalecimento da burguesia inglesa vinha ocorrendo desde meados do século XVII, com o desenvolvimento comercial e marítimo da Inglaterra. A riqueza acumulada com o comércio foi utilizada pelos burgueses para construir mais fábricas e comprar mais máquinas. Esse tipo de investimento, como vimos, aumentava a produção das mercadorias e os lucros da própria burguesia.

Para entender esse processo, vamos tomar como exemplo a confecção de roupas. Com as máquinas, uma fábrica produz mais roupas. Os custos das máquinas são altos no início, mas, se ficarem em funcionamento por longos períodos, os ganhos logo compensam os gastos. Além de produzir mais, as máquinas permitiam reduzir o número de operários. Portanto, para o dono de uma fábrica, a mecanização significava menos custos, menos tempo de trabalho e mais lucro.

O ganho dos burgueses vinha à custa das perdas do proletariado. Como vimos, os operários ganhavam salários extremamente baixos e tinham excessiva carga de trabalho, sem direito a férias ou descanso semanal. Corriam risco de acidentes ao operar as máquinas — muitos desses acidentes eram fatais — e ainda podiam sofrer castigos físicos caso o trabalho não fosse realizado como o esperado.

Na manufatura, os operários precisavam de muito treinamento para executar corretamente suas tarefas, ao contrário do que ocorria na maquinofatura. Trabalhadores com grande conhecimento técnico e que recebiam maiores salários podiam ser trocados por trabalhadores menos experientes e mais baratos. Muitos homens foram substituídos por crianças que nunca haviam trabalhado.

SSPL/Getty Images/Coleção particular

As primeiras máquinas a vapor, construídas na Inglaterra durante o século XVIII, impulsionaram a indústria inglesa, principalmente as fábricas de tecidos. Nesse desenho do interior de uma fábrica têxtil inglesa, em 1834, há um tear a vapor sendo operado por uma trabalhadora. Ao lado, uma criança transporta rolos de fios de algodão. O trabalho infantil, mais barato que qualquer outro, foi fortemente explorado na indústria do século XIX. Desenho a lápis do ilustrador inglês Thomas Allom, de 1834.

Você sabia?

Segundo estimativas, um tecelão experiente e qualificado, que recebia um salário elevado, produzia uma peça de tecido por dia de trabalho.

No mesmo período, dois teares a vapor, que podiam ser operados por um adolescente de 15 anos, produziam três peças e meia do mesmo material.

Essa diferença de produção ajuda a entender por que o aumento dos teares mecânicos provocou cada vez mais desemprego entre os tecelões. Os teares mecânicos a vapor passaram de 2,4 mil em 1813 para 224 mil em 1850. Já o número de tecelões passou de 250 mil nos anos 1820 para 50 mil nos anos 1850.

Leis a favor da burguesia

Assim, surgiu uma tensão entre burgueses e proletários. Os trabalhadores protestavam por melhores condições, recusando-se a trabalhar e abandonando os empregos, que consideravam degradantes. Os burgueses pressionavam o governo para criar leis severas a fim de combater o abandono do trabalho, que consideravam vadiagem, ou punir a prática de mendicância. Essas leis tinham por objetivo diminuir a resistência ao trabalho nas fábricas. O governo inglês chegou a criar as *workhouses*, instituições para as quais pessoas desempregadas e mendigos eram encaminhados à força e onde eram obrigados a realizar serviços.

6 Trabalhadores se organizam

Os operários começaram a se organizar contra as más condições de trabalho, contra a exploração que sofriam nas fábricas e também contra as novas máquinas, vistas por muitos trabalhadores como as responsáveis pelo seu sofrimento e seu empobrecimento.

The Granger Collection, New York/Arquivo da editora

Ilustração do início do século XIX representa trabalhadores ingleses tentando destruir tear de uma fábrica de tecidos durante os motins de 1811 a 1816 na Inglaterra.

As primeiras reações violentas ocorreram em 1811, quando trabalhadores invadiram fábricas e destruíram máquinas e equipamentos. Ações desse tipo ficaram conhecidas como **ludismo**, porque o líder das primeiras quebradeiras se chamava Ned Ludd.

As depredações de máquinas e equipamentos ocorreram também em outras regiões da Europa, quando começaram a passar pelo mesmo processo de industrialização. Só que o ludismo atacava apenas um aspecto do processo, deixando de lado suas causas. Essa ação, portanto, não bastava para mudar significativamente a vida do proletariado.

Logo os operários organizaram-se em novas formas de luta. Para enfrentar a exploração e exigir melhores condições de vida e de trabalho, começaram a criar suas primeiras **associações de auxílio mútuo**. Estas foram seguidas por organizações cada vez mais complexas, como os **sindicatos**.

As associações funcionavam de modo que facilitavam a luta e a reivindicação de direitos e proteções legais. Um dos principais instrumentos para exigir mudanças nas relações de trabalho era a **greve**: em vez de destruir as máquinas, os operários paravam de trabalhar, paralisando as fábricas e a produção. Essa forma de protesto atingia diretamente os interesses da burguesia, já que produção parada significava perda de lucros.

Leis melhoram condições de trabalho

A luta dos operários começou a surtir efeitos a partir da década de 1830, com a criação das primeiras leis que melhoraram as condições de trabalho. Surgiram limites para a jornada diária de trabalho das crianças e proibiu-se o trabalho feminino em atividades especialmente perigosas, como nas minas de carvão. Essas conquistas também foram acompanhadas de melhoras na organização do movimento operário.

Ao longo do século XIX, surgiram dezenas de movimentos políticos que defendiam os interesses do proletariado e lutavam contra aquilo que chamavam de exploração da burguesia e do capitalismo. (Veja o boxe *O que é capitalismo?* na página 49.)

O primeiro grande movimento operário foi o **cartismo**, surgido na década de 1830. Mas foram as ideias socialistas que modificaram profundamente a organização e a luta operárias.

A Z

Cartismo: esse nome deriva da Carta do Povo, um programa de seis reivindicações que os operários apresentaram ao Parlamento britânico. Os *cartistas* defendiam, entre outras coisas, jornada de dez horas de trabalho por dia e representação parlamentar.

Nasce o movimento socialista

Os primeiros pensadores **socialistas** defendiam modificações na sociedade capitalista, buscando a organização dos trabalhadores em comunidades mais justas. Entre eles, destacam-se o inglês Robert Owen (1771-1858) e os franceses Saint-Simon (1760-1825) e Charles Fourier (1772-1837). Essas ideias, porém, não foram acompanhadas por medidas práticas. Como esses primeiros socialistas não tinham um plano para concretizá-las, eles foram chamados de **socialistas utópicos**.

Calmann & King Ltd/The Bridgeman Art Library/Keystone/Coleção particular

A foto mostra a manifestação de operárias russas em 8 de março de 1917. As trabalhadoras organizaram uma greve de grandes proporções que levou mais de 90 mil pessoas às ruas. As manifestantes protestavam contra o governo do czar russo Nicolau II, contra a falta de alimentos e contra a participação da Rússia na Primeira Guerra Mundial. Em 1921, na Conferência Internacional das Mulheres Comunistas, foi aprovada a data de 8 de março como o Dia Internacional da Mulher, em homenagem a essa grande mobilização das trabalhadoras russas em 1917. No entanto, somente em 1975, por um decreto da Organização das Nações Unidas (ONU), a data foi oficializada mundialmente.

O que é capitalismo?

O capitalismo pode ser pensado como uma forma de organização social e econômica da sociedade que procura produzir sempre mais e mais riquezas. No capitalismo existe uma separação entre os trabalhadores, que vendem sua força de trabalho em troca de um salário, e os capitalistas, que são os proprietários dos meios de produção e que contratam os trabalhadores para produzirem mercadorias visando ao lucro.

Essa **forma de organização** teve um **longo desenvolvimento histórico**, que começa com o crescimento das cidades europeias a partir da Baixa Idade Média, passa pelas expansões marítimas (capitalismo mercantil) e comerciais (capitalismo comercial) do século XV e chega até a Revolução Industrial.

A partir dessa revolução, a produção de riquezas se dá pela exploração do trabalho nas fábricas. Essa forma de exploração do trabalho dos operários pela burguesia está no centro das relações sociais da sociedade capitalista.

Quanto maior fosse a exploração do trabalho, maiores seriam a acumulação de riquezas (de capital) e o crescimento do capitalismo. É por isso que a luta dos operários contra os burgueses se tornou tão importante ao longo do século XIX. Pode-se dizer que essa luta determinava o ritmo de crescimento do capitalismo e suas possibilidades de transformação.

Propriedade privada: que pertence de direito a uma pessoa ou grupo, que é propriedade particular e pode ser comprada ou vendida (como uma casa, um carro ou uma fábrica). O contrário de privado ou particular é estatal ou público (como uma escola pública ou uma praia).

Estado: organização de uma nação, com suas leis, instituições administrativas, Forças Armadas, etc.

Com o crescimento da industrialização e da exploração do proletariado, os movimentos socialistas motivaram reivindicações cada vez mais amplas: de melhoria na vida dos operários passaram a lutar por uma transformação da própria sociedade capitalista. É nesse momento que dois pensadores alemães ganham muita importância: Karl Marx (1818-1883) e Friedrich Engels (1820-1895).

Marx e Engels, com suas propostas conhecidas como **socialismo científico** ou **marxismo**, pretendiam criar uma sociedade sem a **propriedade privada** dos meios de produção (o capital, as fábricas e as máquinas). Seria, portanto, uma sociedade com igualdade de direitos e com base na organização dos trabalhadores. É a esse projeto de sociedade que chamamos de **sociedade comunista**.

Além do socialismo, surgiram no século XIX outras formas de contestação do capitalismo. Entre elas, uma que se tornou bastante importante foi o **anarquismo**. Os pensadores russos Mikhail Bakunin (1814-1876) e Piotr Kropotkin (1842-1921) defendiam que, para superar o capitalismo e criar uma sociedade igualitária, era necessário destruir o **Estado** e a propriedade privada. No lugar do capitalismo, deveriam surgir pequenas comunidades, organizadas por seus membros de forma igualitária e sem divisões sociais, como ricos e pobres, ou patrões e empregados.

Enquanto isso...

A produção de chita na Índia

Enquanto as primeiras indústrias têxteis surgiam na Inglaterra, no século XVIII, a Índia era uma das maiores produtoras de tecido do mundo e exportava para diversos lugares, até mesmo para a Inglaterra.

A chita indiana era produzida em manufaturas e podia ser utilizada na confecção de diversos tipos de roupa. Os ingleses compravam o tecido indiano para alimentar sua economia e reexportar o excedente (a parte não consumida) para outros mercados coloniais.

Os produtores indianos sofreram um duro golpe com o início da Revolução Industrial: as máquinas inglesas podiam fabricar o mesmo tecido mais depressa e com custos bem menores. Além disso, a utilização do algodão como matéria-prima para os tecidos ingleses contribuiu para diminuir a necessidade da chita.

O efeito disso foi devastador para a Índia, que passou, no início do século XIX, de exportadora de tecido para importadora de tecido inglês. Em 1820, a Índia havia comprado pouco mais de 10 milhões de metros do produto inglês. Apenas vinte anos depois, em 1840, essa quantidade aumentou para mais de 132 milhões de metros.

Os preços menores e a facilidade para conseguir tecido inglês acabaram com a produção de chita. Isso enfraqueceu seriamente a economia indiana, tornando-a cada vez mais dependente da Inglaterra e de sua poderosa indústria.

Look and Learn/The Bridgeman Art Library/Keystone/Coleção particular

O desenho em guache sobre papel (de 1972) do ilustrador inglês Cecil Langley Doughty representa a entrega de mercadorias para os armazéns da Companhia Britânica das Índias Orientais. À direita da imagem, o oficial inglês representa o lorde Robert Clive (1725-1774), também conhecido como Clive da Índia, por ter estabelecido a supremacia política e militar da Companhia Britânica das Índias Orientais em Bengala. A Companhia Britânica era uma organização formada por mercadores ingleses focados em explorar comercialmente a Ásia.

Esquema-resumo

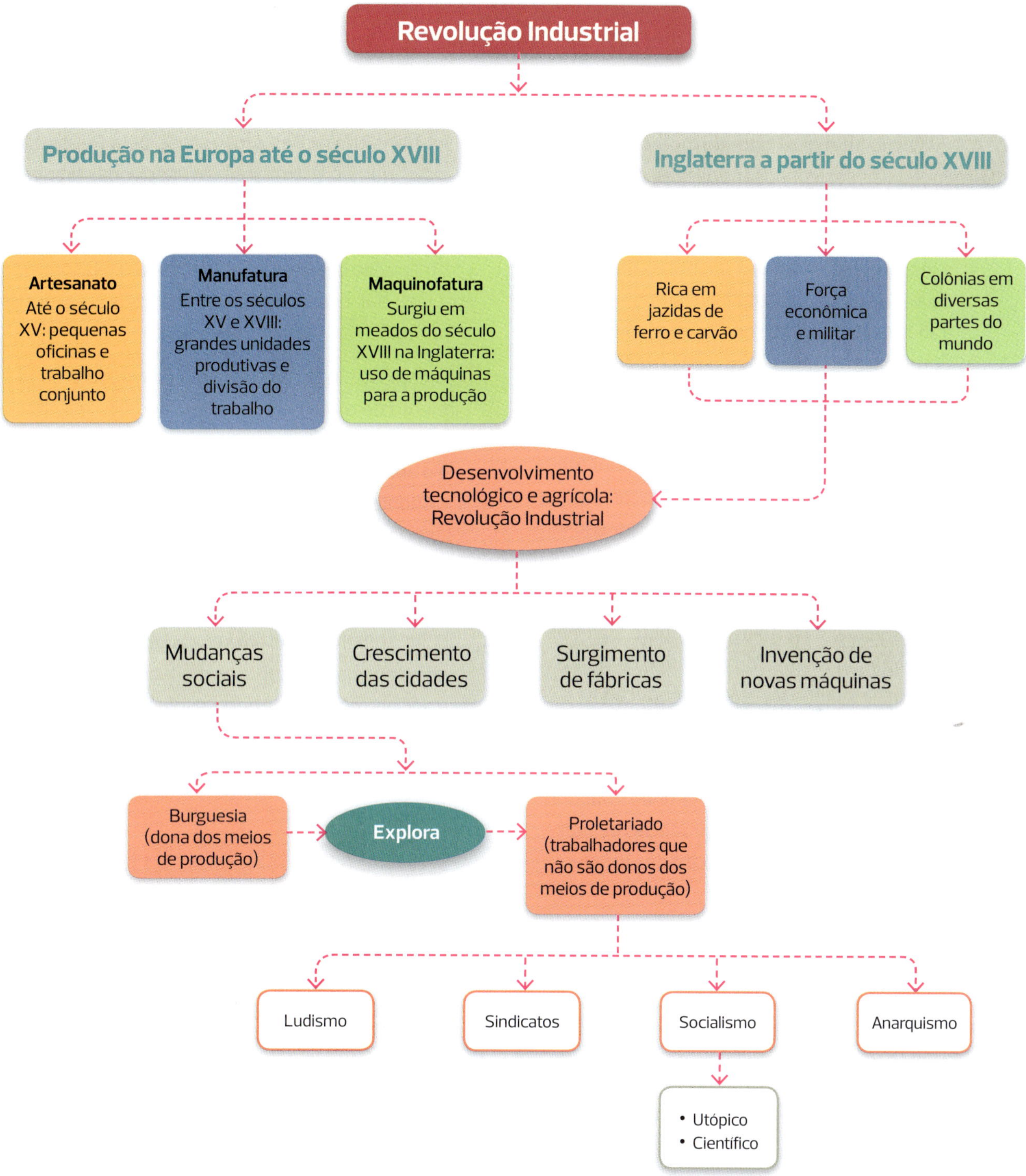

atividade

- A partir dos elementos presentes no esquema, indique em seu caderno como a produção se transformou na Europa até o século XVIII. Depois explique de que forma o advento da maquinofatura provocou profundas transformações na sociedade inglesa do século XVIII.

Atividades

Para organizar as ideias

1. A Revolução Industrial transformou o modo de produção das sociedades modernas. A principal mudança foi a substituição do trabalho artesanal ou da manufatura pela maquinofatura. Quanto a isso, responda no caderno:
   a) Quais são as semelhanças e diferenças entre o trabalho artesanal e o trabalho manufatureiro?
   b) Compare e aponte o que diferenciava o trabalho manufatureiro daquele relacionado à maquinofatura.

2. A Inglaterra foi pioneira no processo de industrialização da economia, com a Revolução Industrial, iniciada no século XVIII. Que características ajudam a entender o pioneirismo inglês?

3. A Revolução Industrial só foi possível graças às novas máquinas e tecnologias. Aponte algumas das principais inovações do período e como elas auxiliaram na industrialização da produção.

4. Compare a gravura de Daniel Chodowiecki na página 34 com a gravura de autor não identificado reproduzida na página 38. As duas imagens mostram meios diferentes de produção de mercadorias. A partir da comparação das imagens, responda:
   - O que diferencia a produção de mercadorias nas duas imagens?

5. Na imagem do livro *A vida e as aventuras de Michael Armstrong, o garoto da fábrica*, há a representação de várias crianças e mulheres trabalhando nas fábricas. Observe novamente a imagem, na página 38, e responda no caderno:
   a) Por que os donos das fábricas preferiam contratar crianças e mulheres para trabalhar nas fábricas?
   b) A industrialização aumentou o número de mortes entre as crianças por causa do ambiente e do ritmo de trabalho nas fábricas. Aponte quais condições de trabalho contribuíram para o aumento da mortalidade infantil.

6. As transformações provocadas pela Revolução Industrial não se limitaram ao interior das fábricas. Elas modificaram a própria sociedade inglesa, especialmente com o crescimento das cidades e com a migração da população rural. Descreva como era a vida nas cidades que começaram a crescer no período.

7. A exploração do proletariado provocou o surgimento de movimentos organizados de trabalhadores. Entre eles, podemos destacar o socialismo e o anarquismo.
   - Aponte algumas das principais características do socialismo utópico, do socialismo científico e do anarquismo.

8. Com base nas informações deste capítulo, reproduza a tabela abaixo em seu caderno e a complete com informações sobre as mudanças econômicas e sociais promovidas pela Revolução Industrial:

	Antes da revolução	Depois da revolução
Processo de produção		
Mão de obra predominante		
Donos dos meios de produção		
Energia usada		
Quem detinha o poder político		
Região de maior concentração populacional		

9. O desenvolvimento industrial inglês provocou mudanças também em outras regiões do mundo; por exemplo, na Índia. Explique como a industrialização da Inglaterra afetou a produção de chita indiana.

Teste seus conhecimentos

1. Leia o texto abaixo com atenção.

O juiz do condado de Broghton, presidindo uma reunião da prefeitura de Nottingham [Inglaterra], em 14 de janeiro de 1860, declarou que, naquela parte da população, empregada nas fábricas de renda da cidade, reinavam sofrimentos e privações em grau desconhecido do resto do mundo civilizado... Às 2h, 3h e 4h da manhã, crianças de 9 e 10 anos são arrancadas de camas imundas e obrigadas a trabalhar até as 10, 11 ou 12 horas da noite, para ganhar o indispensável à mera subsistência. Com isso, seus membros definham, sua estatura se atrofia, suas faces se tornam lívidas, seu ser mergulha num torpor pétreo, horripilante de se contemplar [...]

O sistema [...] *constitui uma escravidão em sentido social, físico, moral e intelectual* [...].

DECCA, Edgar de. *Fábricas e homens:* a Revolução Industrial e o cotidiano dos trabalhadores. São Paulo: Atual, 1999.

The Bridgeman Art Library/Keystone

Ilustração do francês Auguste Trichon (de 1848) que representa crianças trabalhando numa fábrica têxtil da época.

O texto e a imagem expressam:

a) a exploração da mão de obra escrava que caracterizou a industrialização capitalista nos séculos XIX e XX.
b) as violências impostas aos trabalhadores durante a Revolução Industrial, iniciada no século XVIII.
c) o trabalho escravo e assalariado, nos períodos das Revoluções Comercial e Industrial, nas colônias inglesas.
d) as características de superexploração do trabalho, inerentes ao modelo mercantilista inglês, no século XIX.
e) o capitalismo industrial, iniciado no século XIX, na Inglaterra, com suas relações de trabalho essencialmente escravocratas.

2. Leia o texto abaixo com atenção.

Este considerável aumento de produção que, devido à divisão do trabalho, o mesmo número de pessoas é capaz de realizar, é resultante de três circunstâncias diferentes: primeiro, do aumento da destreza de cada trabalhador; segundo, da economia de tempo, que antes era perdido ao passar de uma operação para outra; terceiro, da invenção de um grande número de máquinas que facilitam o trabalho e reduzem o tempo indispensável para realizá-lo, permitindo a um só homem fazer o trabalho de muitos.

SMITH, Adam. Investigação sobre a natureza e as causas da riqueza das nações (1776). In: ______./RICARDO. *Os pensadores*. São Paulo: Abril Cultural, 1984.

O texto, publicado originalmente em 1776, destaca três características da organização do trabalho no contexto da Revolução Industrial:

a) A introdução de máquinas, a valorização do artesanato e o aparecimento da figura do patrão.
b) O aumento do mercado consumidor, a liberdade no emprego do tempo e a diminuição na exigência de mão de obra.
c) A escassez de mão de obra qualificada, o esforço de importação e a disciplinarização do trabalhador.
d) O controle rigoroso de qualidade, a introdução do relógio de ponto e a melhoria do sistema de distribuição de mercadorias.
e) A especialização do trabalhador, a divisão de tarefas e a maquinização da produção.

3. A Revolução Industrial não modificou apenas o modo de produção de mercadorias, mas afetou também as relações sociais. Assinale V para as opções verdadeiras e F para as falsas, levando em consideração as seguintes afirmativas sobre as transformações sociais provocadas pela Revolução:

a) Os dois principais grupos sociais a partir da Revolução Industrial são a burguesia e o proletariado.
b) O termo burguês, durante a Revolução Industrial, era usado para fazer referência aos indivíduos mais ricos da sociedade e não tinha nenhuma relação com o fato de possuir ou não possuir fábricas e os meios de produção.
c) A palavra proletariado faz referência aos indivíduos que não possuíam os meios de produção (oficinas, ferramentas, fábricas e máquinas) e dependiam apenas de seu próprio sustento para sobreviver.
d) A relação estabelecida entre burguesia e proletariado era uma relação de exploração da força do trabalho. Porém, nem sempre os ganhos da burguesia implicavam perdas do proletariado.

As questões 1 e 2 foram adaptadas de vestibulares (Ufpel e Unesp).

Nosso mundo hoje

As leis brasileiras proíbem o trabalho de pessoas menores de 14 anos (e dos 14 aos 16 só podem trabalhar como aprendizes), mas há ainda um número grande de pessoas nessa faixa etária no mercado de trabalho. O texto abaixo foi extraído do *site* da **Fundação Abrinq** e traz algumas informações importantes sobre o trabalho infantil no Brasil.

Fundação Abrinq: entidade criada em 1990 com o objetivo de mobilizar a sociedade em defesa dos direitos das crianças e dos adolescentes.

A matéria informa quais são as formas de combatê-lo e ajudar a criar melhores condições de vida para essas crianças. Leia atentamente o texto e depois responda no caderno às perguntas que se seguem.

Trabalho infantil é...

Toda forma de trabalho realizado por crianças e adolescentes, que estejam abaixo da idade mínima estabelecida por lei. No Brasil, o trabalho é PROIBIDO para crianças e adolescentes abaixo de 16 anos.

Você sabia que...

no Brasil, 60 milhões de habitantes são crianças e adolescentes, dos quais 4,4 milhões estão submetidos ao trabalho infantil e 273 mil sofrem acidente trabalhando?

Por que o trabalho é proibido antes dos 16 anos

- *Porque as estatísticas mostram percentuais alarmantes de incapacidades permanentes, mutilações e morte de crianças e adolescentes submetidos aos rigores do trabalho.*
- *Porque, ao fazer o esforço físico de um trabalhador, uma criança pode prejudicar o seu crescimento, causar lesões na medula espinhal e produzir deformidades.*
- *Porque o trabalho precoce provoca problemas de saúde, como: fadiga excessiva, distúrbios do sono, irritabilidade, alergia e problemas respiratórios.*
- *Porque o trabalho infantil provoca o fracasso ou o abandono escolar.*
- *Porque a criança tem de estudar e brincar para garantir seu desenvolvimento pleno.*

Como você pode ajudar?

- *Apoie organizações que combatem o trabalho infantil.*
- *Denuncie casos de violação aos direitos das crianças junto ao Conselho Tutelar do seu município. Procure o endereço no Sistema de Informação para a Infância e Adolescência* (Sipia), *em:* <www.sipia.gov.br>.
- *Não compre produtos vendidos por crianças.*

Os empresários podem seguir a Lei da Aprendizagem n. 10097/00, para contratar aprendizes. A lei facilita a preparação e o ingresso do jovem no mundo do trabalho, contribuindo para sua formação profissional, sem comprometer os estudos e o seu desenvolvimento.

Adaptado de: Fundação Abrinq. Disponível em: <www3.fundabrinq.org.br/dotnetnuke/noticias/ano/2010/maio/por-que-trabalho-infantil-e-proibido-.aspx>. Acesso em: dez. 2014.

1. Segundo o texto, por que o trabalho infantil precisa ser combatido?
2. O texto explica diversas maneiras de colaborar no combate ao trabalho infantil.
   a) Escreva no caderno os principais instrumentos que podemos utilizar para combater o trabalho infantil.
   b) Agora pense em sua comunidade: você conhece situações de trabalho infantil? Em caso afirmativo, relate essa situação à classe.

Diálogos

A proposta dessa atividade é elaborar um *blog* sobre o trabalho infantil atualmente no Brasil.

- Em grupo, elaborem uma seleção de assuntos e temas; depois, combinem o que cada um deverá escrever.
- Após a redação dos textos, será necessário selecionar imagens e outros recursos que serão utilizados na montagem do *blog*.

- Para que o *blog* fique mais rico e instrutivo, ele pode ser dividido em seções específicas para cada assunto estudado.
- Solicitem o apoio do(a) professor(a) de Informática da escola.
- Veja como elaborar um *blog* na seção *Como se faz...*, no fim deste volume.

SSPL/Getty Images/Coleção particular

Vista parcial do interior de uma fábrica têxtil inglesa em 1834.

Hora de refletir

Atualmente, diversos direitos são garantidos pelas leis para as pessoas que trabalham, como empregados das fábricas e de outros tipos de empresa. A proposta desta atividade é apresentar alguns desses direitos.

- Faça uma pesquisa para descobrir os direitos que todo empregado tem assegurados pela lei. Todos os trabalhadores têm direitos iguais?
- Utilize as informações pesquisadas para participar de um debate em sala de aula. Reflita sobre questões como: os direitos trabalhistas são suficientes para garantir uma vida digna e satisfatória aos trabalhadores brasileiros? Que direitos ainda precisam ser conquistados?
- Para finalizar, produza um texto que sintetize os resultados da pesquisa e do debate.

Veja no final deste volume a seção *Como se faz...* para saber como realizar uma pesquisa e quais as regras de um debate.

Minha biblioteca

***Revolução Industrial*, de Francisco M. P. Teixeira, Ática. (O cotidiano da História).**
Um mergulho na cidade de Londres, Inglaterra, do século XIX, cenário das transformações que resultaram no que hoje conhecemos como Revolução Industrial.

Reprodução/Ed. Ática

Mundo virtual

<http://tinyurl.com/m475538>
Vídeo sobre a Revolução Industrial (parte 1), apresentando as causas do pioneirismo inglês e a difusão das fábricas têxteis em países da Europa no século XIX e as consequências sociais na sociedade da época.

<http://tinyurl.com/n6hgwz6>
Segunda parte do vídeo sobre a Revolução Industrial, com destaque para as correntes ideológicas que se propagaram pela Europa nos séculos XVIII e XIX, o papel da Igreja nesse contexto, considerando o impacto da industrialização na vida das populações.

<http://tinyurl.com/qf3jvrd>
Animação de 2,18 min. produzida pelo Sesc São Paulo sobre alguns dos princípios que envolvem a Revolução Industrial.

Acessos em: mar. 2015.

Capítulo 3

Revoluções iluministas: Estados Unidos e França

Um dos símbolos mais importantes de um país é a sua bandeira. O Brasil, como você sabe, tem a sua. Mas não são apenas nações que utilizam bandeiras como símbolo. Diversos grupos humanos e organizações também usam bandeiras como forma de representação.

É o caso, por exemplo, das escolas de samba no Brasil e dos clubes de futebol em todo o mundo. As cores, as formas e os brasões das bandeiras significam muito para aqueles que se sentem representados por elas.

Estados Unidos da América

Libéria

Malásia

Uruguai

Togo

Imagens: Banco de Imagem/Arquivo da editora

França

Andorra

Chade

Costa do Marfim

Romênia

Nas imagens desta página, você pode ver bandeiras de diversos países. Observe a da França e a dos Estados Unidos. Depois, olhe com atenção as dos outros países.

Como você pôde perceber, outros Estados se inspiraram nas bandeiras dessas duas nações para produzir as suas. As bandeiras de Andorra, Chade, Costa do Marfim e Romênia são inspiradas na francesa. Além desses, outros países, ao elaborar suas bandeiras, também adotaram o recurso das três cores em faixas verticais usado pelos franceses.

Já a bandeira dos Estados Unidos influenciou, entre outras, a da Libéria, da Malásia, do Uruguai e do Togo. Até mesmo a primeira bandeira republicana do Brasil tinha como modelo a dos Estados Unidos. Veja abaixo as semelhanças.

Wikipédia/Arquivo da editora

Primeira bandeira republicana brasileira. Inspirada na dos Estados Unidos, serviu de modelo para várias bandeiras estaduais.

Essa utilização das bandeiras da França e dos Estados Unidos por outros países como fonte de inspiração não foi casual. Na verdade, foi produto da enorme influência que a Revolução Francesa e a independência dos Estados Unidos exerceram sobre outros povos.

Neste capítulo estudaremos esses dois grandes processos históricos ocorridos na segunda metade do século XVIII e veremos por que ainda hoje eles são uma referência histórica para o mundo ocidental.

1 Ideais iluministas se propagam

Como vimos no Capítulo 1, no decorrer do século XVIII a Europa foi palco de um amplo movimento de ideias conhecido como **Iluminismo**. Entre outros princípios, os pensadores iluministas defendiam a liberdade de opinião, o uso da razão, a tolerância religiosa e o fim do Absolutismo – ou seja, do poder concentrado nas mãos de um único governante.

As novas ideias se propagaram rapidamente pela Europa e em pouco tempo chegaram também às colônias europeias da América. Ao "desembarcarem" no continente americano, os princípios iluministas provocaram uma grande efervescência de ideias. Isso porque, em diversas colônias, eles despertaram sentimentos de independência em muitas pessoas. Foi assim nas treze colônias inglesas da América do Norte.

Em nome da liberdade e da soberania do povo, em 1776 os habitantes dessas colônias se rebelaram contra o domínio inglês, conquistaram a independência e fundaram os Estados Unidos da América (EUA).

Menos de quinze anos depois, em 1789, tinha início a Revolução Francesa, na qual os ideais iluministas encontrariam novas formas de expressão. A seguir vamos ver como aconteceram esses processos.

2 De Treze Colônias a Estados Unidos

Observe a imagem desta página. Existe algum detalhe que você identifique ou conheça, tais como as bandeiras ou os uniformes? O que os homens do centro da imagem estariam fazendo? Um deles monta um cavalo branco; ao seu lado, caminham homens com casacos vermelhos. E quem seriam os soldados colocados à direta e à esquerda na imagem?

imagem condutora

John Trumbull/Rotunda do Capitólio, Washington D.C.

***A rendição de lorde Cornwallis*, óleo sobre tela, de John Trumbull, de 1820, representando a rendição das tropas do general britânico lorde Cornwallis após perder a Batalha de Yorktown para as forças francesas e norte-americanas durante a guerra da independência americana.**

A imagem reproduz uma pintura a óleo sobre tela feita pelo artista estadunidense John Trumbull, entre 1819 e 1820. Seu título é *A rendição de lorde Cornwallis*. Ela representa um dos momentos culminantes do processo que resultou na formação dos Estados Unidos. Para entender esse processo, vamos ver primeiro como foi a colonização inglesa nessa região.

América de colonização inglesa

A colonização portuguesa na América do Sul teve diferentes formas de administração; primeiro, as capitanias hereditárias e, logo depois, o governo-geral.

Na América do Norte, a colonização inglesa foi muito diferente. Havia ali treze colônias. Não existia um governo único para elas como foi o governo-geral no Brasil. Também não havia nada parecido com as capitanias hereditárias brasileiras.

Além disso, as **formas de colonização** adotadas na **América do Norte não eram as mesmas para todas as regiões**. Havia diferenças entre uma região e outra.

Colônias do norte

Assim, a região norte das Treze Colônias – chamada de Nova Inglaterra – foi colonizada principalmente por pessoas que fugiam de perseguições religiosas na Europa. De modo geral, eram colonos que cultivavam produtos agrícolas em **pequenas propriedades rurais**. Eles mesmos e suas **famílias trabalhavam na terra**.

Uma parte desses colonos da Nova Inglaterra se dedicava ao chamado comércio triangular. Ele funcionava assim: os comerciantes da Nova Inglaterra compravam **melaço** produzido nas Antilhas e com ele produziam uma bebida alcoólica chamada rum, que, levada à África, era trocada por pessoas escravizadas; em seguida, essas pessoas eram revendidas em outras colônias inglesas, ao sul da Nova Inglaterra, e também nas próprias Antilhas. Outros produtos fizeram parte desse comércio, como podemos observar no mapa abaixo.

Melaço: produto em forma de mel espesso e escuro que faz parte do processo de fabricação do açúcar. É utilizado na produção de álcool, cachaça e rum.

As Treze Colônias e o comércio triangular

Banco de imagens/Arquivo da editora

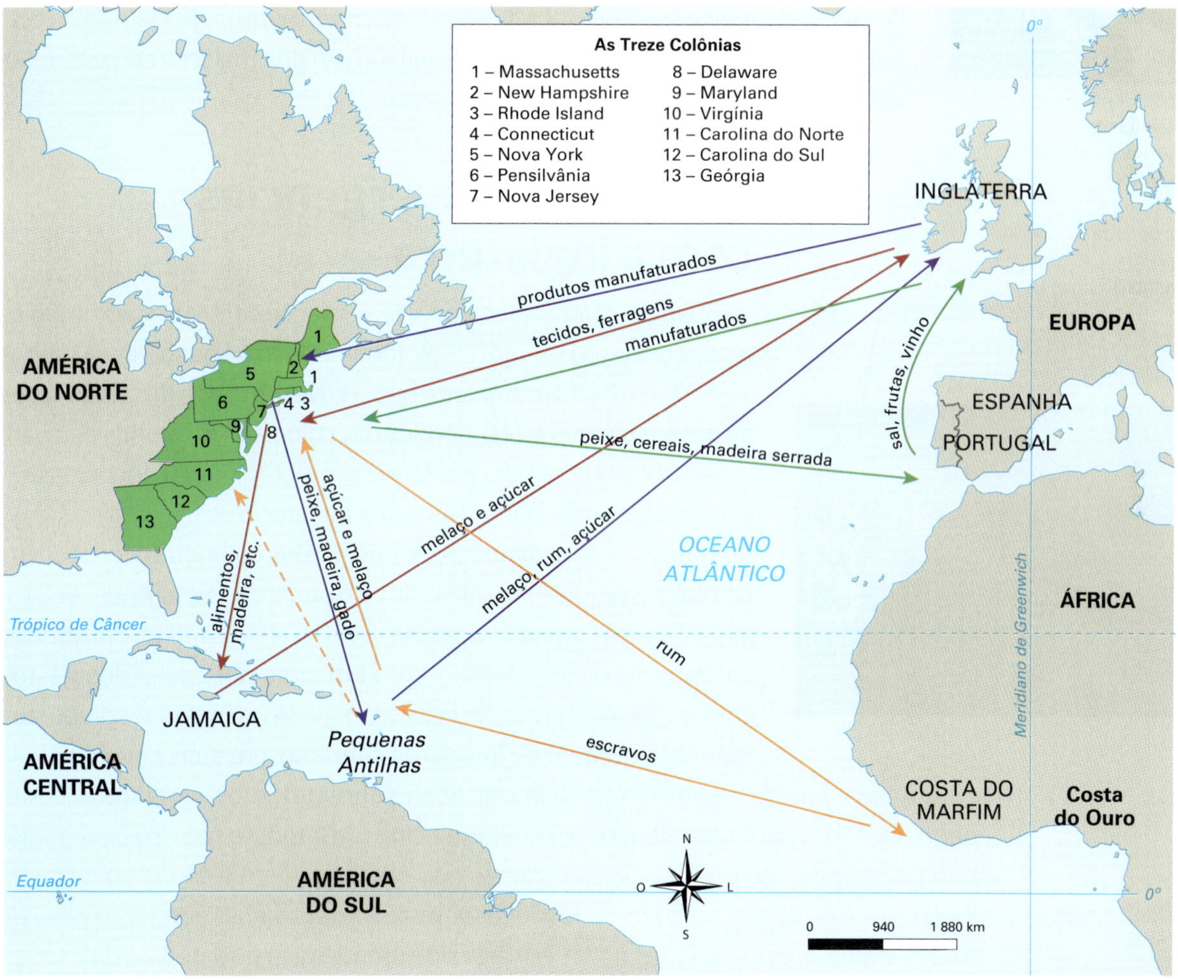

Adaptado de: WORLD History Atlas: Mapping the Human Journey. Londres: Dorling Kindersley, 2005.

Uma das características da colonização inglesa nessa região foi a criação, em algumas colônias, de governos escolhidos diretamente por seus habitantes. Esse sistema, chamado de *self-government* (autogoverno), era muito diferente da administração do Brasil colônia. Na colônia portuguesa, a administração era nomeada pelo rei de Portugal.

Colônias do centro e do sul

Fotos: John Trumbull/Rotunda do Capitólio, Washington D.C.

John Laurens (centro), membro de uma rica família de colônia no sul. Detalhe da pintura *A rendição de lorde Cornwallis*, de John Trumbull.

As **colônias do centro** eram muito parecidas com as do norte: nas **pequenas e médias propriedades** praticava-se agricultura e criavam-se animais. Muitos colonos se dedicavam também à exportação de madeira e pele e à importação de açúcar e vinho, entre outros produtos.

Já **no sul** da América do Norte, as colônias se caracterizavam pela presença de **grandes propriedades agrícolas**. Nessas grandes propriedades, cultivavam-se produtos vendidos principalmente no mercado externo, ou seja, na Europa e em outras regiões. Entre esses produtos predominavam o algodão, o tabaco e o arroz.

No sul, os grandes proprietários não trabalhavam na lavoura. Lá, quem **preparava a terra, plantava** e **colhia** eram **africanos escravizados**.

Na pintura de John Trumbull que estamos analisando há três homens de pé no primeiro plano, à direita, ao lado de um cavalo branco que está de perfil. O homem do meio representa John Laurens, membro de uma rica família da Carolina do Sul. Além de cultivar arroz, seu pai era um dos maiores comerciantes de escravos da colônia (veja detalhe ao lado).

Crescem as divergências com a Inglaterra

No decorrer do século XVIII, as relações entre o governo inglês e seus colonos na América pioraram pouco a pouco. Havia muitas razões para isso. Uma delas é que o **governo inglês** fazia **restrições** ao **desenvolvimento econômico das colônias**. Os colonos estavam proibidos, por exemplo, de fabricar produtos que concorressem com artigos semelhantes feitos na Inglaterra.

Após 1763, o descontentamento dos colonos se tornou ainda maior. Naquele ano, teve fim a Guerra dos Sete Anos, entre a Inglaterra e a França. Os ingleses venceram o conflito. Entretanto, a economia da Inglaterra entrou em **crise** por causa dos gastos com a guerra. Para sair da crise, o governo inglês resolveu **aumentar o número de impostos cobrados em suas colônias**.

Assim, foram criadas taxas de importação sobre produtos variados – como papel, metais, vidro e chá. Também foi estabelecido um imposto sobre o açúcar que não fosse importado das colônias inglesas nas Antilhas. Além disso, o governo da Inglaterra exigiu que os colonos fornecessem alojamento e alimentação para as tropas inglesas estacionadas na América e criou uma lei pela qual podia punir severamente aquele que desobedecesse às decisões da metrópole.

A Z

Crise: situação muito difícil que pode gerar conflitos sociais. Uma crise econômica é caracterizada por desemprego, fome, entre outros problemas.

Protestos e boicotes

Em resposta, os colonos começaram a articular um movimento de protesto contra as medidas do governo inglês. Com esse objetivo, organizaram o **Primeiro Congresso Continental** da Filadélfia, em setembro de 1774, no qual se reuniram representantes de doze colônias.

Um documento de protesto foi então encaminhado pelo Congresso ao governo da Inglaterra. Enquanto isso, os colonos realizavam boicotes aos produtos que chegavam da metrópole. Até mesmo pessoas mais ricas faziam campanha contra os produtos importados da Inglaterra, substituindo-os por versões locais mais simples.

A essa altura, a população das treze colônias encontrava-se dividida. Uma parte, formada principalmente pelos donos de **grandes propriedades rurais do sul**, apoiava a **manutenção dos laços com a Inglaterra**. Em contrapartida, os **comerciantes do norte e outros setores da população** queriam o **rompimento com a metrópole**.

Em abril de 1775, ocorreu uma batalha entre tropas inglesas e colonos armados. Esse combate precipitou os acontecimentos que deram início à guerra pela independência das treze colônias.

Guerra pela independência

Em maio de 1775, reuniu-se na Filadélfia o **Segundo Congresso Continental**. Entre outras decisões, seus integrantes anunciaram o rompimento com a Inglaterra, passando o Congresso a funcionar como governo informal das treze colônias. Foi criado também um **Exército Continental Americano** com o objetivo de lutar contra os ingleses. O comando da tropa foi entregue a George Washington, militar que, na pintura de John Trumbull, é representado a cavalo, em segundo plano, no grupo à direita, como vemos no detalhe abaixo.

Em 4 de julho de 1776, o Segundo Congresso Continental da Filadélfia aprovou a **Declaração de Independência das treze colônias**, que, a partir de então, seriam denominadas **Estados Unidos da América**.

Como o governo inglês não aceitou a declaração, o conflito bélico se intensificou. Para enfraquecer a Inglaterra, os governos da Holanda, da Espanha e da França entraram na guerra ao lado dos Estados Unidos.

No quadro de John Trumbull, a bandeira branca que vemos no detalhe abaixo, à esquerda, representa a monarquia francesa, que enviou forças militares em apoio aos estadunidenses. Da mesma forma, as figuras alinhadas na imagem representam oficiais do exército francês que lutaram contra os ingleses na Guerra de Independência dos Estados Unidos.

Tropas francesas – detalhe da pintura *A rendição de lorde Cornwallis*, de John Trumbull.

George Washington – detalhe da pintura *A rendição de lorde Cornwallis*, de John Trumbull.

Fotos: John Trumbull/Rotunda do Capitólio, Washington D.C.

Inglaterra perde a guerra

Os ingleses foram definitivamente derrotados em 1781, na Batalha de Yorktown. A pintura de Trumbull representa o momento seguinte a essa batalha. No centro da tela, um grupo de soldados ingleses caminha ao lado do general norte-americano Lincoln, montado em um cavalo branco (veja a seção *Você sabia?* abaixo). Note que o artista representou todos os oficiais e soldados impecavelmente vestidos em uniformes limpos e reluzentes, como se estivessem prontos para ir a um baile, o que seria impossível após uma batalha.

Essa era a primeira vez, desde o processo de expansão marítima iniciado no século XV, que uma colônia conquistava a independência de sua metrópole.

Você sabia?

O título da pintura que estamos analisando é *A rendição de lorde Cornwallis*. Apesar disso, Cornwallis não é representado na cena.

Militar inglês de patente mais alta na Batalha de Yorktown, Cornwallis teria ficado envergonhado com a derrota. Por isso, a pretexto de estar doente, não compareceu à cerimônia de rendição e não entregou sua espada pessoalmente, ao contrário do que determinava o protocolo militar da época. Mandou em seu lugar um subordinado, que é representado, com a espada na mão, pela figura em pé e de casaco vermelho que aparece no centro da tela, ao lado do cavalo branco.

Indignado com essa atitude, o general George Washington, comandante das forças estadunidenses, recusou-se a receber a espada. Para substituí-lo, determinou que um de seus oficiais o fizesse. Esse oficial, o general Lincoln, é representado em primeiro plano, no centro do quadro. Montado em um cavalo branco, ele estende a mão direita para receber a espada do oficial inglês.

Fotos: John Trumbull/Rotunda do Capitólio, Washington D.C

O general Lincoln, representante das forças estadunidenses, recebe a rendição dos ingleses. Detalhe da pintura *A rendição de lorde Cornwallis*, de John Trumbull.

Representação da bandeira dos Estados Unidos na pintura *A rendição de lorde Cornwallis*, de John Trumbull.

A bandeira escolhida como símbolo do jovem país é representada à direita da imagem (veja acima o detalhe da pintura). Era composta de treze listas vermelhas e brancas que se alternavam. Cada lista representava uma colônia. No canto superior esquerdo, destacavam-se treze estrelas sobre um retângulo azul. Mais tarde, a cada novo estado incorporado ao território foi acrescentada uma nova estrela.

Hoje, são cinquenta estrelas e um território muito maior, ampliado principalmente graças à conquista de terras indígenas e de extensas áreas desmembradas do México.

O novo país

Uma vez independentes, os Estados Unidos não adotaram imediatamente um governo centralizado. Cada estado manteve um alto grau de autonomia. Havia um Congresso de representantes eleitos, mas seu poder era limitado.

Em 1787, representantes eleitos pela população dos treze estados aprovaram uma **Constituição**, que vigora até hoje. Uma das novidades da Carta Magna foi a criação de um poder central forte para governar o país. Sob a influência dos **ideais iluministas**, ela estabeleceu também a **divisão do Estado em três poderes**.

Foram criados, assim, o Poder Executivo, o Poder Legislativo e o Poder Judiciário. O Executivo era o governo propriamente dito, o poder central, exercido por um presidente da República eleito a cada quatro anos. O Legislativo seria formado pela Câmara dos Representantes (no Brasil, chamada de Câmara dos Deputados) e pelo Senado. Ele estava encarregado de aprovar as leis. Já o Judiciário, exercido pelos juízes e encarregado de aplicar as leis, reunia os tribunais de justiça.

A Constituição assegurava aos cidadãos o exercício de direitos políticos e civis, como a liberdade de expressão, de reunião, de imprensa e de religião, além da inviolabilidade de domicílio.

A Z

Constituição: também chamada de Carta Magna, é um documento que reúne as leis fundamentais de um país. Geralmente, a Constituição é escrita, debatida e aprovada por uma assembleia de representantes do povo, chamada Assembleia Constituinte.

Exclusão social de negros e indígenas

O novo país nascia, assim, imbuído de ideais de liberdade e cidadania. Na prática, porém, nem todos os seus habitantes foram contemplados por esses ideais. A escravização de pessoas de origem africana e de seus descendentes, por exemplo, foi mantida até 1863 (sobre a Guerra de Secessão, conflito resultante da abolição da escravidão estadunidense, veja o *Enquanto Isso...* do Capítulo 7).

Mesmo depois da abolição do trabalho escravo, os descendentes de africanos continuaram a sofrer diversos tipos de segregação e discriminação social. Assim, as pessoas que faziam parte desse grupo estavam proibidas de usar áreas ou locais destinados aos brancos em hospitais, ônibus, banheiros públicos, cinemas, entre outros.

Os povos indígenas também foram excluídos da cidadania. Assim como ocorria no período anterior à independência, eles continuaram a ser vítimas de violência, a sofrer todo tipo de preconceito e a perder suas terras para os brancos.

Dessa forma, os **cidadãos**, para a jovem nação, eram basicamente os homens brancos, sobretudo aqueles que tinham propriedades ou pertenciam às camadas intermediárias urbanas (veja a seguir a seção *As palavras têm história*).

As palavras têm história

O cidadão ao longo dos tempos

O termo cidadão tem sua origem na palavra cidade, que vem do latim *civitas*. Na Roma antiga, cidadão era o homem livre que participava da vida política da cidade. Ele tinha privilégios que os escravizados não tinham, como participar de assembleias.

Na língua portuguesa, a palavra cidadão passou a ser usada somente por volta do século XIII em Portugal. Nessa época, contudo, o termo era associado àqueles que moravam nas cidades, ou seja, o termo não estava ligado a direitos específicos.

Foi só com a propagação dos ideais iluministas, no decorrer do século XVIII, que o termo cidadão ganhou seu significado moderno.

A partir de então, ele passou a designar as pessoas dotadas de direitos civis, políticos e sociais, e com deveres em relação ao Estado e aos outros cidadãos.

atividade

Diálogos

Um dos princípios defendidos pelos iluministas foi o direito à liberdade. Foi a luta pela liberdade, por exemplo, que motivou os colonos das Treze Colônias norte-americanas a se rebelarem contra o domínio britânico. E, ainda hoje, a liberdade é um dos princípios mais caros de nossa sociedade.

- Discutam em classe: será que esse direito é respeitado em todos os seus aspectos: político, religioso, cultural, sexual?
- Em grupo, façam uma entrevista em sua comunidade a respeito dessa questão.
- Com o auxílio do professor(a), elaborem um questionário sobre o assunto.
- Depois de colhidos os dados, apresentem-nos à sala, fazendo um balanço das informações coletadas.
- Vejam, no final deste volume, na seção *Como se faz...*, orientações para realizar uma entrevista.

3 A Revolução Francesa

A imagem a seguir reproduz uma caricatura francesa feita em **água-forte**, em 1789. Conhecida como *Despertar do terceiro estado*, ela faz referência a um processo histórico ocorrido na França no século XVIII.

A Z

Água-forte: técnica de produção de gravuras que tem como ponto de partida um desenho ou inscrição feita em uma chapa de metal. Esse desenho é preenchido com tinta e a placa é pressionada sobre uma folha de papel, dando origem a uma ou mais gravuras, todas iguais.

Biblioteca Nacional Francesa, Paris/Arquivo da editora

***Despertar do terceiro estado*, caricatura, de autoria desconhecida, da época da Revolução Francesa (1789), que representa a nobreza e o clero assustados diante da reação do terceiro estado.**

A caricatura, muito empregada na sátira política, é o desenho de uma personagem ou de uma situação da vida real no qual se exageram certas características ou defeitos do que é representado. Nesse período da história da França, a caricatura foi bastante utilizada, e esse tipo de documento é um dos mais importantes acervos sobre a Revolução Francesa. Vamos tentar entender o significado da caricatura.

Na França dessa época, a palavra **estado** (ou estamento) designava os grupos sociais que compunham a sociedade. A população francesa era então de cerca de 28 milhões de pessoas distribuídas em três estados.

Primeiro estado

O **primeiro estado** era formado por cerca de 120 mil pessoas, todas integrantes do clero da Igreja católica – cardeais, bispos, abades, sacerdotes, monges. Na caricatura, esse grupo está representado pelo padre que se encontra em pé, ao centro (veja detalhe ao lado).

O primeiro estado possuía muitos **privilégios**. De fato, a Igreja era dona de 20% das terras e recebia o **dízimo** de todos os fiéis. Além disso, os membros do clero não pagavam impostos, estavam isentos do serviço militar e tinham direito a julgamento em tribunal próprio.

Fotos: Biblioteca Nacional Francesa, Paris/Arquivo da editora

Detalhe do representante do clero na caricatura *Despertar do terceiro estado.*

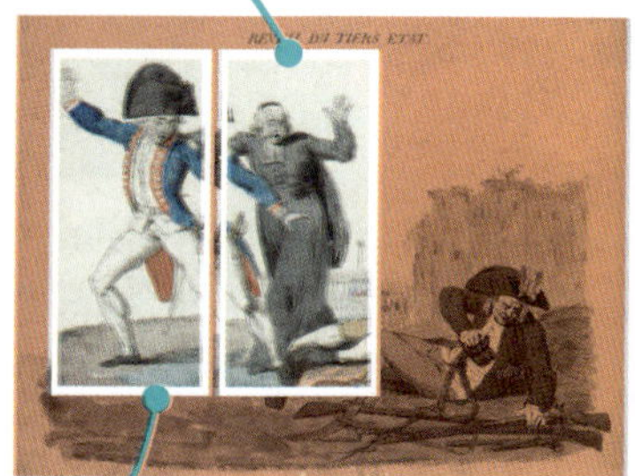

Detalhe do representante da nobreza na caricatura *Despertar do terceiro estado.*

Segundo estado

O **segundo estado** abarcava cerca de 400 mil pessoas. Era composto em parte da nobreza de sangue, ou seja, os grandes proprietários de terras que tinham **títulos de nobreza** herdados de seus antepassados: duques, marqueses, condes, viscondes, barões. A outra parte desse grupo era formada por burgueses ricos que compravam títulos de nobreza. O segundo estado não pagava certos impostos. Na imagem, ele é representado pelo nobre de pé, ao lado do padre (veja detalhe ao lado).

Terceiro estado

O **terceiro estado** era o maior grupo da sociedade francesa, cerca de 27,5 milhões de pessoas, ou seja, 98% da população faziam parte dele. Nele estavam reunidos diferentes grupos sociais, como a alta e a média burguesia, os trabalhadores rurais e os trabalhadores urbanos.

A alta burguesia era formada por pessoas muito ricas, como banqueiros e comerciantes que não haviam comprado títulos de nobreza. Abaixo dela estava a média burguesia, constituída por profissionais liberais – como médicos, professores e advogados – e comerciantes médios.

Os trabalhadores rurais, ou camponeses, representavam cerca de 80% da população francesa. Alguns eram livres, mas havia também muitos servos, ou seja, pessoas sem liberdade plena e que estavam presas às terras de seus senhores (os nobres). O grupo dos trabalhadores urbanos, cerca de 200 mil pessoas, era composto de artesãos, trabalhadores da construção, desempregados, entre outros.

O **terceiro estado sustentava os outros dois grupos** por meio do **pagamento de impostos.** Era da **burguesia boa parte do dinheiro que o rei tomava emprestado** sempre que os **cofres públicos se encontravam vazios.**

Era também de origem burguesa a maior parte dos pensadores e filósofos iluministas. Com a ajuda destes no curso do século XVIII, pouco a pouco os integrantes do terceiro estado tomaram consciência da opressão em que viviam (ou seja, "despertaram", como consta no título da caricatura).

Privilégio: nesse caso, vantagens ou favorecimentos atribuídos a um grupo de pessoas, resultantes de benefícios feitos pelo governo. Por exemplo, os membros do clero não pagarem impostos.

Dízimo: é a décima parte (ou 10%) da renda de uma pessoa.

Título de nobreza: nesse período histórico, os títulos eram uma forma de o rei agraciar (honrar) as pessoas. Os títulos (como os de conde, marquês, duque, etc.) não tinham nenhuma função jurídica ou administrativa. Seu valor residia em *status* social.

Você sabia?

Biblioteca Nacional Francesa, Paris/Arquivo da editora

Gravura do século XVIII reproduz a roupa usada pelos nobres no período da Revolução Francesa.

A parte mais pobre da população urbana da França do século XVIII era composta principalmente de trabalhadores conhecidos como ***sans-culotte***.

Os culotes eram calções masculinos justos que iam da cintura até os joelhos. Eram usados pelos nobres. Os trabalhadores, ao contrário, vestiam calças compridas largas feitas de pano grosseiro. Daí a expressão *sans-culotte*, ou seja, sem culote.

Muitos usavam também o barrete frígio (veja, no *Olho Vivo*, páginas 72 e 73, a representação de um barrete frígio), uma espécie de touca vermelha sobre a cabeça. O barrete frígio era um símbolo da república, sistema de governo oposto à monarquia.

Os *sans-culotte* tiveram um papel fundamental na Revolução, na qual formariam a ala mais radical.

The Granger Collection, Nova York/Arquivo da editora

Gravura do século XVIII reproduz a roupa usada pelos *sans-culotte*, a maioria da população francesa.

Fome atinge o campo e a cidade

Observe o detalhe da caricatura que mostra um homem caído começando a se levantar. Com a mão direita ele quebra a corrente que o prende enquanto segura um fuzil com a mão esquerda. Esse homem representa o terceiro estado. Diante desse "despertar", os representantes do primeiro e do segundo estado recuam apavorados (para perceber melhor os detalhes, veja a caricatura inteira na página 64).

Detalhe do representante da burguesia na caricatura *Despertar do terceiro estado*.

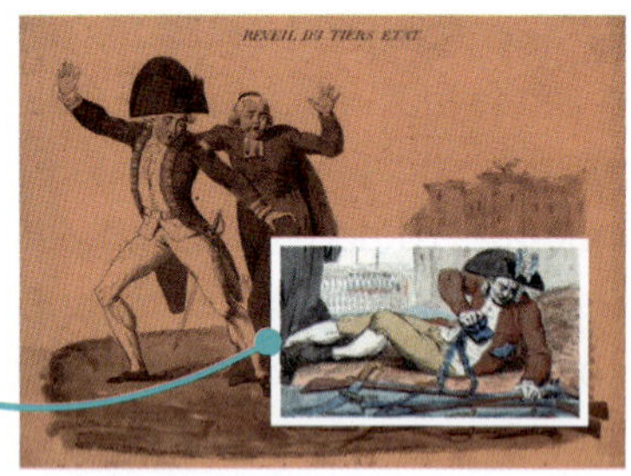

Fotos: Biblioteca Nacional Francesa, Paris/Arquivo da editora

Na época em que foi feita a caricatura que estamos analisando, a França passava por uma crise econômica muito grave. Além dos gastos muito altos com a vida luxuosa do rei e de sua família, as campanhas militares – como a da independência dos Estados Unidos, na qual a França se envolveu – também provocaram o esvaziamento dos cofres públicos.

Para piorar, a partir de 1785 a França sofreu ora com secas, ora com inundações. Como resultado, diminuiu assustadoramente a oferta de gêneros alimentícios. A fome atingiu o campo e a cidade. Sem comida, muitos camponeses passaram a destruir os castelos, atribuindo aos nobres a responsabilidade pela péssima situação do campo. Em Paris, assim como em outros centros, os trabalhadores urbanos começaram a fazer greves.

Leia o livro *Os miseráveis*, de Victor Hugo, adaptação de Walcyr Carrasco, FTD.

Estados Gerais, o começo da revolução

Tentando encontrar uma saída para a situação, o rei convocou a **Assembleia dos Estados Gerais**, um órgão consultivo formado por representantes dos três estados e que não se reunia desde 1614.

Embora cada estado tivesse vários representantes na Assembleia, o voto para tomar decisões era por estado, cada um deles tinha direito a um voto apenas. A intenção do clero e da nobreza era obrigar o terceiro estado a assumir novos impostos para solucionar a crise.

Os trabalhos da **Assembleia dos Estados Gerais** tiveram início no começo de maio de 1789 em um salão do Palácio de Versalhes. Erguido nas proximidades de Paris, o palácio era uma das residências do rei e de sua corte e era o centro de poder na França desde 1682.

Órgão consultivo: conselho ou grupo de pessoas constituído para ajudar um governo a tomar decisões.

Assembleia Nacional Constituinte

No dia da abertura da **Assembleia dos Estados Gerais**, o terceiro estado exigiu que a contagem dos votos fosse por cabeça, e não por estado. Como o clero e a nobreza não aceitaram a proposta, os representantes da burguesia e do povo passaram para outra sala do Palácio de Versalhes, decididos a ficar ali reunidos até que seus objetivos fossem alcançados.

No dia 9 de julho, o terceiro estado se autoproclamou **Assembleia Nacional Constituinte**. O objetivo do grupo era elaborar uma Constituição, algo que não estava nos planos do governo absolutista do rei Luís XVI.

Auguste Couder/Akg-Images/Latinstock

Óleo sobre tela de Auguste Couder, pintura de 1839, que representa a abertura da reunião dos Estados Gerais em Versalhes, em 5 de maio de 1789, com a presença de Luís XVI e da corte real.

Queda da Bastilha

De longe, a população de Paris acompanhava os acontecimentos de Versalhes. Logo correu a notícia de que o rei pretendia dissolver a Assembleia. Indignada, a população parisiense tomou as ruas. Na madrugada de 14 de julho de 1789, uma multidão invadiu os arsenais e se apoderou das armas aí encontradas. Em seguida, marchou para a Bastilha, fortaleza que servia de prisão para os que caíam no desagrado do governo.

A fortaleza da Bastilha era um dos símbolos mais odiados do regime absolutista. Por isso, foi um dos primeiros lugares dos quais a população revoltada se apoderou.

Arsenal: construção na qual se guarda grande quantidade de armas e munições.

Nos detalhes, vemos um grupo lutando pela tomada do lugar. Repare que, no alto das torres da Bastilha, há pessoas com picaretas destruindo o prédio. Até hoje o 14 de julho, dia da **Queda da Bastilha**, é comemorado como data nacional na França.

A notícia da tomada da Bastilha se alastrou pelo país, estimulando revoltas camponesas e urbanas. O movimento adquiria, assim, contornos de revolução popular.

Sem conseguir controlar a situação, o rei reconheceu **a Assembleia Constituinte**. Em 4 de agosto de 1789, a Assembleia **aboliu as leis feudais** ainda em vigor no país e **decretou o fim dos privilégios da nobreza e do clero**. E, no dia 26 do mesmo mês, proclamou a Declaração dos Direitos do Homem e do Cidadão (veja boxe a seguir).

Detalhes representando confronto entre populares e tropas do rei diante e ao alto da Bastilha na caricatura *Despertar do terceiro estado*.

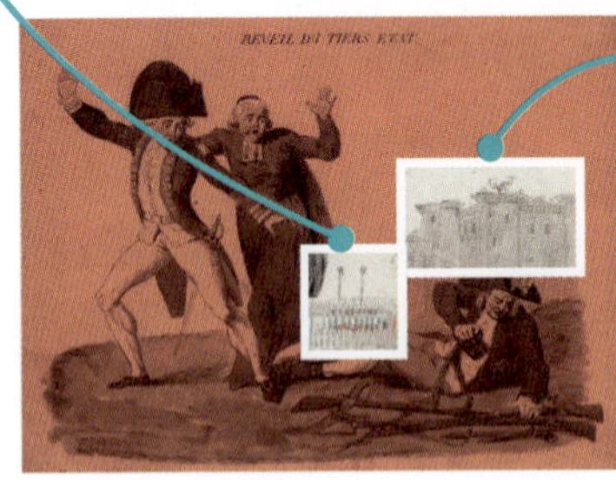

Fotos: Biblioteca Nacional Francesa, Paris/Arquivo da editora

O poder emana do povo

Inspirada nos ideais iluministas, a Declaração dos Direitos do Homem e do Cidadão estabelecia como valores supremos a liberdade e a igualdade de todos perante a lei. Seu primeiro artigo diz que "os homens nascem e permanecem livres e iguais perante a lei".

Esse documento causou grande impacto em muitos lugares do mundo. Por meio dele, assumia-se como princípio, por exemplo, que o rei não era um "representante de Deus na Terra", como até então muitos afirmavam. Segundo o texto, o poder emana do povo. Dessa forma, um dos seus direitos "naturais e imprescritíveis", estabelecidos no artigo 2º da Declaração, seria o de resistência à opressão. Em outras palavras, o povo tinha o direito de tirar do poder qualquer governante que se tornasse tirano.

O impacto da Revolução Francesa na sociedade ocidental foi tão grande que os historiadores costumam defini-la como marco para o fim da Idade Moderna e o início da Idade Contemporânea (veja a linha do tempo com essa representação).

Alfredo Dagli Orti/The Art Archive/Corbis/Latinstock

Queda de Constantinopla (1453)

Emanuel G. Leutze/Keystone

Independência dos Estados Unidos (1776)

Idade Moderna

Idade Contemporânea

1453 a 1789

dias atuais

Iluminismo (século XVII)

Archives Charmet/Arquivo da editora

Revolução Industrial (século XVIII)

TopFoto/Keystone

Revolução Francesa – Queda da Bastilha (1789)

Monarquia constitucional

A Constituição francesa foi promulgada pela Assembleia Constituinte em 1791. Ela extinguiu a monarquia absolutista e estabeleceu em seu lugar uma **monarquia constitucional**. Ou seja, o rei foi mantido no trono, mas já não governava sozinho. Acima dele estava a Constituição, à qual ele devia obedecer.

Ao mesmo tempo, **a autoridade do Estado foi dividida** – como nos Estados Unidos e como é hoje no Brasil – **em três poderes**: Executivo (neste caso exercido pelo rei), Legislativo e Judiciário. Foi garantida a liberdade de crença religiosa, e a Igreja foi separada do Estado.

Nas aparências, o rei se submetia à Constituição. Mas, no íntimo, não aceitava a perda do poder. Por isso, deu início a negociações secretas com governos de países vizinhos que temiam a difusão para outras regiões da Europa das ideias antiabsolutistas dos franceses.

Em junho de 1791, o rei e sua família tentaram fugir disfarçados para o exterior. Sua intenção era reorganizar forças militares para retomar o poder. Mas foram reconhecidos antes de cruzar as fronteiras do país e reconduzidos a Paris, onde ficaram presos.

Apic/Getty Images/Coleção particular

Arquivos franceses registram dados biográficos de dezenas de mulheres que combateram durante a Revolução Francesa. A imagem mostra a participação ativa de mulheres em 1789, quando estavam voltando de um piquete que acabou em várias decapitações. Os pães da gravura lembram a razão principal do levante: a fome. Litografia colorida de 1789, de autor desconhecido, intitulada *Mulheres retornando de Versalhes*.

República francesa

Com a prisão do rei, o governo passou para um **Conselho Executivo Provisório**. Em 22 de setembro de 1792, foi proclamada a República. A Assembleia Nacional foi então substituída pela **Convenção Nacional**, cuja principal função era elaborar e aprovar uma nova Constituição – agora republicana. A Convenção Nacional foi a primeira Assembleia francesa eleita por sufrágio universal masculino, sem distinção de classe, ou seja, todos os homens votaram.

A Convenção Nacional era formada por membros que representavam as diferentes camadas da sociedade: o clero, a alta burguesia, a média burguesia, os trabalhadores, etc. Esses representantes acabaram se unindo em torno de três grandes grupos, cada qual ocupando um lugar específico na Convenção: os jacobinos, girondinos e o pântano. Esses três grupos tentaram se afirmar e controlar o novo governo que estava sendo criado. Vamos conhecer melhor cada um deles.

- Os **jacobinos** representavam principalmente a pequena e a média burguesia. Defendiam a república e o voto universal, liderados por Maximillien de Robespierre (1758-1794). Eles eram um dos grupos mais radicais da revolução e sentavam-se no lado esquerdo do salão da Convenção. É por causa de se sentarem à esquerda que o termo "esquerda", ainda nos dias de hoje, é sinônimo de pessoas ou grupos contrários aos rumos do governo vigente.
- Os **girondinos** eram o bloco formado por políticos moderados, que tinham como núcleo original os deputados da província de Gironde. Representavam a grande burguesia mercantil e procuravam conter a radicalização, negociando com o rei. Como no salão da Convenção sentavam-se à direita, o termo "direita" até hoje é associado a pessoas ou grupos que têm posições políticas mais conservadoras, ou seja, que não desejam grandes mudanças nos rumos do governo em vigor.
- O **pântano** era o grupo menos expressivo, formado por políticos cujas decisões oscilavam conforme as circunstâncias e os temas a serem votados. Recebiam esse nome por ocuparem a parte baixa, no centro do salão da Convenção. Nos dias de hoje, o termo "pessoa de centro" ou "partido de centro" indica posições políticas moderadas e que suas decisões podem variar conforme a situação.

Ao longo da Revolução, os jacobinos e os girondinos tiveram momentos de maior ou menor controle dos processos políticos. Quando os jacobinos tiveram maior controle, as medidas políticas adotadas se radicalizaram.

Representação do salão da Convenção Nacional, durante o julgamento do rei Luís XVI, ocorrido em 1792. Observe a divisão dos participantes: uma parte fica à direita, outra à esquerda e uma terceira no centro do salão. A imagem foi criada pelo artista francês Augustin Challamel em 1842, ou seja, cinquenta anos após o fato.

Look and Learn/The Bridgeman Art Library/Keystone/Coleção particular

Execução do rei e da rainha

Contra a vontade dos girondinos, os jacobinos levaram o rei e a rainha a julgamento e os condenaram à morte. Em janeiro de 1793, o rei Luís XVI foi **guilhotinado** em praça pública. Em outubro, a rainha Maria Antonieta teve o mesmo fim.

A execução do rei levou à formação de uma aliança, chamada de **coalizão**, contra a França revolucionária. Ela era formada pelos governos da Áustria, Prússia, Inglaterra, Rússia, Espanha e Portugal, cujas tropas invadiram o território francês. Internamente, nobres inconformados com a perda do poder organizavam movimentos contrarrevolucionários.

A Z

Guilhotina: instrumento metálico dotado de lâmina e destinado a cortar a cabeça dos condenados à morte.

Museu da Cidade de Paris/Arquivo da editora

Gravura de autoria anônima, do século XVIII, representando a execução de Luís XVI na guilhotina na praça da Concórdia, em Paris, em 21 de janeiro de 1793.

Período do Terror

CONTEÚDO DIGITAL

Em 2 de junho de 1793, os jacobinos tomaram a Convenção, prenderam os líderes girondinos e criaram o **Comitê de Salvação Pública** e o **Tribunal Revolucionário**. O primeiro organizou uma força pública de 300 mil homens para lutar contra as forças dos países invasores.

Ao mesmo tempo, o Tribunal Revolucionário passou a julgar e condenar os suspeitos de conspirar contra a República. Conhecido como **Terror**, calcula-se que nesse período foram presas 300 mil pessoas, aproximadamente. Cerca de 35 mil delas foram condenadas à morte na guilhotina.

Embora tenha sido o período mais violento e radical da Revolução Francesa, foi nesse momento que boa parte das conquistas – principalmente as populares – foi consolidada. Foram criadas leis que instituíram o divórcio, as escolas públicas laicas (não religiosas) e os impostos sobre a renda dos mais ricos, entre outras. Também foram fixados preços máximos para produtos de primeira necessidade e distribuídas de forma considerada mais justa as terras dos nobres que fugiram do país.

Olho vivo

Uma alegoria da Revolução

A imagem desta seção reproduz a tela a óleo produzida, em 1794, pelo pintor francês Nicolas-Henri Jeaurat de Bertry (1728-1796). Trata-se de uma **alegoria** da Revolução Francesa e uma homenagem a Jean-Jacques Rousseau (1712-1778). Vimos, no Capítulo 1, que Rousseau foi um dos mais importantes filósofos do Iluminismo. Segundo ele, o povo deveria participar do poder, pois era ele, e não o rei, o verdadeiro soberano do Estado. Ao povo, e somente ao povo, pertencia a soberania de uma nação.

Nicolas-Henri Jeaurat de Bertry/Museu Carnavalet, Paris.

Alegoria da Revolução Francesa em óleo sobre tela de Nicolas-Henri Jeaurat de Bertry, de 1794. Na parte central superior, medalhão com um retrato que reproduz a imagem de Jean-Jacques Rousseau.

Rousseau argumentava ainda que uma comunidade só viveria bem se houvesse liberdade política e igualdade entre seus membros. Esses dois princípios estiveram depois na base da Revolução Francesa. Por isso, Jeaurat de Bertry faz uma associação entre os eventos ocorridos na França naquele período e as ideias do filósofo, que morreu onze anos antes da Revolução.

Agora, observe a pintura. Vamos juntos desvendar detalhes dessa **alegoria** e entender como ela foi elaborada.

Alegoria: neste caso, é uma imagem que representa ideias. Por exemplo: a ideia de "justiça" é quase sempre representada por uma mulher de olhos vendados que segura uma balança. Essa mulher é uma alegoria da Justiça.

1. Como a fotografia ainda não tinha sido inventada, os retratos eram pintados em quadros ou em medalhões. O de Rousseau encontra-se na parte superior do quadro para indicar simbolicamente a importância de suas ideias para a Revolução Francesa.

2. Exames radiológicos no quadro revelaram que sob uma camada de tinta estavam pintados, do lado direito e do lado esquerdo do medalhão de Rousseau, os retratos de dois revolucionários: Jean-Paul Marat (1743-1793) e Louis-Michel Lepeletier, marquês de Saint-Fargeaun (1760-1793), respectivamente. A aplicação dessa camada de tinta foi feita depois de pronto o quadro, provavelmente em 1795, quando houve uma reação contra esses dois revolucionários.

3. As duas bandeiras entrecruzadas (símbolo do novo Estado francês) têm sobre elas o olho da Verdade, aquele que tudo vê. Esse era o símbolo da vigilância para a conservação dos princípios da Revolução.

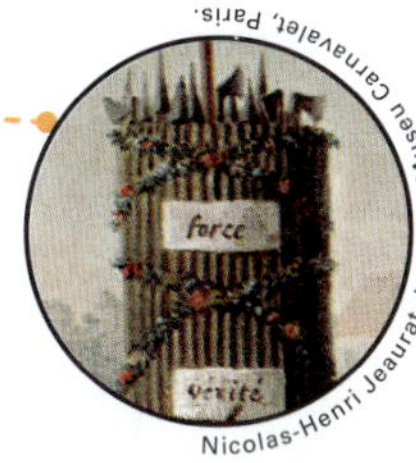

Nicolas-Henri Jeaurat de Bertry/Museu Carnavalet, Paris.

4. Em primeiro plano, quase no centro da obra, está um *fascio*, feixe de varas em cuja ponta se veem alguns machados de bronze. Esse símbolo, de origem etrusca e muito utilizado na Roma antiga, era associado à soberania e à união. Veja como sobre ele repousam alguns símbolos da República indivisível: no topo, o barrete frígio, uma coroa cívica e as quatro inscrições, de cima para baixo, com os dizeres "força", "verdade", "justiça" e "união". Na árvore ao lado desse *fascio* há uma placa com a inscrição "liberdade".

5. Coluna da regeneração francesa. Sobre ela está escrita uma frase de Salignac de La Mothe-Fénelon (1651-1715), um dos precursores do Iluminismo: "Quanto mais uma nação é esclarecida, mais sente que seu verdadeiro interesse é obedecer a leis justas e sábias".

6. No pedestal da coluna está o livro aberto da Constituição republicana, no qual se pode ler: "Direitos do Homem e do Cidadão".

7. Pirâmide da Pátria, erguida em reconhecimento aos heróis e cidadãos mortos durante os acontecimentos de 10 de agosto de 1792, quando uma multidão cercou o Palácio das Tuillerias, em Paris. Esse evento marca o fim da monarquia francesa.

8. Pedestal com a inscrição "Revolução Francesa".

9. As mulheres tiveram uma participação decisiva no processo revolucionário. Por isso, o pintor as inseriu em sua tela. Aqui elas também representam os camponeses.

10. Perto de um canhão, uma sentinela vigia. Trata-se de uma referência à necessidade de estar preparado para possíveis ataques dos inimigos da Revolução.

11. *Sans-culotte* identificado pelo barrete frígio na cabeça. Esse gorro vermelho era um dos símbolos da República, mas sua função simbólica é muito anterior à Revolução Francesa. Na Antiguidade, ele era tradicionalmente concedido ao escravo grego que se tornava livre. Tratava-se de um sinal visível de conquista da liberdade.

Nicolas-Henri Jeaurat de Bertry/Museu Carnavalet, Paris.

12. Nos pés da coluna está uma cornucópia, um símbolo da fertilidade, da riqueza e da abundância. A cornucópia é, geralmente, representada como um vaso em forma de chifre, de onde saem frutas e flores.

13. Bem ao fundo, ergue-se a guilhotina, instrumento da regeneração nacional, no qual eram executados não só os inimigos da Revolução, mas também os revolucionários que se opunham a Robespierre.

Fonte: COHEN, Bernard. *Revolution in Science*. Boston: Harvard University Press, 1987.

Burguesia retoma o controle da Revolução

Como vimos, foi a burguesia que inicialmente dirigiu o processo revolucionário na França. Para isso, ela contou com a participação, o apoio e a força do movimento popular. Tanto ela quanto os *sans-culotte* queriam o fim da sociedade feudal e dos privilégios dos nobres e do clero. Entretanto, a burguesia não desejava que o movimento se radicalizasse e saísse de seu controle.

Durante o Período do Terror liderado pelos jacobinos, a alta burguesia ficou afastada do poder. Além de pessoas da nobreza, muitos girondinos foram presos e executados na guilhotina.

Dois dos **valores** mais **caros para a burguesia** eram o **direito à propriedade privada** e o **livre-comércio**. Para ela, esses valores estavam ameaçados pelo tabelamento de preços e pela reforma agrária implementados pelos jacobinos. Por isso, **os girondinos e outros setores** articularam um **golpe contra os jacobinos**. Em julho de 1794, Robespierre foi deposto e condenado à morte.

Archives Charmet/The Bridgeman Art Library/Keystone/Coleção particular

Óleo sobre tela de 1795, intitulada *A manifestação improvável*, do artista francês Louis Leopold Boilly, representa ironicamente o que seria a união da burguesa às classes populares. O artista se refere provavelmente à aversão da burguesia à participação popular na Revolução Francesa.

A **Convenção Nacional** passou a ser **controlada** pelos membros da **alta burguesia**. Algumas medidas adotadas pelos jacobinos e que iam contra os interesses da burguesia foram canceladas. Foi o caso do tabelamento de preços. Além disso, para evitar novas revoltas, a população de Paris foi obrigada a se desarmar. As novas autoridades proibiram até mesmo o canto de alguns hinos revolucionários nas ruas. Era o fim da participação popular na Revolução Francesa.

O Diretório e o fim da Revolução

Com a Convenção sob controle da alta burguesia, uma nova Constituição foi elaborada. Aprovada em 1795, ela acabou com o voto universal masculino e reintroduziu o voto censitário, ou seja, só poderiam votar pessoas do sexo masculino que tivessem certa condição financeira. Os burgueses excluíam, dessa forma, os pobres da participação política.

O **Poder Executivo** passou a ser **controlado pelo Diretório**, órgão composto de cinco pessoas eleitas entre os deputados. Eram eles que deveriam nomear os ministros de Estado.

Nesse período, a França passou por outra grave crise econômica. Os preços dos produtos de primeira necessidade dispararam. Nos campos, a fome era tanta que nem mesmo a ameaça de pena de morte impedia os saques.

Nessas condições, tanto os jacobinos quanto os defensores da monarquia começaram a conspirar contra o governo da burguesia. Para não perder o controle da situação, o Diretório convocou Napoleão Bonaparte, um general do Exército, para reprimir os movimentos.

O sucesso do general Bonaparte em reprimir uma rebelião dos partidários da monarquia foi tão grande que ele foi convidado a assumir uma das vagas do Diretório em outubro de 1799. Um mês depois, ele deu um **golpe de Estado**: dissolveu o Parlamento e substituiu o Diretório por três cônsules (veja a seguir a seção *Você sabia?*). O mais importante desses cônsules era ele próprio. A revolução chegava ao fim.

The Bridgeman Art Library/Keystone/Castelo de Versalhes, França.

Napoleão Bonaparte (1769-1821), ainda como primeiro cônsul, passa revista em suas tropas após a batalha de Marengo, 1802-1803. Óleo sobre tela do barão Antonio-Jean Gros (1771-1835).

Golpe de Estado: ação pela qual um grupo de pessoas derruba o governo de um país e ocupa seu lugar. Os golpes de Estado são, geralmente, liderados por militares e podem ter ou não apoio popular.

Você sabia?

O golpe de Estado que conduziu Napoleão Bonaparte ao poder ocorreu no dia 9 de novembro de 1799. Mas essa data entrou para a História como Golpe do 18 Brumário. Isso porque, durante a Revolução Francesa, os revolucionários aboliram o calendário gregoriano e adotaram em 1792 um novo calendário. A intenção era marcar o início de uma nova era na História da humanidade. Conhecido como Calendário Republicano ou Calendário Revolucionário, era dividido em 12 meses, cada qual com trinta dias mais cinco dias complementares (ou seis, nos anos bissextos) acrescentados ao final do ano. Os nomes dos meses foram escolhidos com base nos fenômenos da natureza. Os meses se chamavam, por exemplo, Pluvioso, Ventoso, Floreal, etc. Brumário (de 22 de outubro a 20 de novembro, no calendário gregoriano) correspondia ao segundo mês do Calendário Revolucionário, nome escolhido por causa das neblinas e brumas observadas na França nesse período do ano. Em 1805, Napoleão aboliu o Calendário Revolucionário e retomou o gregoriano.

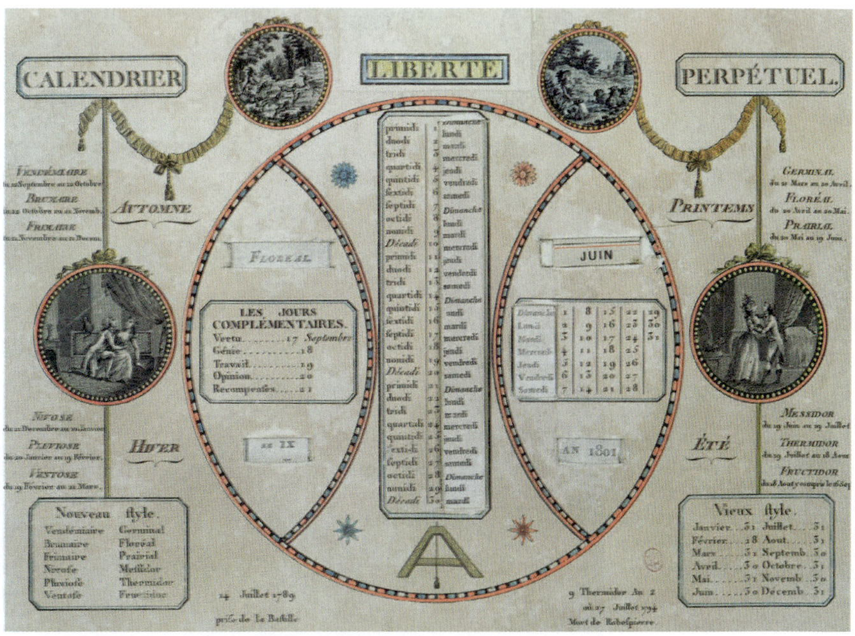

Giraudon/The Bridgeman Art Library/Keystone/Museu da Vila de Paris, Museu Carnavalet, Paris, França.

Gravura colorida do Calendário Republicano, criada em 1801 pela Escola Francesa. A obra está abrigada no Museu da Cidade, em Paris.

4 Período napoleônico

Depois de dez anos de revolução (1789-1799), a sociedade francesa encontrava-se arrasada pelas disputas internas e pelas guerras externas. Napoleão, um general de 30 anos, conquistou a confiança da burguesia graças a seus êxitos militares. Para a alta burguesia, que detinha o controle dos cargos políticos mais importantes, Napoleão era o líder ideal para trazer a paz e a ordem à França.

Plebiscito: consulta popular pela qual os eleitores manifestam pelo voto sua opinião sobre determinado assunto.

Em 1802, um **plebiscito** concedeu a Napoleão o título de cônsul vitalício. Dois anos depois, outra consulta popular o transformou em imperador dos franceses.

Durante o período em que exerceu o poder (1799-1814), o governo de Napoleão adotou medidas destinadas a recuperar a economia e as instituições do Estado. Incentivou a industrialização, criou o primeiro banco nacional francês e promoveu obras públicas – como a construção de estradas – para gerar empregos.

Foi ainda sob o governo de Bonaparte que foi instituído o **Código Civil** (em 1804), conjunto de leis que consolidava as conquistas burguesas da Revolução, como o respeito à propriedade privada e o casamento civil separado do religioso.

Disposto a enfraquecer o comércio e a indústria da rival Inglaterra, Napoleão Bonaparte proibiu as nações europeias de comerciar com os britânicos, ameaçando atacar os países que desobedecessem ao chamado Bloqueio Continental. Ao mesmo tempo, em diversas campanhas militares, as tropas comandadas por Napoleão ampliaram as fronteiras da França, invadindo vários países, alguns dos quais foram anexados. Um dos países invadidos foi Portugal. Essa invasão teve sérias consequências para a História do Brasil, pois foi para fugir que a família real portuguesa se transferiu para o Rio de Janeiro. (Veja no Capítulo 5 mais informações sobre o Bloqueio Continental e a transferência da Corte portuguesa para o Brasil.)

Vitórias militares e o fim do governo

Napoleão governou até 1814, quando foi derrotado por uma coalizão internacional e obrigado a se exilar na ilha de Elba, próxima à costa italiana. Algum tempo depois, conseguiu fugir de Elba e foi recebido em Paris com aclamações de "viva o imperador". Governou então durante cem dias, mas foi novamente derrotado em 1815, na Batalha de Waterloo. Preso mais uma vez, foi deportado para a ilha de Santa Helena, no oceano Atlântico, onde morreu alguns anos mais tarde.

Entrada triunfante de Napoleão em Berlim, em 1806, após a vitória na Batalha de Jena, na então Prússia. A batalha visava controlar algumas cidades no interior da Prússia que se opunham ao domínio da França. Óleo sobre tela (de 1810), intitulada *Entrada de Napoleão I em Berlim, 1806*, do artista francês Charles Meynier (1768-1832).

5 Congresso de Viena

Com a derrota de Napoleão em 1814, representantes das nações europeias se reuniram no **Congresso de Viena** (1814-1815), na Áustria. Nesse encontro, os representantes das antigas monarquias decidiram que as **fronteiras do continente europeu** deveriam **retornar ao traçado** do período **anterior à Revolução Francesa**.

Além disso, ficou decidido que os países que haviam sofrido alteração em seus governos em razão das guerras napoleônicas deveriam ser entregues novamente às antigas dinastias reinantes. Entre esses países estava a própria França, que passou a ser governada por Luís XVIII, irmão do rei executado Luís XVI.

Por tudo isso, essa época ficaria conhecida como **Restauração** (veja o mapa abaixo).

A Europa após o Congresso de Viena (1815)

Adaptado de: DUBY, Georges. *Grand atlas historique*. Paris: Larousse, 2006.

Embora diversos aspectos da Revolução tenham se perdido durante o governo de Napoleão e, principalmente, sob a Restauração, a Revolução Francesa marcou a história do mundo ocidental. Além de acabar com a estrutura feudal na França, a **Revolução** estabeleceu **princípios de valor universal**, como os de **liberdade**, **igualdade** e **fraternidade**. Inaugurou, assim, uma nova era na história do mundo ocidental.

Prochasson Frederic/Shutterstock/Glow Images

Manifestações contra medidas ou situações consideradas injustas podem ser vistas nas ruas da França até os dias atuais. Na foto, de janeiro de 2015, um protesto antiterrorismo movimenta as ruas da cidade de Lyon, após os ataques ao jornal francês *Charlie Hebdo*, ocorridos em Paris.

Enquanto isso...

Ideais iluministas revolucionam o Haiti

Em 1804, ano em que o governo de Napoleão instituiu o Código Civil na França, no Haiti um movimento revolucionário liderado por antigos escravos colocava fim ao domínio francês na região.

O Haiti faz parte de uma ilha no mar do Caribe, na parte central da América. Na época da colonização, a ilha era conhecida como São Domingos.

O movimento que expulsou os franceses do Haiti foi inspirado pelos ideais iluministas, pela independência dos Estados Unidos e pela Revolução Francesa. Começou em 1791 com uma rebelião liderada por Toussaint L'Ouverture (1743-1803) contra a escravização dos negros e contra o colonialismo francês. Nos primeiros meses de combate, foram mortos mais de mil colonos brancos e destruídos muitos engenhos de açúcar e plantações de café.

Quando L'Ouverture foi preso e levado à França em 1801, o movimento ficou sob o comando de Jean-Jacques Dessalines. A revolução prosseguiu até 1803, ano em que os franceses foram definitivamente derrotados e expulsos da ilha. Em 1º de janeiro de 1804, foi proclamada a independência da ilha, que passou a adotar o antigo nome indígena de Haiti.

The Granger Collection, Nova York/Arquivo da editora

Gravura de um relatório alemão do final do século XVII procura reproduzir o que teria sido a revolta de escravizados contra os fazendeiros na então colônia francesa de São Domingos (atual Haiti), na ilha de Hispaniola, em 1791.

Esquema-resumo parte 1

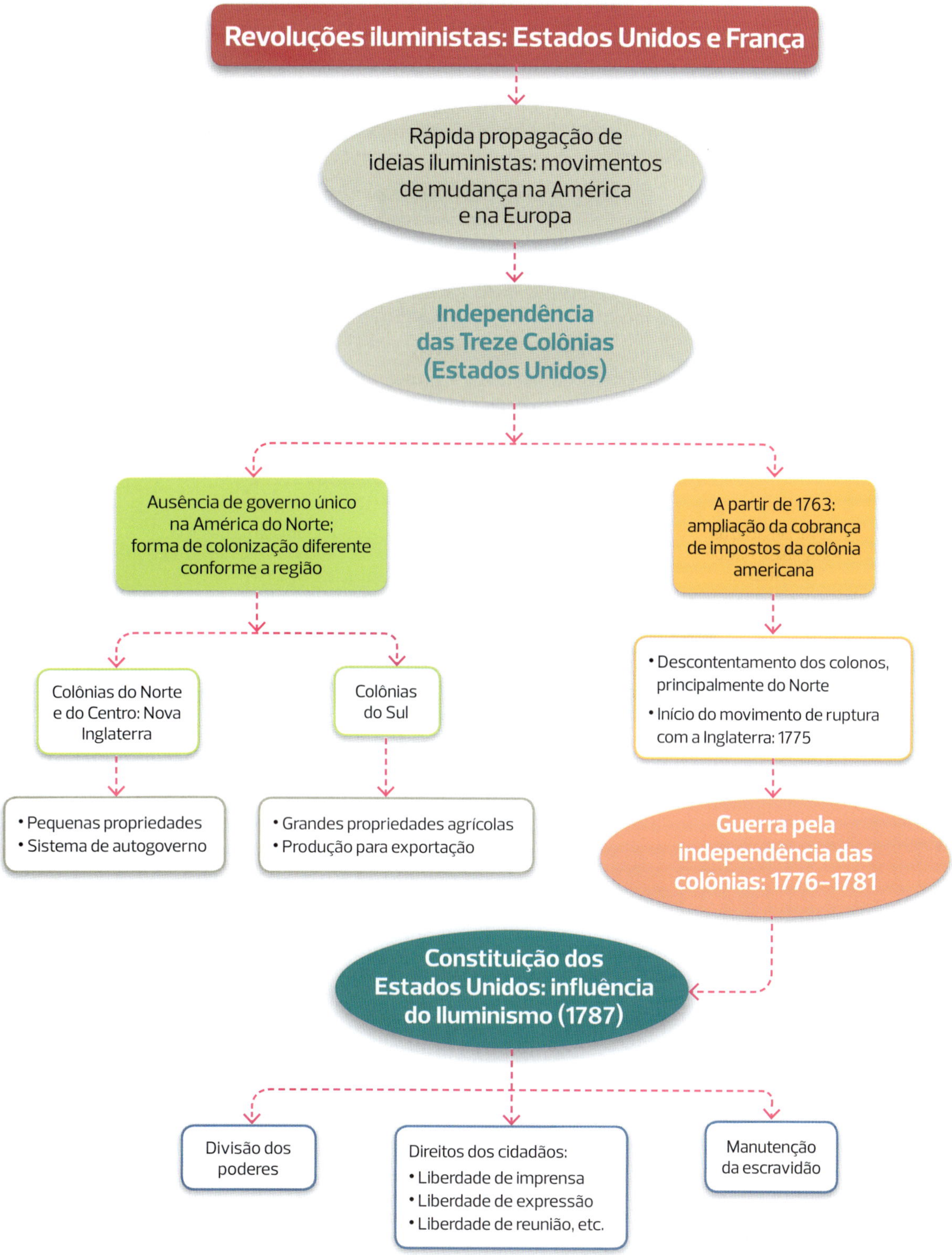

Esquema-resumo parte 2

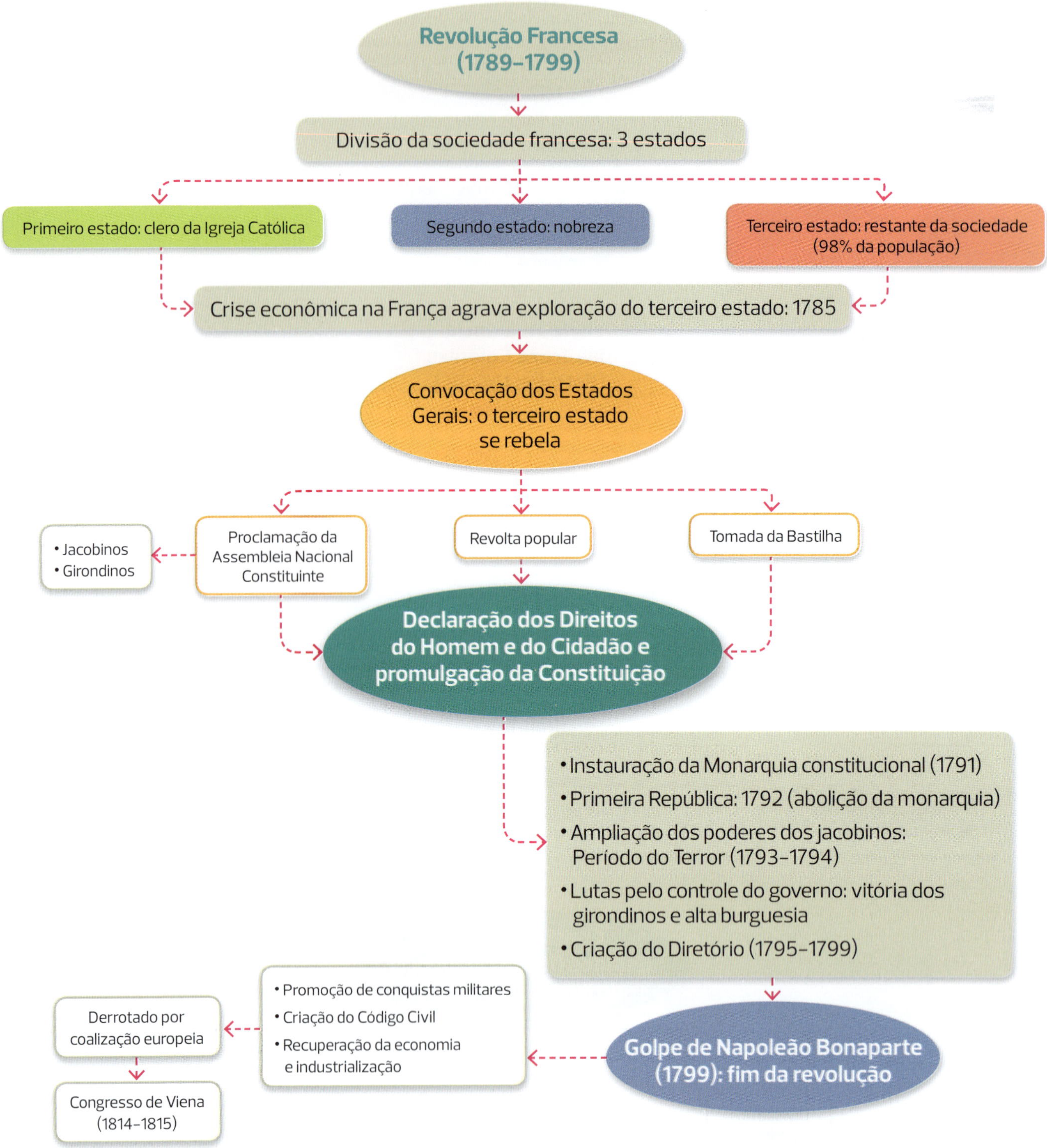

atividade

- Com base nas informações presentes nos esquemas, elabore uma breve síntese dos acontecimentos que provocaram a Revolução Francesa e a independência das Treze Colônias.

Atividades

Para organizar as ideias

1. A América do Norte foi colonizada por diversos povos, como ingleses, franceses, espanhóis e holandeses. No século XVIII, a Inglaterra mantinha treze colônias na região. Reproduza em seu caderno o quadro abaixo, preenchendo as informações sobre essas colônias inglesas na região.

	Perfil do colonizador	Principais características
Colônias do norte		
Colônias do centro		
Colônias do sul		

2. Os conflitos entre o governo inglês e os colonos na América se acirraram a partir de 1763, quando o governo da Inglaterra, entre outras medidas, decidiu aumentar o número de impostos em suas colônias na América. Como a população das Treze Colônias reagiu a essa situação?

3. As disputas entre a Inglaterra e a França pela hegemonia política e econômica da Europa estão entre os fatores que contribuíram para o processo de independência dos Estados Unidos. Com base nessa informação, responda ao que se pede em seu caderno:

a) De que maneira a Guerra dos Sete Anos, entre Ingleses e franceses, acelerou e intensificou a crise entre a Inglaterra e os Estados Unidos?

b) Qual foi o papel desempenhado pela França na Guerra de Independência dos Estados Unidos?

4. A Constituição dos Estados Unidos, aprovada em 1787, seguia diversos princípios inspirados no pensamento iluminista. Um exemplo disso é a ideia de separação dos poderes. Explique de que maneira a nova Constituição organizava os poderes e o funcionamento do Estado recém-criado.

5. Observe a imagem a seguir. É uma representação da pirâmide social da França antes da Revolução Francesa. Preencha, em seu caderno, os parênteses com a numeração correspondente ao seu respectivo grupo social:

(1) Clero
(2) Burguesia
(3) Operários
(4) Camponeses
(5) Nobreza
(6) Artesãos

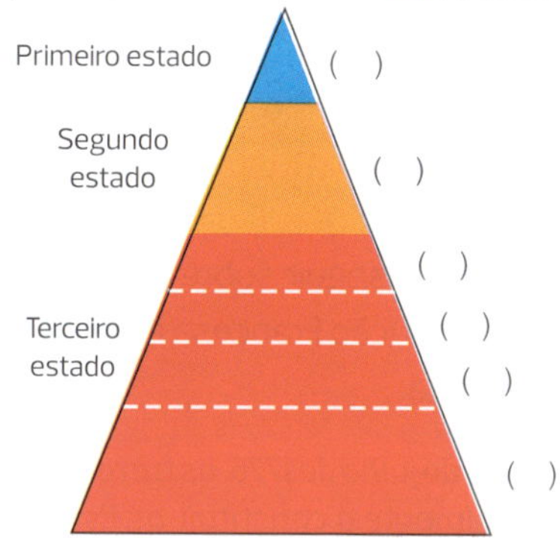

6. Os ideais iluministas de cidadania e liberdade influenciaram a luta pela independência das Treze Colônias. Aponte alguns dos direitos conquistados e explique por que não podemos afirmar que todos eram cidadãos nesse novo país.

7. A sociedade francesa do século XVIII era rigorosamente dividida em estados. Explique qual era a situação social de cada um dos grupos que compunham a sociedade francesa nesse período.

8. Observe a imagem da página 64. A caricatura, de autoria desconhecida, é chamada de *Despertar do terceiro estado*. A imagem permite observar uma representação da divisão em estados da sociedade francesa do século XVIII, mas também é uma crítica a essa divisão. Com base na análise da imagem e na leitura do intertítulo *A Revolução Francesa*, responda:

a) Como era a divisão social da França até o final do século XVIII?

b) Qual é a crítica presente na imagem sobre essa divisão social?

9. A Revolução Francesa tem início a partir de dois acontecimentos. O primeiro é a reunião da Assembleia dos Estados Gerais e o segundo é a revolta da multidão que invadiu a fortaleza da Bastilha. Explique o que foi e quais os desdobramentos de cada um desses acontecimentos para o início da Revolução.

10. Comente sobre a importância dos movimentos populares no processo revolucionário observado na França em 1789.

11. O período revolucionário francês passou por diferentes fases: monarquia constitucional, república e Diretório. Elabore um pequeno resumo de cada um desses períodos procurando destacar:

a) o período de duração;
b) o tipo de governo;
c) os direitos alcançados.

12. Leia o trecho a seguir (da página 74 deste livro) e depois responda em seu caderno ao que se pede.

O sucesso do general Bonaparte em reprimir uma rebelião dos partidários da monarquia foi tão grande que ele foi convidado a assumir uma das vagas do Diretório em outubro de 1799. Um mês depois, ele deu um golpe de Estado: dissolveu o Parlamento e substituiu o Diretório por três cônsules. O mais importante desses cônsules era ele próprio. A Revolução chegava ao fim.

a) Por que a alta burguesia apoiou o golpe de Estado de Napoleão?
b) Aponte algumas das medidas adotadas por Napoleão durante o seu governo.

Teste seus conhecimentos

1. Leia o trecho a seguir sobre a independência dos EUA e a Revolução Francesa e então identifique a opção correta.

Em 4 de julho de 1776, as treze colônias que vieram inicialmente a constituir os Estados Unidos da América (EUA) declaravam sua independência e justificavam a ruptura do Pacto Colonial. Em palavras profundamente subversivas para a época, afirmavam a igualdade dos homens e apregoavam como seus direitos inalienáveis: o direito à vida, à liberdade e à busca da felicidade. Afirmavam que o poder dos governantes, aos quais cabia a defesa daqueles direitos, derivava dos governados. Esses conceitos revolucionários que ecoavam o Iluminismo foram retomados com maior vigor e amplitude treze anos mais tarde, em 1789, na França.

Adaptado de: VIOTTI DA COSTA, Emilia. Apresentação da coleção. In: POMAR, Wladimir. *Revolução Chinesa*. São Paulo: UNESP, 2003.

a) A independência dos EUA e a Revolução Francesa integravam o mesmo contexto histórico, mas se baseavam em princípios e ideais opostos.
b) O processo revolucionário francês identificou-se com o movimento de independência norte-americano no apoio ao Absolutismo Esclarecido.
c) Tanto nos EUA quanto na França, as teses iluministas sustentavam a luta pelo reconhecimento dos direitos considerados essenciais à dignidade humana.
d) Por ter sido pioneira, a Revolução Francesa exerceu forte influência no desencadeamento da independência norte-americana.
e) Ao romper o Pacto Colonial, a Revolução Francesa abriu o caminho para a independência das colônias ibéricas situadas na América.

2. Entre 1789 e 1799, a França atravessou um período profundamente transformador conhecido por Revolução Francesa. Em relação às características desse processo revolucionário e seus desdobramentos, analise cada proposição e identifique **V** para a verdadeira ou **F** para a falsa.

( ) A França foi inovadora, pois não havia notícias de uma Revolução de caráter burguês e liberal na Europa do século XVIII.
( ) Durante os dez anos do processo revolucionário, houve uma série de acordos que garantiram uma transição tranquila e pacífica da monarquia absolutista para a república federativa.
( ) A Revolução Francesa pode ser subdividida em quatro momentos: a Assembleia Constituinte, a Assembleia Legislativa, a Convenção e o Diretório.
( ) A Revolução Francesa disseminou uma nova concepção política e organizacional do Estado; suas ideias influenciaram a propagação de guerras e conflitos e seus ideais de liberdade, igualdade e fraternidade passaram a ser buscados por quase todas as nações do mundo contemporâneo.

Aponte, em seu caderno, a alternativa que apresenta a sequência correta, de cima para baixo.

a) V-F-V-F.
b) V-V-F- F.
c) F-V- V- V.
d) V-V-V-V.
e) F-F-V-V.

3. Como general, cônsul e, depois, imperador, Napoleão Bonaparte transformou a França de um país sitiado em uma potência expansionista, com influência em todo o continente europeu. No entanto, a expansão francesa com seus ideais burgueses encontrou muitas resistências,

principalmente entre as nações dominadas por setores aristocráticos.

Assinale, em seu caderno, a opção que identifica corretamente uma ação implementada pelo governo napoleônico.

a) O estabelecimento do catolicismo cristão e romano como religião de Estado.
b) A descentralização das atividades econômicas, o que permitia que as economias locais prosperassem sem o pagamento de impostos.
c) A adoção do Código Civil, que garantia a liberdade individual, a igualdade perante a lei e o direito à propriedade privada.
d) O estímulo, por parte das leis francesas, à criação de sindicatos de trabalhadores, livres da influência do Estado.
e) A estatização de toda a propriedade agrícola, comercial e industrial nas regiões dominadas pelo exército napoleônico.

As questões 1, 2 e 3 foram adaptadas de vestibulares (Enem, Udesc, PUC/RJ).

Interpretando documentos

Na França do século XVIII, o uso de alegorias que representavam a sociedade do Antigo Regime e os ideais da Revolução Francesa era bastante comum. A gravura ao lado é um exemplo. Analise-a com atenção e responda no caderno às questões.

1. Após ler o capítulo e observar a imagem, aponte os elementos que indicam que se trata de uma alegoria.
2. Que aspectos da sociedade francesa a alegoria procura transmitir?
3. Use sua criatividade e elabore uma alegoria que expresse sua opinião sobre algum aspecto da sociedade brasileira atual, definido pelo(a) professor(a). Atribua um nome a sua alegoria.

www.histgeographie.com/Arquivo da editora

Gravura de autoria desconhecida com uma alegoria da sociedade francesa em 1789.

Hora de refletir

No estudo desta Unidade, você aprendeu que a luta por igualdade vem de longa data e tem como modelo a Declaração dos Direitos do Homem e do Cidadão, elaborada em 1789 durante o processo revolucionário na França.

Os direitos aprovados na Constituição brasileira de 1988 tiveram origem nas lutas de homens e mulheres contra as injustiças e desigualdades. São essas conquistas que nos permitem participar da vida social e da vida política. No entanto, a igualdade não está totalmente consolidada no Brasil.

- Aponte duas situações: uma em que você acha que a igualdade social é respeitada e outra em que esse direito não é respeitado.
- Ao final, leia as situações apontadas para a classe e compare com as respostas de seus colegas.

Minha biblioteca

***A independência dos Estados Unidos*, de Antônio Carlos Olivieri, Ática. (O cotidiano da História).**
Acompanhando a trajetória de uma personagem, Nathanael Hawkins, o leitor passa pelos fatos mais importantes do movimento revolucionário do povo dos Estados Unidos contra a dominação britânica.

***Os miseráveis*, de Victor Hugo, adaptação de Walcyr Carrasco, FTD.**
Essa adaptação do clássico de Victor Hugo retrata um pouco dos primeiros anos do século XIX na França, tendo como pano de fundo a Batalha de Waterloo e outros eventos históricos.

Reprodução/Ed. Ática

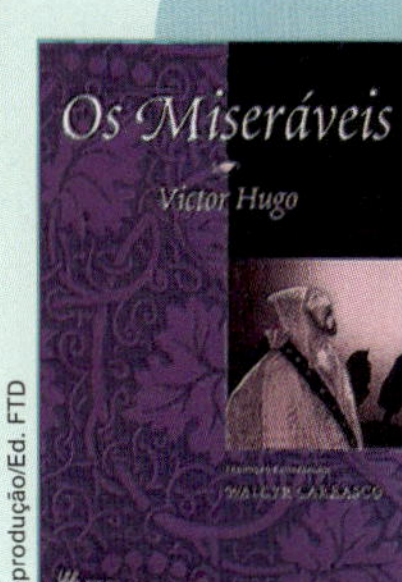

Reprodução/Ed. FTD

Mundo virtual

<http://tinyurl.com/c7vyky2>
Endereço da página do *site* da Biblioteca do Congresso dos Estados Unidos com imagens referentes à Revolução Francesa. *Site* em inglês; basta clicar sobre a imagem para vê-la ampliada.

Acesso em: jan. 2015.

Ponto de chegada

O princípio da igualdade entre os cidadãos ganhou força a partir do século XVIII e hoje faz parte do moderno conceito de democracia. Vamos refletir um pouco mais sobre isso? Os documentos a seguir vão nos ajudar nessa reflexão.

Signatário: aquele que assina um documento, concordando, dessa maneira, com seus termos.

O primeiro é um dos artigos da Consolidação das Leis Trabalhistas (CLT), estatuto de 1943 que regulamenta o trabalho no Brasil. O segundo documento é um trecho da Convenção sobre a eliminação de todas as formas de discriminação contra a mulher, tratado internacional sancionado em 1979 pela Assembleia Geral das Nações Unidas. O Brasil é **signatário** dessa Convenção.

Por último, temos um gráfico que compara a situação do emprego entre homens e mulheres no Brasil em 2009. Analise os três documentos e responda no caderno ao que se pede.

DOCUMENTO 1 – Legislação trabalhista

Art. 5º – A todo trabalho de igual valor corresponderá salário igual, sem distinção de sexo.

Disponível em: <www.planalto.gov.br/ccivil_03/decreto-lei/Del5452compilado.htm>. Acesso em: jan. 2015.

DOCUMENTO 2 – Tratado internacional

Artigo 1º – Para os fins da presente Convenção, a expressão "discriminação contra as mulheres" significa toda distinção, exclusão ou restrição fundada no sexo e que tenha por objetivo, ou consequência, prejudicar ou destruir o reconhecimento, gozo ou exercício pelas mulheres – independentemente do seu estado civil, com base na igualdade dos homens e das mulheres – dos direitos humanos e liberdades fundamentais nos campos político, econômico, social, cultural e civil ou em qualquer outro campo.

Adaptado de: CONVENÇÃO sobre a eliminação de todas as formas de discriminação contra a mulher (1979). Disponível em: <www.pge.sp.gov.br/centrodeestudos/bibliotecavirtual/instrumentos/discrimulher.htm>. Acesso em: jan. 2015.

Suryara Bernardi/Arquivo da editora

DOCUMENTO 3 – Gráfico

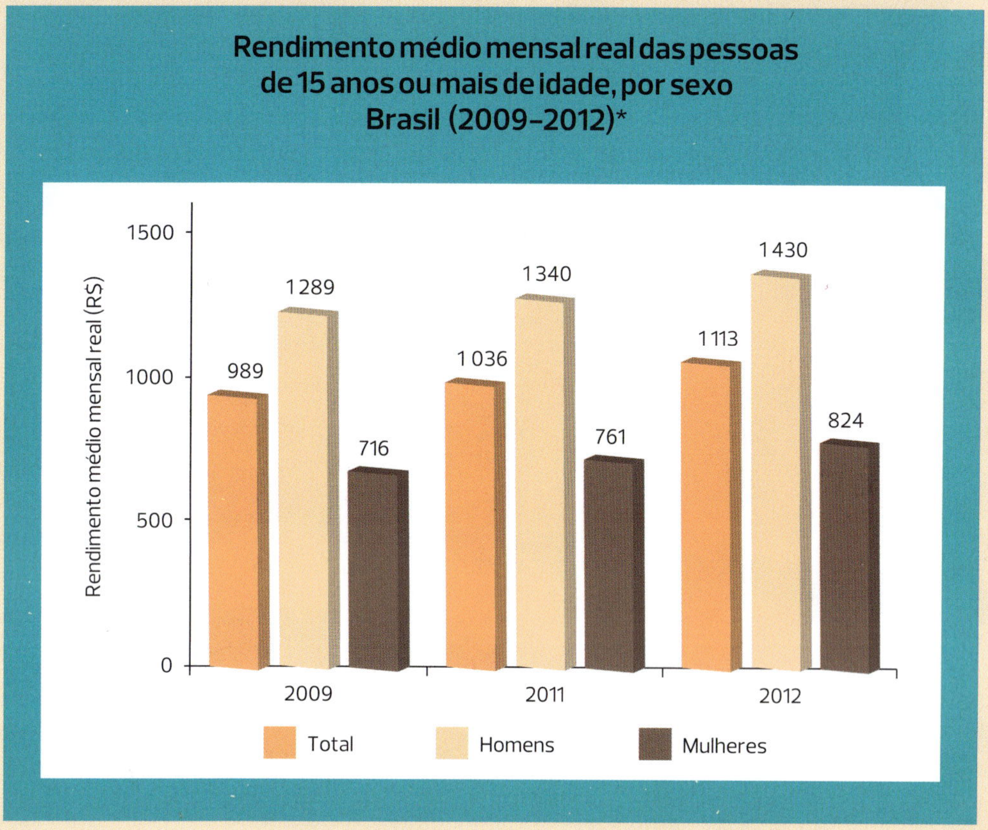

Adaptado de: IBGE, Diretoria de Pesquisas, Coordenação de Trabalho e Rendimento, Pesquisa Nacional por Amostra de Domicílios 2004/2012. Disponível em: <ftp://ftp.ibge.gov.br/Trabalho_e_Rendimento/Pesquisa_Nacional_por_Amostra_de_Domicilios_anual/2012/tabelas_pdf/sintese_ind_7_1_8.pdf>. Acesso em: 13 jan. 2015.

Nota: foram excluídas informações de pessoas sem declaração de rendimento.

*Valores atualizados pelo Índice Nacional de Preços ao Consumidor (INPC), com base em setembro de 2012.

1. As legislações organizam a vida em sociedade, procurando harmonizar as relações entre pessoas e grupos. No caso do artigo da CLT contido no primeiro documento, que problema se busca evitar?

2. Os dados do gráfico do Documento 3 revelam que no Brasil as mulheres ganham salários inferiores aos dos homens. Isso contraria o que determina o artigo 5º da CLT e o tratado internacional do qual o Brasil é signatário. Quais seriam as causas dessa situação?

3. Reúna-se em grupo com colegas e entrevistem mulheres de sua comunidade que já atuam no mercado de trabalho.

a) Peçam a elas que falem sobre seu cotidiano de trabalho, as dificuldades encontradas e as conquistas obtidas.

b) Se possível, gravem os depoimentos.

c) Em seguida, anotem os aspectos mais importantes e apresentem-nos à classe.

d) Veja na seção *Como se faz...*, no fim deste volume, orientações sobre como realizar uma entrevista.

Unidade 2

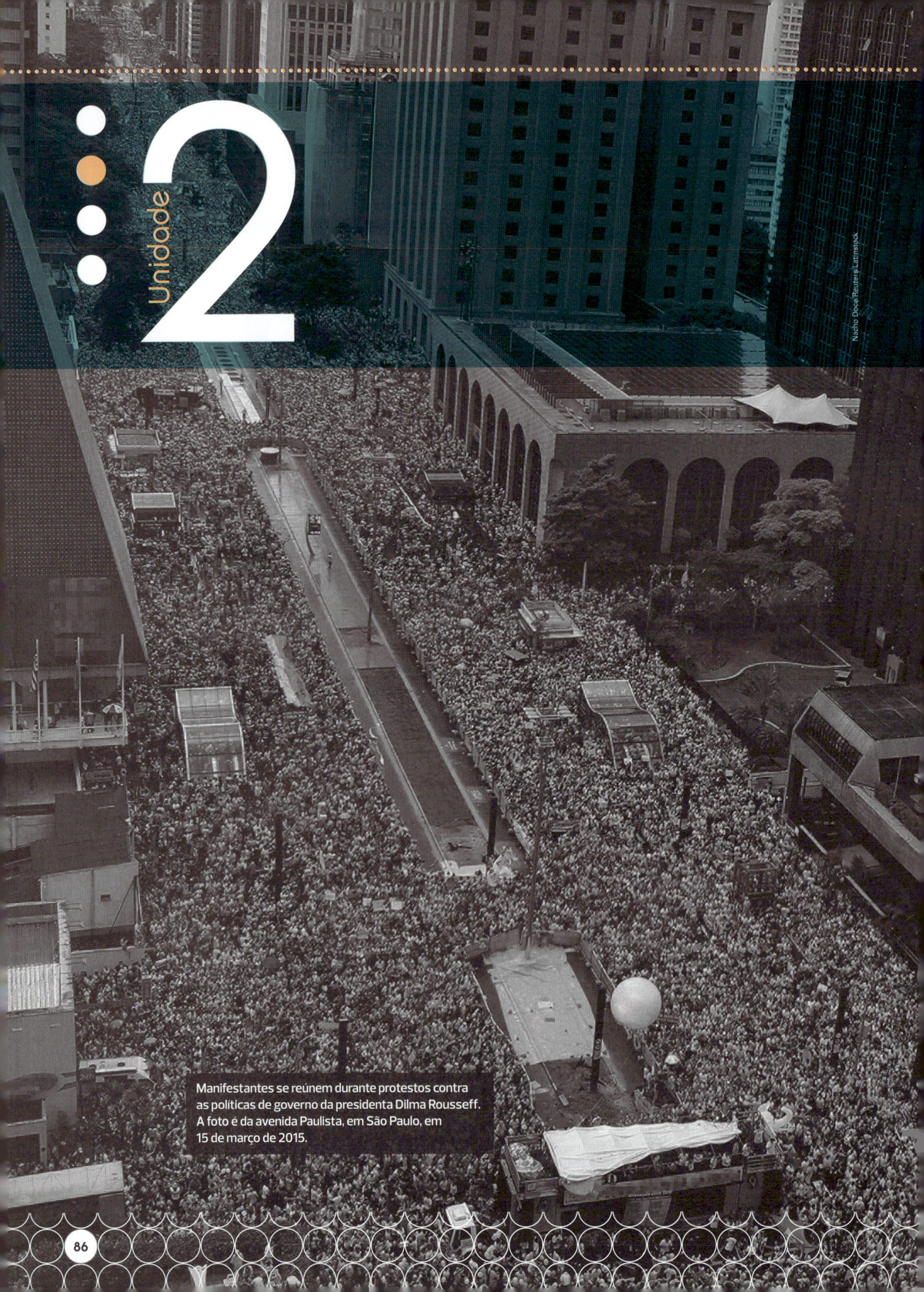

Nacho Doce/Reuters/Latinstock

Manifestantes se reúnem durante protestos contra as políticas de governo da presidenta Dilma Rousseff. A foto é da avenida Paulista, em São Paulo, em 15 de março de 2015.

Movimentos sociais

Você já presenciou ou já viu na televisão alguma manifestação de rua? Uma passeata, um comício, um protesto qualquer?
Você já ouviu falar de greves ou de movimentos estudantis?
Se a resposta for positiva, você já esteve em contato direto ou indireto com algum tipo de movimento social.
Quase todos os movimentos sociais se originam de um conflito.
Na Unidade anterior, falamos sobre a igualdade. Nesta Unidade, abordaremos as desigualdades que estiveram na base de conflitos de interesse, que, por sua vez, geraram movimentos sociais importantes na História do Brasil.

Ponto de partida

1. Os movimentos sociais são caracterizados pela atuação de grupos, e não de pessoas agindo isoladamente. Em sua opinião, por que a organização coletiva tem mais condições de alcançar seus objetivos do que a ação individual?
2. Você já pensou em problemas da cidade onde mora que justifiquem a organização de um movimento social para tentar resolvê-los?

Quando a união faz a força

A sociedade em que vivemos nos oferece diversas garantias, como a liberdade de pensamento, a igualdade perante a lei e o direito de voto. Como vivemos nessa sociedade desde que nascemos, várias vezes temos a sensação de que sempre existiram.

Mas muitas dessas garantias são na verdade uma conquista recente. Algumas têm menos de cem anos. Para chegar a elas, foram necessários séculos de lutas, de grandes movimentos populares e de mudanças na forma de pensar.

Atualmente, em muitos lugares as pessoas se organizam em movimentos sociais para reivindicar direitos, como na Europa, por exemplo. Nos países do Oriente Médio, são comuns protestos contra a violência e as guerras que devastam a região.

Os movimentos sociais são manifestações que acontecem de diversas maneiras. Há os movimentos que mobilizam muitas pessoas e há aqueles que se restringem a pequenas manifestações; há movimentos pacíficos e outros mais agressivos.

Adem Altan/Agência France-Presse

Na cidade turca de Ancara, capital da Turquia, em novembro de 2014, mulheres protestam contra a violência, a discriminação, a guerra e os militantes islâmicos da Síria e do Iraque. Os cartazes saúdam as mulheres mortas durante ataque islâmico à cidade de Kobani, na Síria, ocorrido em outubro de 2014. Kobani possui uma população de maioria curda, e é considerada estratégica para os islâmicos, por estar próxima à fronteira com a Turquia.

Em meados de 2013, grupos se mobilizaram na cidade de São Paulo contra o aumento da tarifa de ônibus. De Porto Alegre (RS), os protestos se espalharam por vários estados do Brasil. Na foto, de junho de 2013, manifestantes sobem na laje do Congresso Nacional, em Brasília (DF), gritando palavras de ordem.

O que torna esses movimentos fundamentais é a capacidade de mobilizar os cidadãos na luta por objetivos comuns, como acontece nas associações de bairro, nos sindicatos, nos movimentos estudantis e nas Organizações Não Governamentais (ONGs), que lutam, entre outras causas, pelos direitos das mulheres, dos indígenas, dos homossexuais e dos afrodescendentes ou pela preservação do meio ambiente.

A organização das pessoas com o objetivo de lutar por melhorias ou protestar contra medidas consideradas prejudiciais é hoje vista como um direito. Nos séculos XVIII e XIX, muitos movimentos sociais eram duramente reprimidos pelos governos, que os consideravam um perigo para a sociedade. Esse foi o caso dos movimentos que lutaram pela independência no Brasil colônia e das revoltas que sacudiram o país no período imperial.

Nesta Unidade, vamos estudar alguns desses movimentos ocorridos no Brasil entre o final do século XVIII e as primeiras décadas do século XIX.

Pedro Ladeira/Folhapress

Joka Madruga/Futura Press

Protesto de moradores prejudicados pela construção da barragem da Via Campesina, em frente à Usina do Salto de Santiago, município de Saudade de Iguaçu (PR), no Dia Internacional de Luta Contra as Barragens. Foto de 2012.

Capítulo 4

Iluminismo e revoltas na colônia portuguesa

No Brasil, ao longo do ano, existem alguns dias que são considerados feriados nacionais. Certamente você conhece alguns deles: 1º de maio — Dia do Trabalho; 7 de setembro — comemoração da Proclamação da Independência do Brasil; ou 15 de novembro — quando se celebra o início da república no país.

Outro feriado nacional acontece no dia 21 de abril. Nessa data, no ano de 1792, morreu Joaquim José da Silva Xavier, mais conhecido como Tiradentes.

Tiradentes era militar e, junto com outras pessoas, participou, em 1789, de um movimento conhecido como Inconfidência Mineira. Esse movimento pretendia libertar a capitania de Minas Gerais da dominação portuguesa.

Seus integrantes, chamados de inconfidentes, foram presos e condenados a diversas penas. Tiradentes foi condenado à morte na forca.

A Inconfidência Mineira não chegou a triunfar, mas seu exemplo frutificou. Menos de dez anos depois, em 1798, outra rebelião explodiu na colônia portuguesa. Foi a Conjuração Baiana, que teve lugar em Salvador, na Bahia.

O tema deste capítulo são esses dois movimentos.

A leitura da sentença dos inconfidentes (1921), óleo sobre tela, pintura criada pelo artista Eduardo de Sá (1866-1940). Importante destacar que a obra é uma concepção do século XX, ou seja, trata-se de uma representação de como o artista imaginou o acontecimento, uma vez que o evento ocorreu séculos antes da criação da imagem. Por causa da importância do movimento e da liderança de Joaquim José da Silva Xavier, há dezenas de praças, ruas, avenidas, escolas, etc. que levam o nome de Tiradentes.

Reprodução/Museu Histórico Nacional, Rio de Janeiro, RJ.

❶ Urbanização e insatisfação na colônia

Entre as últimas décadas do século XVII e a primeira metade do século XVIII, a colônia portuguesa na América foi palco de diversas revoltas. No Maranhão, Manuel Beckman liderou uma rebelião em 1684 contra os jesuítas e contra uma companhia de comércio. Em Pernambuco, em 1710, explodiu uma guerra civil entre os habitantes do Recife e de Olinda. Em Minas Gerais, em 1720, a população de Vila Rica (atual Ouro Preto) se rebelou sob a liderança de Filipe dos Santos contra algumas medidas do governo português.

Nenhum desses movimentos, porém, pretendia libertar sua região do domínio português. Eram manifestações isoladas que revelavam insatisfação apenas com aspectos da administração portuguesa. **Não eram movimentos separatistas**.

Isso pode ser explicado por certas características da colônia. Até o começo do século XVIII, a vida na colônia girava principalmente em torno dos engenhos de açúcar e de outras atividades rurais. Havia alguns núcleos urbanos, como Salvador, Olinda, São Luís, Rio de Janeiro e São Paulo, mas a vida urbana era limitada. Isso dificultava a circulação e a propagação de ideias.

Difusão de novas ideias

Com a descoberta de ouro em Minas Gerais, começaram a surgir novos centros urbanos. Em 1711, foi fundada a atual cidade de Mariana, a primeira vila da região do ouro. Logo vieram outras vilas e cidades, como Vila Rica, São João del-Rei e Diamantina. Ao mesmo tempo, as antigas cidades cresciam e sua população se tornava mais culta e diversificada.

No decorrer do século XVIII, muitas pessoas enriqueceram em Minas Gerais. Essas pessoas mandavam seus filhos estudar na Europa. O mesmo acontecia em outras capitanias. De Salvador, do Rio de Janeiro, de Olinda, do Recife, partiam jovens para Lisboa, Coimbra ou mesmo Paris. Na Europa, eles entravam em contato com o **Iluminismo, movimento que defendia ideias de liberdade e se opunha ao Absolutismo** (releia o Capítulo 1).

Ao voltarem para suas cidades, esses estudantes divulgavam as novas ideias entre um público atento, formado por pessoas habituadas a ler e a trocar opiniões. O meio urbano, ao contrário das fazendas isoladas umas das outras no interior, facilitava esses contatos.

Textos de filósofos iluministas, principalmente franceses, como Jean-Jacques Rousseau, eram lidos e discutidos por pessoas que viviam nas cidades, embora sua divulgação fosse proibida pelas autoridades portuguesas.

Ao lado dessa influência do Iluminismo, outro processo histórico causou impacto entre os habitantes cultos de Minas Gerais e de outras regiões da colônia: a independência dos Estados Unidos, conquistada em 1776 (veja o Capítulo 3). Esse acontecimento mostrava que era possível romper os laços de dominação colonial e organizar uma nação com base em princípios republicanos.

Em Minas Gerais, principalmente, as ideias iluministas e a notícia da independência dos Estados Unidos vieram se somar a antigas insatisfações com a administração portuguesa. Pouco a pouco, essas **insatisfações assumiriam a forma de contestação e crítica ao domínio português**.

Edição de 1768 do livro *Obras*, de Cláudio Manoel da Costa, impresso em Coimbra, Portugal. O autor foi um dos participantes da Inconfidência Mineira.

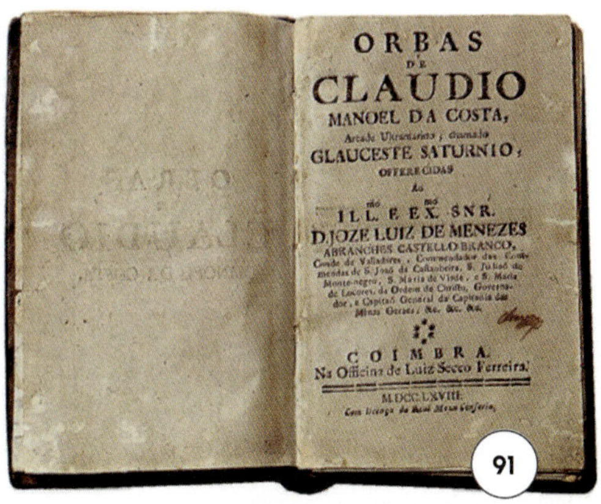

Museu da Inconfidência, Ouro Preto/Arquivo da editora

2 Inconfidência Mineira

Durante a primeira metade do século XVIII, foram extraídas enormes quantidades de ouro das jazidas de Minas Gerais. Em meados daquele século, o ouro começou a se tornar cada vez mais raro, sinal de que as jazidas estavam se esgotando.

Mesmo assim, o governo de Portugal cobrava desde 1719 um imposto de 20% sobre todo o ouro produzido em Minas Gerais. Esse **imposto era chamado de "quinto", porque correspondia à quinta parte do ouro extraído pelo minerador**. Em 1750, foi criado um novo tipo de taxação, conhecido como "derrama". Esse imposto foi instituído pelo diplomata e estadista português Marquês de Pombal (veja o boxe abaixo).

Pombal: um déspota esclarecido

Lembra-se dos "déspotas esclarecidos" de que falamos no Capítulo 1? Pois é, Portugal também teve o seu. Chamava-se Sebastião José de Carvalho e Melo, mas ficou conhecido como Marquês de Pombal.

Pombal foi uma espécie de primeiro-ministro do governo português entre 1750 e 1777. De seu nome deriva a expressão **política pombalina** para designar a orientação do governo de Portugal nesse período. O rei era dom José I, mas quem tomava as decisões de governo era mesmo Pombal.

Sob o governo de Pombal foram estabelecidos a derrama e outros impostos. Além disso, Pombal promoveu reformas importantes tanto na colônia como na metrópole.

Na colônia, além da criação de novos impostos, Pombal aboliu a escravização indígena e transferiu a capital de Salvador para o Rio de Janeiro.

Até essa época, uma das línguas mais faladas na colônia portuguesa na América não era o português; era o **nheengatu**, idioma inventado pelos jesuítas para facilitar a comunicação entre eles próprios, os indígenas e os colonos e que reunia palavras de origem tupi e portuguesa.

Pombal proibiu o uso desse idioma e estabeleceu o português como idioma oficial da colônia. Além disso, ele promoveu a expulsão dos jesuítas da colônia e da metrópole.

O que era a derrama?

A derrama funcionava assim: a capitania de Minas Gerais devia pagar por ano um total de 100 arrobas (1 500 quilos) de ouro ao governo de Portugal. Caso ela não atingisse essa cota, seus habitantes mais ricos eram obrigados a completá-la. Se eles não o fizessem, suas casas seriam invadidas por soldados a serviço de Portugal que levariam seus bens até que fosse completado o valor estabelecido.

Além dessa taxação, **o governo português adotou outras medidas de controle sobre toda a colônia**. Em 1785, proibiu as atividades **fabris** e aumentou os impostos sobre os produtos vindos da metrópole. Essas medidas provocaram um grande impacto na colônia, sobretudo entre a população mineira.

A aplicação da derrama foi anunciada pela primeira vez em 1763 e, depois, em 1771. Em ambos os casos, os governantes tiveram que desistir da cobrança, pois temiam que a população se revoltasse.

A Z

Fabril: atividade desenvolvida em fábricas ou manufaturas.

Ações contra Portugal

Em 1788, a capitania de Minas Gerais não conseguiu completar as 100 arrobas de ouro devidas como imposto a Portugal. Começaram então a correr rumores de que as autoridades decretariam a derrama.

Esses rumores provocaram inquietação entre a população mineira, sobretudo entre as famílias mais abastadas, que temiam perder suas riquezas com as medidas que o governo deveria adotar.

A partir desse momento, um grupo de pessoas da elite mineira começou a **conspirar** contra o domínio de Portugal. Nascia a Inconfidência Mineira.

Conspirar: promover reuniões secretas com o objetivo de preparar a derrubada de um governo.

Entre os integrantes do movimento havia funcionários públicos, poetas, religiosos, militares e empresários da mineração. Muitos deles tinham dívidas volumosas com o governo português.

Inspirados nas ideias iluministas e na independência dos Estados Unidos, os inconfidentes tinham por objetivo libertar a capitania do domínio de Portugal e proclamar a República em Minas Gerais, com capital em São João del-Rei; além disso, pretendiam implantar indústrias na região e criar uma universidade em Vila Rica. Entre seus ideais, porém, não estava a abolição da escravatura. Isso porque os inconfidentes eram, em sua maioria, senhores de escravos.

Seu plano era começar a revolta no dia em que fosse decretada a derrama. Desse modo, muitas pessoas descontentes se juntariam a eles no movimento pela derrubada do governo. Planejavam prender e executar o governador e tomar o poder. Seria então criada uma Junta Provisória, liderada pelo poeta inconfidente Tomás Antônio Gonzaga, porta-voz da independência a ser conquistada.

Leia o livro *Debret em viagem histórica e quadrinhesca ao Brasil*, de Spacca, Companhia das Letras.

Vanessa Volk/Fotoarena

Praça Tiradentes, no centro histórico de Ouro Preto, Minas Gerais. Ao centro, hoje está uma estátua em homenagem ao mártir da independência, o Tiradentes. Em 1792, no lugar dessa estátua, estava exposta a cabeça de Tiradentes, quando a cidade ainda se chamava Vila Rica. Foto de 2014.

Plano dos revoltosos falha

Alguns imprevistos, porém, alteraram os planos dos rebeldes. A derrama, que seria anunciada em fevereiro de 1789 pelo visconde de Barbacena, governador da capitania, foi mais uma vez adiada. Isso punha fim à expectativa de juntar forças e mobilizar a população.

Em março, o governador convocou vários devedores para quitar suas dívidas com o reino. Alguns deles eram inconfidentes e revelaram a conspiração ao governador em troca do perdão de suas dívidas. O mais conhecido entre esses delatores chamava-se Joaquim Silvério dos Reis.

Com a delação, todos os conspiradores foram detidos. Tiradentes, como era conhecido Joaquim José da Silva Xavier, estava fora da capitania e foi preso no Rio de Janeiro.

Às prisões, seguiu-se um inquérito conhecido como **devassa**. Eram ao todo 34 presos, acusados de crime de lesa-majestade, ou seja, de traição ao rei. Esse crime era geralmente punido com a pena de morte.

O processo durou dois anos, e os acusados foram transferidos para uma prisão no Rio de Janeiro até que se decretasse a sentença final. O poeta Cláudio Manuel da Costa morreu na prisão, ainda em Vila Rica. As autoridades alegaram que ele teria se suicidado. Alguns historiadores, contudo, consideram que ele teria sido assassinado, pois tinha informações que poderiam comprometer pessoas influentes aliadas ao movimento.

Jornada dos mártires **(cerca de 1928), óleo sobre tela de Antônio Parreiras. A obra retrata a passagem dos inconfidentes presos pela cidade de Matias Barbosa (MG), de onde seguiriam para julgamento no Rio de Janeiro. Com exceção de Tiradentes, todos os conjurados estão representados na tela.**

Antônio Parreiras/Museu Mariano Procópio, Juiz de Fora, MG.

Você sabia?

Os autos dos processos da **devassa** foram preservados e estão disponíveis para consulta na Fundação Biblioteca Nacional, no Rio de Janeiro, tanto na forma física como na digital. Constam nos registros dos interrogatórios os relatos dos acusados, cujas narrativas eram muitas vezes atenuadas na tentativa de reduzir a importância de sua participação no movimento. Agindo assim, eles procuravam se livrar das penas mais pesadas. Tiradentes foi o único que assumiu a responsabilidade pelo movimento.

Prisões e morte

Finalmente, em abril de 1792, foi anunciada a sentença dos réus. Onze deles, entre os quais Tiradentes, foram condenados à morte. Mais tarde, todas as sentenças foram alteradas, menos a de Joaquim José da Silva Xavier, o Tiradentes, único que foi executado.

Os demais presos obtiveram clemência da rainha de Portugal, dona Maria I. Alguns foram libertados; outros foram condenados ao banimento para a África até o fim da vida.

No dia 21 de abril de 1792, Tiradentes foi enforcado por um carrasco no Rio de Janeiro (veja a seção *As palavras têm história* abaixo). Seu corpo foi depois esquartejado. Pedaços dele foram expostos em estacas ao longo da Estrada Real, entre o Rio de Janeiro e Vila Rica (atual Ouro Preto; veja o mapa ao lado). A cabeça dele teria ficado exposta no pelourinho situado na praça que ficava defronte ao Palácio do Governador (veja seção *Raio X*). Com isso, as autoridades portuguesas pretendiam que o **castigo servisse de exemplo à população e a todos que pensassem em se rebelar**.

Estrada Real Ouro Preto-Rio de Janeiro (século XVIII)

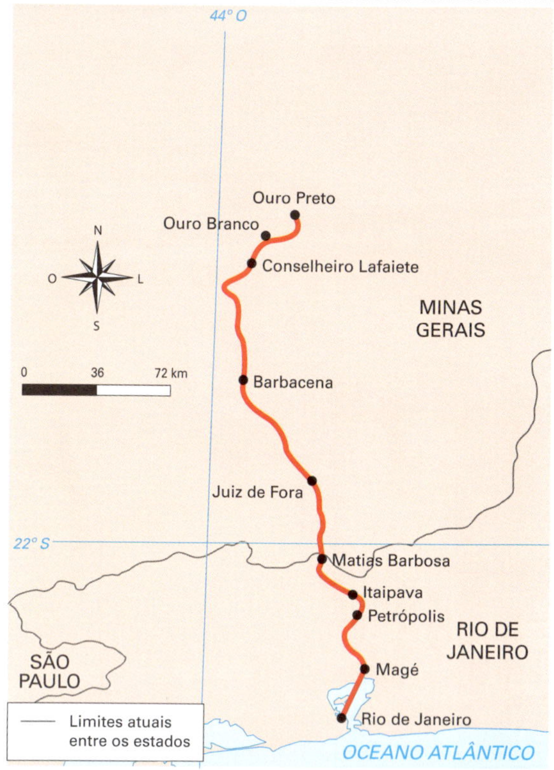

Adaptado de: INSTITUTO Estrada Real. Disponível em: <http://tinyurl.com/nypjj2l>.

As palavras têm história

Carrasco

A palavra **carrasco** designa a pessoa encarregada pelo Estado de executar a pena de morte. Sua origem está ligada ao nome de um homem que viveu em Lisboa antes do século XV. Ele se chamava Belchior Nunes Carrasco e tinha por função executar os condenados à morte.

De tanto aplicar a pena máxima, Belchior acabou por ter seu sobrenome ligado à função. A partir de então, todos aqueles que tinham por trabalho executar os condenados à morte passaram a ser chamados de carrascos.

A expressão se difundiu de tal maneira que foi incorporada ao vocabulário não apenas em Portugal, mas também na colônia portuguesa na América. Ainda hoje é usada no Brasil para qualificar de forma genérica uma pessoa cruel, capaz de cometer muitas maldades.

Sammlung Rauch/Interfoto/Latinstock

À direita, na gravura, a representação do carrasco que executou o rei Luís XVI, da França, na guilhotina.

Raio X

Ilustração da Praça Tiradentes, em Ouro Preto, de autor não identificado, com data entre 1785 e 1790. A Praça Tiradentes e o Palácio do Governador, ao fundo, aparecem aqui com suas formas primitivas.

CONTEÚDO DIGITAL

Que documento é esse?

Trata-se de uma imagem feita entre 1785 e 1790 representando o morro de Santa Quitéria, no centro da antiga Vila Rica (atual Ouro Preto). Estão representados o Palácio do Governador (no centro, ao fundo), o pelourinho (em primeiro plano), o chafariz e a igreja de Santa Quitéria, entre outros prédios. No final do século XIX, foi instalado no local um monumento em homenagem a Tiradentes, e o local passou a se chamar Praça Tiradentes.

Que informações sobre Ouro Preto esse documento pode nos fornecer?

As construções indicam que, no final do século XVIII, Vila Rica era um centro urbano com edificações imponentes e, por causa do pelourinho, sabemos que o local tinha **autonomia política**. O chafariz confirma o abastecimento de água pública, e a presença de soldados de forma perfilada (alinhada). Indica um sistema organizado de proteção e/ou repressão. A localização da igreja (próxima ao palácio) sugere que a religião tinha grande importância para aquela sociedade.

Autonomia política: nas colônias portuguesas, os locais com autonomia política podiam cobrar impostos e elaborar suas leis; também constituíam câmara dos vereadores e contavam com cadeia e pelourinho. O pelourinho era o símbolo dessa autonomia.

Comparando essa imagem com a da página 93, quais observações podem ser feitas?

Podemos afirmar que o local passou por reformas. O Palácio do Governador (atual Museu de Ciência e Técnica) foi ampliado, e nem a igreja de Santa Quitéria nem o chafariz existem mais. A praça foi ampliada, e o desnível no terreno próximo ao chafariz foi aterrado. As casas ao redor da praça também foram reformadas ou substituídas. O pelourinho foi extinto e há um monumento, com uma estátua, em homenagem a Tiradentes.

atividades

Diálogos

Quase cem anos depois de sua morte, **Tiradentes** foi escolhido como herói da Inconfidência Mineira. A escolha foi feita pelo grupo que proclamou a república no Brasil em 1889. Uma das razões pelas quais Tiradentes foi escolhido deve-se ao fato de ele ter feito oposição à monarquia. Tornou-se assim **um mito da luta contra o regime monárquico**. Nos dias de hoje, muitas pessoas, como Michael Jackson, Pelé e Maradona, acabaram se tornando mitos. Pensem quais valores ou atitudes podem transformar uma pessoa em mito e respondam, no caderno, às questões seguintes:

- Qual é o papel dos meios de comunicação no processo de surgimento de um mito na atualidade?
- Reunidos em duplas, discutam essas questões e escolham um exemplo de mito nos dias de hoje.
- Assinalem alguns fatores que possam ter influenciado na construção desse mito.
- Anotem as observações no caderno, acompanhadas da imagem da personalidade escolhida.
- Façam uma exposição dos resultados da atividade à classe.

Interpretando documentos

Observe as duas imagens abaixo. São duas representações de Tiradentes. A da esquerda foi feita pelo artista Décio Villares, em 1928. A da direita é do pintor Pedro Américo e foi feita em 1893. A partir da observação das duas imagens, responda em seu caderno ao que se pede.

1. As duas imagens foram concebidas de modo a transformar Tiradentes em um símbolo de heroísmo, luta, resistência e sofrimento. Observe-as e aponte elementos que justifiquem essa ideia.
2. Explique por que Tiradentes foi punido com a pena de execução e esquartejamento pelas autoridades portuguesas.
3. A figura de Tiradentes foi transformada em um símbolo de heroísmo durante o início da República brasileira. Você considera que no presente existam outras figuras no Brasil transformadas em heróis? Apresente exemplos para justificar sua resposta.

Reprodução/Igreja Positivista do Brasil

Obra intitulada *Tiradentes* (1928); litografia de Décio Villares.

Reprodução/Museu Mariano Procópio, Juiz de Fora, MG.

Pintura intitulada *Tiradentes esquartejado* (1893); óleo sobre tela de Pedro Américo.

3 Conjuração Baiana

Até o final do século XVIII, Salvador era o mais importante centro urbano da colônia portuguesa. Com cerca de 60 mil habitantes, fora capital da colônia até 1763, quando a administração foi transferida para o Rio de Janeiro.

Localizada em um ponto privilegiado do litoral, Salvador desenvolveu-se por longo tempo como entreposto comercial. A seu porto chegavam mercadorias da Europa, da África e da Ásia, e por ele eram exportados produtos da colônia, como açúcar, tabaco e algodão.

Sua população era composta de muitas pessoas de origem africana, a maioria delas escravizada. A elite branca era formada por fazendeiros e grandes comerciantes, todos eles donos de muitos escravos. Além dos escravizados, havia entre as camadas mais baixas da população muitos mestiços de cor parda e brancos pobres.

Ideias iluministas chegam à Bahia

A partir de meados do século XVIII, as ideias iluministas de liberdade começaram a chegar ao conhecimento dos habitantes da Bahia. Da mesma forma que em Minas Gerais, elas eram trazidas principalmente por jovens da elite que haviam estudado na Europa.

Albert Dufourcq/Instituto Histórico da Bahia, Salvador

Litografia *La Baye de tous les Saints* ou *Baía de Todos-os-Santos* (1782), do artista francês Albert Dufourcq, representa uma vista geral da primeira capital do Brasil, Salvador.

Em 1797, membros da elite fundaram a sociedade secreta Cavaleiros da Luz, que promovia reuniões nas quais se discutiam os ideais revolucionários difundidos na França.

A partir de então, pessoas de diversas camadas sociais começaram a aderir ao movimento que se formava. Entre elas havia pequenos comerciantes, soldados, alfaiates, artesãos, negros libertos, escravizados, mestiços e brancos pobres. O movimento ficaria conhecido como Conjuração Baiana, mas também tem sido chamado de Revolta dos Alfaiates, por causa da participação desses profissionais e de outros artesãos.

Os conspiradores queriam o fim da escravidão e a formação de uma república inspirada nos princípios franceses de igualdade, liberdade e fraternidade. Em 1798, eles passaram a divulgar seus ideais revolucionários em cartazes manuscritos afixados pela cidade. Os textos falavam de igualdade e denunciavam os altos impostos e os preços dos produtos alimentícios. Alguns chegavam a propor o não pagamento dos impostos cobrados pelo governo.

Punições aos rebelados

Em um primeiro momento, a reação do governo foi prender o soldado Luís Gonzaga das Virgens, identificado pela caligrafia como autor de alguns dos panfletos. A resposta de grupos de apoio foi planejar uma revolta popular e, em meio à agitação, resgatar o soldado da prisão.

O governo, porém, agiu mais rápido e prendeu 41 integrantes do movimento. Como no caso da Inconfidência Mineira, alguns deles se livraram da prisão por pertencer à elite ou por falta de provas.

Duras penas, porém, atingiram os conspiradores mais pobres. Os que eram escravizados foram açoitados. Quatro dos acusados receberam a pena de morte: os alfaiates João de Deus e Manuel Faustino e os soldados Luís Gonzaga das Virgens e Lucas Dantas foram enforcados em novembro de 1799 e seus corpos, esquartejados e expostos para que todos os vissem.

Em cima, à esquerda, João de Deus [1]; ao seu lado, Lucas Dantas [2]. Embaixo, à esquerda, Luís Gonzaga das Virgens [3]; ao seu lado, Manuel Faustino dos Santos Lira [4], todos participantes da Conjuração Baiana, em ilustrações de 1780, de autor desconhecido.

Enquanto isso...

Rebelião no Peru

Enquanto as ideias iluministas circulavam na colônia portuguesa, em outros lugares do continente americano explodiam rebeliões de povos oprimidos pelos colonizadores.

Uma dessas rebeliões ocorreu na região do antigo Império Inca, no território hoje pertencente ao Peru. Em 1780, um descendente dos imperadores incas organizou ali um exército de 10 mil indígenas e mil afrodescendentes. Chamava-se José Gabriel Condorcanqui, mas adotou o nome de Tupac Amaru II em homenagem a um de seus antepassados. Seu objetivo era lutar contra a dominação espanhola.

As forças indígenas realizaram diversas expedições bem-sucedidas. Em uma delas, libertaram escravizados, apossaram-se de terras de latifundiários e as distribuíram entre os mais pobres. Chegaram a conquistar uma importante área territorial, mas foram derrotadas em abril de 1781, quando lutavam para tomar Cuzco, a capital do Peru naquela época.

Tupac Amaru II foi capturado, morto e esquartejado. Era o fim da maior rebelião indígena da História da América Latina.

Cédula com a efígie de Tupac Amaru II, que circulou no Peru entre 1987 e 1991.

Esquema-resumo

Iluminismo e revoltas na colônia portuguesa

Revoltas separatistas (influência do Iluminismo)

Inconfidência Mineira (MG -1789)

- Participação da elite mineira
- Proposta de manter a escravidão
- Defesa de uma república independente
- Insatisfação com cobrança de impostos
- Proposta de criação de universidades e desenvolvimento de indústrias

Conjuração Baiana (BA – 1797-1798)

- Participação de diversas camadas sociais
- Defesa do fim da escravidão
- Defesa de uma república independente

Repressão das autoridades coloniais

Prisão e morte dos envolvidos

Revoltas não separatistas

Revolta de Beckman (MA-1684)

Guerra dos Mascates (PE-1710)

Revolta de Filipe dos Santos (MG-1720)

Antônio Parreiras/Museu Mariano Procópio, Juiz de Fora, MG.

Jornada dos mártires (cerca de 1928), óleo sobre tela de Antônio Parreiras. A obra retrata a passagem dos inconfidentes presos pela cidade de Matias Barbosa (MG).

atividade

- Com base nas informações do esquema e na leitura deste capítulo, apresente em seu caderno as principais características dos movimentos separatistas ocorridos em Minas Gerais e na Bahia do século XVIII. Em seguida, explique os resultados desses movimentos.

Atividades

CONTEÚDO DIGITAL

Para organizar as ideias

1. Observe o gráfico abaixo. Trata-se de uma estimativa da produção de toneladas de ouro em Minas Gerais ao longo do século XVIII. Em seguida, em seu caderno, responda ao que se pede.

Produção de ouro em Minas Gerais

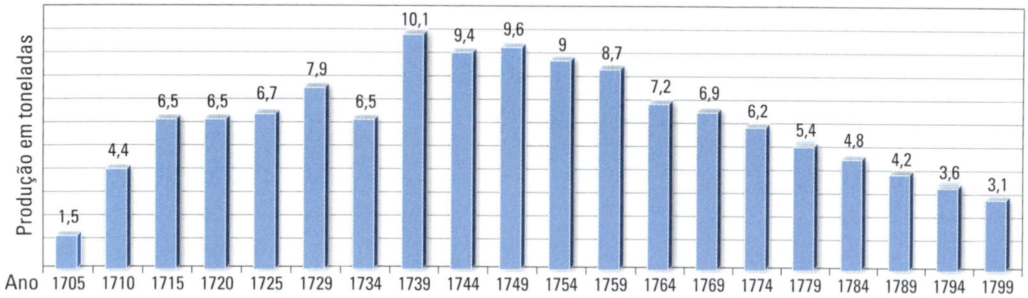

FAGUNDES, Mateus. Das minas de ouro às minas de ferro. Revista *Dois Pontos*. Disponível em: <http://revistadoispontos.com/trilha-do-minerio/das-minas-de-ouro-as-minas-de-ferro>. Acesso em: 16 jan. 2015.

a) Relacione a expansão da extração do ouro na região de Minas Gerias com a Revolta de Vila Rica.

b) Observe os dados do gráfico a partir de 1759. Relacione esses dados com os problemas que levaram à organização do movimento conhecido como Inconfidência Mineira.

2. Entre as diversas medidas adotadas pelo governo de Portugal para melhor controlar o pagamento dos impostos sobre a mineração estava a **derrama**. Explique o que era a derrama e como ela afetava a vida da população de Minas Gerais.

3. Em sua opinião, a Inconfidência Mineira era um movimento popular ou era um movimento de elite? Justifique sua resposta.

4. Que mudanças eram defendidas pelos inconfidentes?

5. Descreva as características sociais de Salvador nas últimas décadas do século XVIII.

6. Em 1798, ocorreu em Salvador um movimento conhecido como **Conjuração Baiana**, ou **Revolta dos Alfaiates**. Quem eram os integrantes desse movimento e o que pretendiam essas pessoas?

7. Leia o documento *Aviso ao povo bahiense*, cujo texto foi reproduzido na página 103 deste livro e, em seu caderno, responda ao que se pede.

a) O documento é um panfleto revolucionário que circulou pelas ruas de Salvador em 1798, durante a Conjuração Baiana. A partir da leitura do documento e dos seus conhecimentos, explique o que defendiam esses revolucionários.

b) As propostas defendidas pelo panfleto eram as mesmas defendidas durante a Inconfidência Mineira? Explique a principal diferença.

8. A repressão do governo à Conjuração Baiana foi severa, mas a punição não foi igual para todos os participantes. O que teria motivado punições diferentes?

9. Copie o quadro abaixo em seu caderno e preencha as colunas com os principais aspectos da Inconfidência Mineira e da Conjuração Baiana.

Movimento	Participantes	Ideias defendidas	Desfecho
Inconfidência Mineira			
Conjuração Baiana			

Teste seus conhecimentos

1. Associe as afirmações abaixo referentes às três contestações setecentistas listadas em sequência.

(IIII) Foi um movimento inspirado nas ideias revolucionárias francesas, com expressiva participação popular, principalmente de soldados e alfaiates.

(IIII) O principal motivo de sua eclosão foi o anúncio da criação das Casas de Fundição na região mineradora, visando coibir o contrabando do ouro.

(IIII) Foi um movimento independentista de reação ao colonialismo português, tendo como principais articuladores os padres, os militares e os intelectuais.

1 - Revolta de Vila Rica (1720)

2 - Inconfidência Mineira (1789)

3 - Conjuração Baiana (1798)

- Marque em seu caderno a sequência correta de preenchimento dos parênteses de cima para baixo:

a) 1 - 2 - 3.
b) 1 - 3 - 2.
c) 2 - 1 - 3.
d) 3 - 1 - 2.
e) 2 - 3 - 1.

2. A Conjuração Baiana foi outro movimento que, ainda no século XVIII, questionou a ordem colonial. Aponte em seu caderno **V** para as opções verdadeiras e **F** para as falsas, levando em consideração as seguintes afirmativas sobre esse movimento:

a) As ideias iluministas começaram a se difundir entre os habitantes da Bahia em meados do século XVIII, trazidas principalmente por jovens da elite que haviam estudado na Europa.

b) A Conjuração Baiana foi um movimento exclusivo das elites. A população pobre, os pequenos comerciantes ou os escravos não podiam participar das reuniões dos conspiradores, por isso não participaram do movimento.

c) Os conspiradores defendiam o fim da escravidão e a formação de uma república inspirada nos princípios franceses de igualdade, liberdade e fraternidade.

d) A punição dos conspiradores variou de acordo com o grupo social. Os mais ricos se livraram das penas mais duras, porém os pobres e os escravos foram severamente punidos.

A questão 1 foi adaptada de vestibular (UFRGS).

Interpretando documentos

A seguir, você lerá dois documentos. O primeiro contém artigos da *Declaração de Direitos do Homem e do Cidadão*, proclamada em agosto de 1789, durante a Revolução Francesa. No segundo, você encontrará trechos de um panfleto revolucionário que circulou pelas ruas de Salvador em 1798, durante a Conjuração Baiana. Leia os dois documentos e responda no caderno às questões propostas.

Documento 1

Declaração de Direitos do Homem e do Cidadão

Art. 1º Os homens nascem e são livres e iguais em direitos. As distinções sociais só podem fundamentar-se na utilidade comum.

Art. 2º A finalidade de toda associação política é a conservação dos direitos naturais e imprescritíveis do homem. Esses direitos são a liberdade, a propriedade, a segurança e a resistência à opressão.

Art. 3º O princípio de toda soberania reside, essencialmente, na nação. Nenhuma operação, nenhum indivíduo pode exercer autoridade que dela não emane expressamente.

Art. 4º A liberdade consiste em poder fazer tudo que não prejudique o próximo. Assim, o exercício dos direitos naturais de cada homem não tem por limites senão aqueles que asseguram aos outros membros da sociedade o gozo dos mesmos direitos. Estes limites apenas podem ser determinados pela lei.

Fonte: DECLARAÇÃO de Direitos do Homem e do Cidadão. Biblioteca Virtual de Direitos Humanos da USP (Universidade de São Paulo). Disponível em: <http://tinyurl.com/7uv7cre>. Acesso em: jan. 2015.

Documento 2

Aviso ao Povo Bahiense

*Ó vós Homens cidadãos; ó vós Povos curvados, e abandonados pelo Rei, pelos seus **despotismos**, pelos seus Ministros.*

*Ó vós Povo que nascestes para sereis livres e para gozares dos bons efeitos da Liberdade, ó vós Povos que viveis flagelados com o pleno poder do indigno coroado, esse mesmo rei que vós criastes; esse mesmo rei tirano é quem se firma no trono para vos **veixar**, para vos roubar e para vos maltratar.*

Homens, o tempo é chegado para a vossa ressurreição, sim para ressuscitares do abismo da escravidão, para levantares a sagrada Bandeira da Liberdade.

[...] as nações do mundo todas têm seus olhos fixos na França, a liberdade é agradável para todos; [...] o dia da nossa revolução, da nossa Liberdade e de nossa felicidade está para chegar, animai-vos que sereis felizes.

Adaptado de: PRIORE, Mary Del et al. *Documentos de História do Brasil*: de Cabral aos anos 90. São Paulo: Scipione, 1997. p. 38.

A Z

Despotismo: tirania, sistema de governo baseado em um poder sem limites.

Veixar: maltratar, humilhar.

1. Os ideais defendidos pelos revolucionários franceses influenciaram a Conjuração Baiana. Procure relacionar as reivindicações feitas no panfleto dos revolucionários de Salvador com os artigos da *Declaração de Direitos do Homem e do Cidadão*.

2. O título do panfleto é *Aviso ao Povo Bahiense*. O que é anunciado nele pelos líderes da Conjuração Baiana?

Hora de refletir

Como vimos neste capítulo, a Conjuração Baiana foi um movimento de caráter social que adquiriu grandes proporções e se transformou em uma tentativa de romper com a dominação portuguesa. No Brasil atual, diferentes movimentos sociais defendem os interesses de diversos grupos, como os dos trabalhadores sem-terra, dos negros, dos indígenas, das mulheres, entre outros.

- Você conhece ou faz parte de algum movimento social em sua comunidade?
- Em caso positivo, fale dele aos seus colegas, explicando como esse movimento atua.
- Agora, escreva um texto de um parágrafo com sua opinião a respeito da importância dos movimentos sociais para o país.

Minha biblioteca

***Bárbara e Alvarenga*, de Nelson Cruz, Cosac Naify.**
Bárbara e Alvarenga, figuras importantes da Inconfidência Mineira, são as personagens centrais dessa narrativa poética ambientada em São João del-Rei. A obra está repleta de alusões às artes barroca e rococó, que caracterizaram a arquitetura e a literatura mineiras no século XVIII.

Reprodução/Ed. Cosac Naify

***Chica e João*, de Nelson Cruz, Cosac Naify.**
Por meio do relato sobre o casamento da escrava Chica da Silva com o ouvidor João Fernandes de Oliveira, o leitor é transportado para o movimento da Inconfidência Mineira.

Reprodução/Ed. Cosac Naify

Mundo virtual

<*www.museuvirtualdeouropreto.com.br/*>
Site desenvolvido pelo Centro de Memória Virtual da Universidade de Brasília contendo a história das cidades coloniais, com destaque para Ouro Preto. É possível fazer um *tour* virtual pelo interior de algumas igrejas.
Acesso em: jan. 2015.

Capítulo 5

Da independência ao Golpe da Maioridade

Elite: essa palavra, tanto no plural quanto no singular, é usada aqui para designar os grupos mais ricos da sociedade, às vezes chamados de grupos dominantes.

O Brasil é governado por presidentes(as) da República, escolhidos(as) pela população a cada quatro anos. Mas nem sempre foi assim: o país já teve dois reis, aqui chamados de imperadores. Isso porque, após tornar-se independente de Portugal, no começo do século XIX, o Brasil foi a única nação da América do Sul a adotar a monarquia como forma de governo. Todos os outros países sul-americanos deixaram de ser colônias para se tornar repúblicas independentes.

O primeiro monarca do Brasil independente foi dom Pedro I. Ele comandou o processo de independência do país em 1822, mas abdicou do trono em 1831, após perder o apoio das **elites**. Em 1840, seu filho, dom Pedro II, então com 14 anos, assumiu o Império Brasileiro e se transformou no segundo imperador do país.

Neste capítulo, estudaremos como o Brasil se tornou independente e como se consolidou como um país autônomo e soberano, com leis e instituições próprias.

Reeleita para o segundo mandato de quatro anos, a presidenta Dilma Rousseff acena ao público durante a cerimônia de posse no Palácio do Planalto, ocorrida em 1º de janeiro de 2015.

Alan Marques/Folhapress

1 Corte portuguesa vem para o Brasil

CONTEÚDO DIGITAL

Nos primeiros anos do século XIX, diversos países da Europa estavam em guerra contra a França, governada pelo imperador Napoleão Bonaparte. Um desses países era a Inglaterra, velha parceira comercial dos portugueses.

Em 1806, Napoleão decretou o **Bloqueio Continental** da Inglaterra. Seu objetivo era prejudicar a economia inglesa, a mais industrializada da Europa. Segundo o decreto, todo país que comerciasse com a Inglaterra ficaria sujeito a ser invadido por tropas francesas.

Até então, o governo português mantivera uma política de neutralidade, pois não tinha interesse em se indispor com nenhum dos lados. Com o ultimato francês, Portugal ficou em uma situação difícil: se aderisse ao Bloqueio, a Inglaterra bombardearia a capital, Lisboa, e poderia atacar suas colônias; se não aderisse, o território português seria invadido por tropas francesas.

Acordo com a Inglaterra

Havia no governo de Portugal pessoas ligadas à Inglaterra que defendiam, como saída para essa situação, a mudança da corte para o Rio de Janeiro. Essa posição era apoiada pelos ingleses, que pressionavam o príncipe regente, dom João, a fazer a mudança. Em 1807, o governo português aprovou a medida.

A Z

Corte: lugar de residência do rei e das pessoas mais próximas a ele. Essas pessoas eram geralmente da nobreza. Faziam parte da corte a família real, os ministros e altos funcionários do governo, os nobres que frequentavam o palácio do rei, etc.

Príncipe regente: quando o rei (ou a rainha) estava impossibilitado de governar, um de seus parentes próximos era escolhido para o cargo de príncipe regente. Esse cargo foi ocupado por dom João porque sua mãe, dona Maria I, sofria de uma doença mental e não estava em condições de governar.

Nicolas Delariva/Museu Histórico Nacional, Rio de Janeiro.

Óleo sobre tela, de cerca de 1808, feito por Nicolas Delariva. A obra representa o embarque para o Brasil do príncipe regente de Portugal, dom João, e de toda a família real, no Porto de Belém, em 29 de novembro de 1807.

O **governo inglês** se comprometeu a enviar barcos de guerra para escoltar e proteger as embarcações portuguesas. Em troca, **exigiu vantagens no comércio com o Brasil**. Assim, em novembro de 1807, 46 barcos e cerca de 15 mil pessoas deixaram o porto de Lisboa em direção ao Rio de Janeiro.

A população assistiu espantada e sem entender direito ao carregamento de móveis, prataria, roupas, livros, utensílios de cozinha e alimentos para o interior das embarcações. Aos que ficaram, restava esperar a invasão das tropas francesas, que já estavam a caminho.

Com a aproximação das tropas inimigas, o pânico se instalou entre os membros da corte, que embarcaram precipitadamente nos navios.

Dificuldades da viagem

Atravessar o oceano Atlântico naquela época não era uma tarefa simples. Mesmo marinheiros experientes encontravam dificuldades, como tempestades, ausência de ventos (ou ventos contrários), falta de comida, calor, doenças e cansaço. A viagem até o Brasil durava cerca de dois meses.

Em novembro de 1807, os navios que levariam a corte portuguesa ao Rio de Janeiro partiram lotados. Nem todas as pessoas puderam ser acomodadas devidamente. Muitas ficaram sem camarote e foram obrigadas a dormir no convés.

Os ambientes internos eram fechados e sem ventilação. Nos depósitos de mantimentos proliferavam ratos, baratas e carunchos (insetos que perfuram os cereais).

A alimentação era precária e escassa: na pressa da fuga, muitos alimentos foram deixados no cais do Porto de Belém, em Lisboa. As refeições eram compostas principalmente de biscoitos, lentilha, repolho azedo e carne salgada (de porco ou de bacalhau). Não havia água corrente. A falta de higiene e de saneamento agravava a situação (como não havia banheiros, os dejetos eram jogados diretamente no mar).

Nessas condições, os piolhos começaram a proliferar. Para combatê-los, em algumas embarcações, as mulheres foram obrigadas a raspar os cabelos e untar a cabeça com banha de porco. Entre elas estava a princesa Carlota Joaquina, esposa de dom João.

Abertura dos portos às nações amigas

Durante a viagem, dom João decidiu fazer uma escala em Salvador, antiga capital da colônia. Sua intenção era assegurar a fidelidade da população local e do restante do nordeste ao governo. Assim, enquanto algumas embarcações prosseguiram rumo ao Rio de Janeiro, outras se dirigiram para Salvador, onde aportaram em 22 de janeiro de 1808. Em uma dessas embarcações estava o príncipe regente dom João e sua mulher, a princesa Carlota Joaquina.

Leia o livro *1808 – edição juvenil*, de Laurentino Gomes, Planeta.

Na Bahia, dom João assinou um documento no qual, entre outras medidas, abria os portos do Brasil às nações amigas. Assim, a colônia poderia estabelecer relações comerciais com muitos países, principalmente com a Inglaterra. Até então, os portos brasileiros só podiam receber mercadorias vindas de Portugal.

Na prática, a medida rompia com o sistema estabelecido pelo governo de Portugal desde os primeiros tempos da colonização. Esse sistema, chamado de **"pacto colonial", garantia aos portugueses o monopólio comercial do Brasil colônia**. Ou seja, nenhum outro país podia praticar o comércio com a colônia portuguesa, além da metrópole. Com a **abertura dos portos** às nações amigas, **esse privilégio de Portugal chegava ao fim**.

Comércio com os ingleses

Em 1810, entrariam em vigor alguns outros tratados de amizade e comércio estabelecidos com os ingleses, cujos produtos chegavam ao Brasil com impostos reduzidos. A partir de então, o Brasil passou a receber quantidades cada vez maiores de artigos importados da Inglaterra. Tecidos de algodão, cordas, pregos, ferramentas, utensílios para casa e até produtos que aqui não tinham utilidade, como é o caso de patins de gelo, eram todos produtos ingleses que invadiam o mercado colonial.

Arthur Ackermann Ltd./The Bridgeman Art Library/Keystone/Coleção particular

Aquarela do ano de 1829 do marinheiro e pintor inglês Emeric Essex Vidal (1791-1861). A pintura representa os navios ingleses Ganges e Safira deixando o porto de Pernambuco com carregamentos destinados à Inglaterra.

Em 7 de março de 1808, o príncipe dom João desembarcava no porto do Rio de Janeiro. Assim, a sede do Império Português passava a ser a capital de sua antiga colônia na América. As consequências dessa mudança não demorariam a se fazer sentir. Todo o Império Português seria transformado por ela. Principalmente o Brasil, que sofreria profundas mudanças sociais, políticas e econômicas.

2 A família real no Brasil

Apesar de sua importância como entreposto comercial, em 1808, o Rio de Janeiro ainda era uma cidade acanhada. Com uma população de cerca de 60 mil pessoas e habitações deficitárias, a cidade não tinha condições de receber tanta gente.

Não havia rede de esgotos. Os dejetos domésticos eram acumulados em tonéis conhecidos como "tigres" e lançados ao mar por escravizados chamados "tigreiros".

Algumas vezes, esses tonéis eram transportados tão cheios que parte de seu conteúdo derramava pelas ruas, contribuindo para aumentar a sujeira e o mau cheiro da cidade. A isso se somava o lixo acumulado nas ruas, que atraía moscas e mosquitos, facilitando a proliferação de doenças.

Mudanças econômicas, sociais e culturais

Para acomodar as pessoas que acabavam de chegar, entre elas arrumadeiras, açafatas (ajudantes de quarto da família real), damas, funcionários e nobres, o governo passou a requisitar casas particulares e entregá-las aos recém-chegados.

A presença da família real alterou a vida da cidade. Diversas reformas foram feitas para tornar, na visão das elites, o Rio de Janeiro uma capital digna da monarquia portuguesa. Ruas e estradas foram pavimentadas e alargadas. Algumas praças ganharam chafarizes. Ergueram-se novas residências e prédios públicos.

Reprodução/Coleção particular

Dom João era o legítimo herdeiro do trono após a morte de dona Maria I, em 1816. No entanto, precisava do reconhecimento oficial de Lisboa e da anuência das grandes potências europeias. Para isso, foi realizado, em 6 de fevereiro de 1818, no Rio de Janeiro, o Ato de Aclamação do rei dom João VI. A litografia colorida à mão de Jean-Baptiste Debret (1768-1848) representa a vista do Largo do Palácio durante a aclamação.

Mudava, assim, a paisagem do Rio de Janeiro, a nova capital do Império Português. Mas essas não foram as únicas transformações pelas quais passaria a antiga colônia. Também a sociedade e a economia colonial sofreriam mudanças.

Assim, em 1808, foi fundado no Rio de Janeiro o Banco do Brasil. Nesse mesmo ano, um decreto assinado por dom João autorizou a criação de indústrias manufatureiras no Brasil.

O novo decreto do príncipe regente estimulou a criação de algumas manufaturas, como a Real Fábrica de Ferro São João do Ipanema, em São Paulo, e a Fábrica de Ferro Patriota, em Minas Gerais.

Por essa época, foram fundadas duas escolas médico-cirúrgicas, uma em Salvador e outra no Rio de Janeiro. Foram também criados no Rio de Janeiro a Imprensa Régia, a Biblioteca Real e o Jardim Botânico.

Até então, a publicação de jornais, livros e panfletos estava proibida na colônia. A criação da Imprensa Régia pôs fim à proibição. Com ela, começou a ser publicado o jornal *Gazeta do Rio de Janeiro*. Tratava-se de um periódico que divulgava apenas notícias e artigos a serviço do governo. Só mais tarde surgiria no Brasil uma imprensa livre.

Você sabia?

Uma das cerimônias mais concorridas no Rio de Janeiro era a do "beija-mão". Consistia em um cerimonial no qual os súditos ajoelhavam-se perante o príncipe regente para beijar-lhe a mão e pedir-lhe favores.

A cerimônia seguia regras estritas desde tempos antigos em Portugal. O Brasil assimilava assim uma das cerimônias mais importantes do Absolutismo.

Caricaturistas Brasileiros - 1836/2001/Pedro Corrêa do Lago/Sextante Artes

Gravura aquarelada à mão sobre um dos costumes da corte portuguesa no Rio de Janeiro: o beija-mão público de dom João VI e dona Carlota Joaquina. A gravura é de autor anônimo e foi publicada no livro do autor inglês A. P. D. G., *Sketches of Portuguese Life*, em 1825.

Vida na capital

Transformada em capital do Império Português, a cidade do Rio de Janeiro passou a contar com uma intensa vida social até então desconhecida.

Com o objetivo de organizar a **administração joanina** no Brasil, foram criados diversos órgãos de governo, como o Conselho de Estado e a Intendência de Polícia.

Administração joanina: refere-se ao governo do príncipe dom João, aclamado rei dom João VI em 1818.

Laico: que não é religioso.

Em 1815, o Brasil deixou de ser colônia e passou a integrar o Reino Unido de Portugal, Brasil e Algarves. Dom João só é coroado rei de Portugal em 1818, dois anos após a morte de sua mãe, D. Maria I.

No campo educacional, dom João autorizou o funcionamento de faculdades e concedeu permissão para o ensino **laico**. Tratava-se de uma novidade, pois a educação era tradicionalmente ministrada por padres em colégios religiosos ou por tutores particulares.

Em 1810, foi criada a Academia Real Militar, destinada a formar profissionais como engenheiros e geógrafos. Seis anos depois, era fundada a Academia de Ciências, Artes e Ofícios.

A expansão e a melhoria do ensino afetaram culturalmente a cidade. Com o Jardim Botânico, a população podia entrar em contato com a flora de muitas regiões do mundo. Com a Academia de Ciências, Artes e Ofícios e a Biblioteca Nacional, criavam-se novas possibilidades de uma vida cultural mais intensa.

Ao lado disso, a vida social e mundana era animada por jantares, bailes, espetáculos musicais e reuniões sociais. Tudo isso passou a fazer parte do cotidiano do Rio de Janeiro.

atividade

Diálogos

Antes da vinda da família real portuguesa, a imprensa era proibida no Brasil. Não se podiam publicar aqui livros ou jornais. Em 1808, um decreto do príncipe dom João criava a Imprensa Régia. Tinha início a história da imprensa no Brasil.

Não era ainda uma imprensa livre. O primeiro jornal a ser publicado no país, a *Gazeta do Rio de Janeiro*, exaltava as virtudes da família real, divulgava documentos oficiais e fazia elogios ao governo de dom João.

Hoje, essa situação é bem diferente. A imprensa é livre e temos uma grande variedade de editoras e de veículos de comunicação. Um desses veículos é a internet, que se transformou em importante fonte de informação e pesquisa. Entretanto, consultar a internet requer muita atenção, principalmente no que diz respeito à credibilidade das fontes.

Considerando essa observação, responda no caderno.

- Como você utiliza a internet em suas pesquisas?
- Você procura pela mesma informação em mais de uma fonte?
- Que critérios você usa para saber se pode ou não confiar em uma fonte?
- Com base nessas questões, escreva um pequeno texto de no máximo dois parágrafos com suas respostas e apresente-o à classe.

O Brasil visto pelos viajantes

As mudanças ocorridas no Rio de Janeiro e no restante do Brasil com a transferência da corte portuguesa foram registradas por diversos viajantes, a maioria europeus. Muitos deles faziam parte de **expedições científicas** que tinham por objetivo estudar a fauna e a flora brasileiras. Outros, ligados a **"missões" de caráter artístico**, representaram a paisagem e a sociedade com sua vida cotidiana.

O botânico francês Auguste de Saint-Hilaire, por exemplo, permaneceu seis anos no Brasil, entre 1816 e 1822. Percorreu 15 mil quilômetros entre várias regiões e coletou milhares de espécimes de plantas e animais.

O botânico alemão Carl Friedrich Philipp von Martius (1794-1868) contribuiu grandemente com a identificação e classificação de diversas espécies brasileiras, utilizando-se principalmente da litografia. A ilustração em nanquim e sépia, intitulada *Lagoa das Aves, no rio São Francisco*, é atribuída ao pesquisador.

Outra expedição científica a explorar o interior do Brasil foi a do botânico alemão Carl Friedrich Philipp von Martius. Entre 1817 e 1820, os integrantes da expedição percorreram 20 mil quilômetros desde o Rio de Janeiro até o atual estado do Amazonas e coletaram mais de 20 mil espécimes de plantas, dos quais 6 mil eram desconhecidos dos europeus, embora não o fossem dos indígenas.

Em 1824, o barão alemão Georg Heinrich von Langsdorff chefiou outra expedição pelo interior do Brasil. Um dos integrantes do grupo era o pintor alemão Johann Moritz Rugendas, que a certa altura se desligou da expedição e percorreu sozinho muitas províncias. Nessa viagem, Rugendas registrou os costumes da população e particularmente a vida dos escravizados.

Igualmente importante foi a **Missão Artística Francesa**, trazida por dom João ao Brasil em 1816. Era composta de diversos artistas e artesãos franceses (a essa altura, Napoleão Bonaparte já havia sido deposto, e a França deixara de ser inimiga de Portugal). O objetivo do governo de dom João ao patrocinar sua vinda era fundar uma escola de belas-artes no Rio de Janeiro.

Aquarela sobre papel, intitulada *Rua Direita, Rio de Janeiro*, representando a principal via da capital no tempo do desembarque da família real no Brasil. Obra de 1823, do pintor francês Félix-Émile Taunay.

Leia o livro *Debret em viagem histórica e quadrinhesca ao Brasil*, de Spacca, Companhia das Letras.

Entre os integrantes da Missão Artística Francesa estavam o pintor Jean-Baptiste Debret, o arquiteto Granjean de Montigny, o paisagista Nicolas-Antoine Taunay e seu irmão, o escultor Auguste-Marie Taunay.

Em 1831, foi publicado o livro *Viagem pitoresca e histórica ao Brasil*, de Debret. Nele estão registrados, em gravuras e pequenos textos, diversos aspectos do cotidiano brasileiro, como a vida dos escravizados, dos indígenas, dos trabalhadores livres e dos integrantes da elite, paisagens, acontecimentos políticos e cenas urbanas e rurais.

As gravuras de Debret, assim como seus textos, são hoje uma importante fonte para entender as transformações do Brasil no começo do século XIX. Ainda assim, precisamos ter **muito cuidado ao analisar os trabalhos desses artistas viajantes**, uma vez que **as representações por eles produzidas são marcadas por crenças e valores europeus**.

Pórtico do prédio da Academia de Belas-Artes, projetado por Grandjean de Montigny, que se encontra atualmente no Jardim Botânico, no Rio de Janeiro. O prédio foi construído em 1826 e demolido em 1937, restando apenas o pórtico. Arquiteto francês de grande importância no desenvolvimento da arquitetura no Brasil, Grandjean de Montigny foi membro da Missão Artística Francesa, que chegou ao Rio de Janeiro em 1816.

Impostos: os mais pobres pagam a conta

A presença da corte portuguesa no Rio de Janeiro modificou a vida na antiga colônia, como vimos. Mas essa presença tinha um preço. As festas e comemorações, o luxo dos nobres e altos funcionários, a manutenção do palácio do rei, tudo isso era pago pela população por meio de impostos.

Os brasileiros em geral estavam insatisfeitos. Os impostos pagos ao governo recaíam sobre praticamente todas as atividades: desde a circulação de mercadorias e a produção de açúcar, algodão e tabaco até o uso de imóveis urbanos.

A população livre e pobre sofria com o aumento dos preços e com a falta de emprego, o que agravava a insatisfação geral não só dos habitantes do Rio de Janeiro, mas também de outras regiões do Brasil. Em Pernambuco, por exemplo, a população chegou a pegar em armas. Veja o boxe a seguir.

Revolução em Pernambuco

No início do século XIX, o porto do Recife, em Pernambuco, continuava a ser um dos mais movimentados do Brasil, principalmente em razão das exportações de açúcar e de algodão.

Entretanto, a antiga prosperidade da província havia entrado lentamente em declínio desde a segunda metade do século XVII. Isso porque, após serem expulsos de Pernambuco, em 1654, os holandeses passaram a produzir açúcar em suas possessões no Caribe e a concorrer com o açúcar brasileiro no mercado internacional.

Com a concorrência holandesa, os preços do produto começaram a cair, prejudicando a economia pernambucana. Assim, no começo do século XIX o aumento dos impostos para o financiamento do luxo da corte portuguesa, assim como os custos da manutenção dos funcionários públicos, agravou a situação na capitania e aumentou a insatisfação da população.

Somavam-se a isso ideias republicanas de independência que circulavam em Pernambuco havia certo tempo. A insatisfação popular encontrou assim uma ideologia que podia conduzi-la a uma revolta. Dessa forma, em março de 1817, explodiu no Recife a **Insurreição Pernambucana**, movimento armado contra o domínio português.

Os rebeldes ocuparam alguns quartéis e bairros do Recife, criaram um governo republicano provisório e redigiram um esboço de constituição. Entretanto, a reação do governo português não se fez esperar. Em maio, o Recife foi cercado por tropas enviadas da Bahia e do Rio de Janeiro.

Com a repressão que se seguiu, os principais líderes da Insurreição Pernambucana foram presos. Alguns foram executados e outros, enviados ao cárcere em Salvador. Entre estes últimos estava um frade conhecido como frei Caneca.

Antônio Parreiras/Museu do estado de Pernambuco, Recife.

Bênção da bandeira de Pernambuco na Revolução de 1817 **[s.d.], óleo sobre tela de Antônio Parreiras. A cena representa a bênção e o hasteamento da bandeira dos rebeldes republicanos na praça do Erário, atual praça da República, Recife, em 3 de abril de 1817.**

3 Processo da independência

Descontentamento no Brasil, insatisfação em Portugal. Por razões diversas das dos brasileiros, os portugueses também mostravam desagrado com a permanência da corte no Rio de Janeiro. Com a ajuda dos ingleses, em 1815, forças portuguesas conseguiram expulsar do país as tropas francesas. Portugal ficou então sob um governo chefiado pelo militar inglês lorde Beresford.

Em 1817, ano da Insurreição Pernambucana, a insatisfação dos portugueses se voltava contra o afastamento do rei e contra o domínio que de fato exerciam os ingleses sobre seu país. Os comerciantes lusitanos, particularmente, queixavam-se também da perda de espaço no mercado brasileiro e da concorrência estrangeira.

Pintura de 1920, do artista fluminense Oscar Pereira da Silva, representando uma sessão das Cortes de Lisboa em 1822. Na imagem, Antônio Carlos de Andrada e Silva discursa enfrentando Borges de Carneiro (em pé, à sua frente). À direita do orador, Nicolau Pereira de Campos Vergueiro volta-se para falar com o padre Diogo Antônio Feijó.

Portugueses exigem volta do rei

Em 1820, explodiu na cidade portuguesa do Porto uma revolta cujo principal objetivo era diminuir os poderes absolutos do rei. A **Revolução do Porto**, como ficou conhecida, conquistou rapidamente a adesão da capital, Lisboa. Formou-se então um governo provisório, que convocou uma assembleia de representantes eleitos para elaborar e aprovar uma Constituição para Portugal. Essa assembleia se tornaria conhecida como **Cortes**.

Reunidas em Lisboa, as Cortes exigiram o retorno de dom João VI a Portugal. A pressão surtiu efeito e, em abril de 1821, dom João VI retornou a Portugal. Em seu lugar, deixou o filho dom Pedro como príncipe regente do Brasil.

Príncipe fica na colônia

Ainda assim descontentes, as Cortes passaram a tomar medidas que foram muito mal recebidas no Brasil.

Uma dessas medidas estabelecia que cada província brasileira deveria obedecer a ordens diretas de Lisboa, e não do Rio de Janeiro. Além disso, as Cortes fecharam alguns órgãos públicos no Brasil e restabeleceram certos privilégios dos comerciantes portugueses na antiga colônia.

E mais, as Cortes passaram a exigir o retorno a Portugal também do príncipe dom Pedro. Para os brasileiros, era como se as Cortes quisessem rebaixar novamente o Brasil à condição de colônia de Portugal.

Em janeiro de 1822, o príncipe decidiu não acatar as pressões vindas de Portugal e resolveu permanecer no Brasil.

Brasil independente

Em junho, dom Pedro convocou uma Assembleia Constituinte, com o objetivo de elaborar uma Constituição para o Brasil, e, em setembro, reagindo a novas pressões portuguesas, proclamou a Independência do Brasil (veja a seção *Olho vivo*, na página seguinte).

Assim, o Brasil saía da condição de Reino Unido a Portugal e Algarves para tornar-se uma nação independente e soberana.

No dia 1º de dezembro de 1822, o príncipe regente era coroado imperador no Rio de Janeiro com o título de dom Pedro I.

Aclamação de dom Pedro I (cerca de 1831), litografia de Jean-Baptiste Debret, que representa a festa de aclamação (aprovação pública) de dom Pedro I como Imperador e Defensor Perpétuo do Brasil, em 12 de outubro de 1822.

Olho vivo

Proclamação da Independência

Em 1844, o Senado brasileiro encomendou ao pintor francês François-René Moreaux (1807-1860) – que chegara ao Brasil em 1838 – uma obra sobre a Proclamação da Independência pelo príncipe regente dom Pedro.

Vinte e dois anos haviam se passado desde aquele 7 de setembro de 1822. **Moreaux representou** no quadro **uma cena que nunca existiu**: dom Pedro a cavalo, em São Paulo, em meio a uma multidão de pessoas agitadas e felizes com o acontecimento.

François-René Moreau/Museu Imperial de Petrópolis, RJ

Proclamação da Independência (1844), óleo sobre tela de François-René Moreaux.
A cena é uma representação idealizada da Proclamação de Independência do Brasil em obra executada anos depois de o fato ter acontecido.

A tela *Proclamação da Independência* foi colocada na sala do Senado, local em que permaneceu por muitos anos. Hoje, a obra pertence ao acervo do Museu Imperial, na cidade de Petrópolis, no estado do Rio de Janeiro.

(1) No centro do quadro, cercado por soldados e pessoas comuns, dom Pedro acena com o chapéu para o povo (esta é uma mensagem de união e harmonia entre o príncipe e seus súditos). Ele olha para o céu, como a mostrar que seu ato é realizado segundo a vontade divina.

(2) A primeira estátua equestre de que se tem notícia é a do imperador romano Marco Aurélio, no século II d.C. A partir dela foi criada uma tradição de "heróis" a cavalo, tanto em escultura quanto em pintura. Nessas duas artes, o cavalo é um símbolo ligado à masculinidade, à guerra e ao poder.

(3) Assim como dom Pedro, os soldados parecem estátuas imóveis. Ao representá-los assim, o pintor talvez tivesse a intenção de conferir imortalidade ao acontecimento.

(4) Este soldado, voltado para trás, dá a impressão de saudar pessoas que se aproximam, sugerindo que uma multidão ainda maior vem aclamar dom Pedro I.

(5) Ao contrário de dom Pedro e seus soldados, as pessoas que assistem ao ato estão em movimento: elas acenam, tiram o chapéu, caminham ou se abraçam, transmitindo a ideia de felicidade pela Proclamação da Independência e por ser dom Pedro o novo governante do Brasil.

(6) Enquanto grande parte das pessoas dirige seus olhares para o céu, esta senhora ajoelha-se em sinal de respeito a dom Pedro.

(7) Nem dom Pedro nem os soldados seguram suas espadas. A cena representada não tem um caráter guerreiro. O pintor procurou dar a ela uma conotação de manifestação popular na qual o líder, dom Pedro, é representado como um herói do povo.

(8) Não há negros nem indígenas na cena. Em seu lugar, o artista pintou homens, mulheres e crianças que mais se parecem com camponeses europeus.

(9) Estas seriam as árvores que margeavam o riacho do Ipiranga, que não se vê no quadro.

(10) Para situar o acontecimento em terras brasileiras, Moreaux inseriu alguns coqueiros ao fundo. Cometeu um erro, pois os coqueiros são típicos do Nordeste, mas não da paisagem de São Paulo.

(11) O olhar desta menina está voltado para o espectador, como se sua intenção fosse a de atraí-lo para o momento representado.

Fontes: OLIVEIRA, Cecilia Helena de Salles; MATTOS, Cláudia Valladão de (Org.). *O brado do Ipiranga*. São Paulo: Edusp/Museu Paulista da USP, 1999; SCHWARCZ, Lilia Moritz. Ao gosto do freguês. A pintura *Proclamação da Independência*. *Revista de História da Biblioteca Nacional*, set. 2009. p. 40-44.

atividade

Interpretando documentos

Observe a imagem a seguir.

Reprodução/Coleção Particular

A litografia colorida à mão de Jean-Baptiste Debret (1768-1848) reproduz um pano de boca, uma espécie de cortina de palco utilizada nos teatros do século XIX. Este pano de boca foi criado para uma apresentação no teatro da corte por ocasião da coroação de dom Pedro I, imperador do Brasil, no fim de 1822.

A imagem foi produzida pelo artista Jean-Baptiste Debret, sob encomenda, para comemorar a coroação do imperador do Brasil, dom Pedro I. A ideia da imagem era representar o governo cercado por alguns elementos que compunham o império. Vemos na imagem uma família de negros, indígenas, paulistas, membros do exército, entre outros. Vemos também representada a cana-de-açúcar e o café. E a figura feminina representa o trono imperial. Com base nessas informações e nos conteúdos do capítulo, responda em seu caderno ao que se pede.

1. Debret foi um membro da Missão Artística Francesa que visitou o Brasil no começo do século XIX. Com qual objetivo essa missão foi organizada?
2. A obra foi encomendada para construir uma representação positiva do império e do imperador. De que maneira essa representação positiva foi construída na imagem?
3. Durante o Império, a construção de símbolos que representavam o governo e a sociedade brasileira era realizada, entre outros meios, pela produção de obras de arte plástica, como a pintura de Debret. No presente, o governo e a sociedade continuam produzindo representações que simbolizem a sociedade brasileira, mas podem usar outros meios de expressão para isso. Apresente alguns exemplos de meios de expressão nos quais podemos encontrar símbolos da sociedade brasileira.

Pobres e escravizados no novo país

Vimos anteriormente que o processo histórico é feito de mudanças e permanências. A grande mudança ocorrida em setembro de 1822 foi a conquista da independência política pelo Brasil. Entretanto, a estrutura social e econômica da nova nação permaneceu exatamente igual à do Brasil colônia. Mudança e permanência.

Pintura intitulada *Venda de escravos (1840)*, do artista dinamarquês Paul Harro-Harring (1798-1870). O artista esteve no Brasil em 1840, por apenas três meses, com a incumbência de investigar as condições de vida dos escravos e publicar seus relatos e imagens no semanário abolicionista inglês *The African Colonizer*, que o contratara para esse trabalho. Por razões desconhecidas, o trabalho não foi publicado na íntegra. Harro-Harring, em seus trabalhos, condenava claramente a escravidão.

Assim, a monarquia se manteve, chefiada agora pelo imperador dom Pedro I. Também se manteve, como base da economia, a grande propriedade rural voltada para a exportação de produtos como o açúcar e, mais tarde, o café. O trabalho escravo permaneceu sem nenhuma alteração, assim como o tráfico de pessoas escravizadas da África para o Brasil.

Lutas pela consolidação da independência

A notícia da independência não foi acolhida da mesma forma nas diversas províncias. No Rio de Janeiro, principal centro de articulação do movimento, a população recebeu a informação com festa e aclamações.

Naquela época, em que nem mesmo o telégrafo havia sido inventado, as notícias demoravam a chegar a lugares distantes. Por isso, as províncias mais afastadas tomaram conhecimento da novidade com muito atraso.

Em algumas dessas províncias, a reação de setores das elites foi contrária à independência. Nelas, comerciantes e proprietários rurais ligados a Portugal ainda esperavam obter vantagens com as medidas que vinham sendo tomadas pelas Cortes de Lisboa. Por isso, eles se opuseram à independência.

No Piauí, por exemplo, o governo pró-Portugal reprimiu manifestações de apoio à emancipação do Brasil. Em 1823, os que apoiavam a independência entraram em combate com as tropas dos partidários de Portugal na **Batalha do Jenipapo**. Esse combate foi vencido pelos portugueses, mas os partidários da independência continuaram lutando até a vitória final.

Em outras províncias, como Bahia, Maranhão e Grão-Pará, o governo de dom Pedro I precisou enviar soldados e até mercenários estrangeiros (principalmente ingleses) para esmagar as forças contrárias à independência.

Dona Maria Quitéria de Jesus (1920), óleo sobre tela, de Domenico Faillutti, que representa a heroína baiana das lutas pela independência do Brasil.

A vitória dos soldados brasileiros sobre as tropas portuguesas resistentes foi responsável pela **unidade territorial do novo país**. Com isso evitou-se a fragmentação política ocorrida, por exemplo, no processo de independência das colônias espanholas.

4 O Primeiro Reinado (1822-1831)

Conquistada a independência, era preciso **organizar o novo país, estabelecer leis, criar instituições, regulamentações, sistemas de ensino, símbolos e órgãos administrativos.**

Era preciso também conciliar interesses diversos. Mais de um quinto da população era formado por escravizados. Havia ainda muitas diferenças entre o modo de vida na zona rural (onde residia a grande maioria da população) e nas áreas urbanas. As desigualdades sociais também eram enormes. Uma minoria de grandes proprietários rurais e comerciantes vivia com luxo e ostentação, enquanto a maior parte da população permanecia na pobreza.

O analfabetismo atingia cerca de 85% da população brasileira. Praticamente não havia escolas regulares. A educação das crianças ricas ficava a cargo de preceptores, ou seja, homens e mulheres que transmitiam a elas os primeiros ensinamentos.

Litografias coloridas à mão de Jean-Baptiste Debret (1834-1839). Acima, *Família pobre em sua casa*; ao lado, *Marceneiro dirigindo-se a uma construção – Transporte de pau-pita (piteira)*. A cena da família revela o estado de penúria em que viviam os brancos pobres. Uma senhora, sua filha e a única escrava vivem numa casa onde esteiras e redes servem de descanso e pedras servem de fogão. As imagens mostram os negros de ganho, que sustentavam a si e aos seus senhores comercializando seus saberes: marcenaria, transporte de objetos, confecção de doces, bolos, etc.

A Constituição de 1823

Em maio de 1823, reuniram-se no Rio de Janeiro os representantes eleitos da Assembleia Constituinte. Cabia a eles elaborar uma Constituição para o Brasil.

Esses homens (pois não era permitido às mulheres participar das eleições) representavam grupos sociais pertencentes à elite do Império: eram proprietários rurais, advogados, religiosos, militares, etc. Assim como não havia mulheres, não havia entre eles representantes das camadas mais pobres da população.

Escrito no decorrer de alguns meses, o projeto de Constituição não agradou ao imperador, pois diminuía seus poderes. Habituado a impor suas opiniões, educado na concepção absolutista de governo, dom Pedro I dissolveu a Assembleia Constituinte em novembro de 1823.

Alguns deputados foram presos e outros, enviados ao exílio. O clima de festa e otimismo dos primeiros momentos da independência começava a se modificar.

A Constituição de 1824

O imperador encarregou então o Conselho de Estado, órgão controlado por ele, de elaborar um novo projeto de Constituição. Feito isso, em março de 1824, dom Pedro I finalmente jurou a Constituição feita para atender às suas exigências.

De fato, a Carta Constitucional estabelecia um Executivo forte e criava um novo poder: o Moderador, que deveria ser exercido pelo imperador e tinha como objetivo garantir a harmonia entre os outros três poderes (Executivo, Legislativo e Judiciário). Por meio do Poder Moderador, dom Pedro I poderia dissolver a Câmara dos Deputados, convocar eleições e aprovar ou vetar decisões adotadas pela Assembleia Geral. Cabia ainda ao imperador a indicação dos presidentes que governariam as províncias.

Crise e renúncia ao trono

A dissolução da Assembleia Constituinte, em 1823, provocou insatisfação em diversas províncias. No Nordeste, por exemplo, as províncias de Pernambuco, Paraíba, Rio Grande do Norte e Ceará se declararam independentes do Brasil e formaram a **Confederação do Equador**. O movimento, contudo, foi sufocado pelo governo, que condenou à morte seus líderes, entre eles, frei Caneca.

Em todo o país, muitas pessoas condenavam a concentração de poderes nas mãos do imperador. Além disso, a presença de portugueses na administração imperial causava descontentamento entre os brasileiros. A insatisfação aumentou quando o imperador entrou em disputa com seu irmão, dom Miguel, pela sucessão do trono português após a morte de dom João VI, em 1826.

A disputa agravou os sentimentos antilusitanos no Brasil. Acusado de se preocupar mais com assuntos estrangeiros do que com os problemas nacionais, dom Pedro I perdeu seu prestígio entre a população. Assim, em abril de 1831, sozinho e sem apoio, o imperador foi obrigado a **abdicar** do trono em favor de seu filho, Pedro de Alcântara, de 5 anos de idade. Chegava ao fim o Primeiro Reinado.

A Z

Abdicar: renunciar a um cargo (neste caso, ao cargo de rei ou imperador) ou a uma honraria.

Aurélio de Figueiredo/Fundação Biblioteca Nacional, RJ

Abdicação do imperador dom Pedro I do Brasil **(cerca de 1890), óleo sobre tela, de Aurélio de Figueiredo, representando dom Pedro I entregando a carta de sua renúncia ao trono do Brasil em abril de 1831.**

5 A Regência (1831–1840)

Com a abdicação de dom Pedro I, o trono brasileiro ficara vago, pois seu filho e sucessor era ainda uma criança.

A Constituição previa uma solução para o problema: até que o pequeno Pedro atingisse a maioridade (18 anos), o país seria governado por regentes nomeados pela própria Assembleia Geral (assim se chamava, na época, o Poder Legislativo, composto de Câmara dos Deputados e Senado).

Em maio de 1831, foi nomeada pela Assembleia Geral uma **Regência Trina Permanente**, ou seja, **formada por três pessoas**.

Ainda em 1831, o ministro da Justiça, Diogo Feijó, criou uma força armada para defender o cumprimento da Constituição e evitar desordens e rebeliões internas. Essa força chamava-se **Guarda Nacional**. Não estava ligada ao Exército, mas respondia diretamente ao Ministério da Justiça.

A Guarda Nacional era formada por milícias civis, e não por militares. Em cada cidade ou vila do interior deveria haver uma unidade da Guarda Nacional. Seu posto mais alto era o de coronel. Esse cargo seria quase sempre ocupado pelo chefe político do lugar, que representava os interesses dos grandes fazendeiros. Dessa forma, a criação da Guarda Nacional consolidou o poder local dos grandes proprietários de terra.

Surgia assim um sistema político conhecido como **coronelismo**. A base desse sistema era o poder local dos coronéis do interior (daí o nome). O coronelismo teria muita influência na vida política brasileira até meados do século XX. Como organização, porém, a Guarda Nacional foi abolida em 1922.

Litografia colorida do artista Johann Moritz Rugendas, de 1835, representando um treinamento da Guarda Nacional, ocorrido no Paço do São Cristóvão, próximo ao então palácio real, no Rio de Janeiro.

Rebeliões nas províncias

Depois da renúncia de dom Pedro I, o país começou a entrar em convulsão. Em muitas províncias, amplos **setores da população se rebelaram** contra a **pobreza e o abandono** a que estavam relegados. Em alguns lugares, também concorreram para essas rebeliões as disputas políticas internas do país, as desigualdades sociais e a continuidade da escravidão.

Cabanagem

No Grão-Pará, por exemplo, as hostilidades contra a nomeação do presidente da província ocasionaram, entre 1835 e 1840, a Cabanagem, movimento que contou com a participação das camadas pobres que moravam em casebres nas margens dos rios e igarapés.

A Cabanagem tinha por objetivo a independência do Pará. Os rebeldes chegaram a tomar o poder na capital, Belém, mas foram derrotados por forças do governo em 1840. Segundo estimativas, o conflito deixou um saldo de 30 mil mortos.

Leia o livro *Curumim cabano*, de Julio José Chiavenato, Brasiliense, sobre a Cabanagem.

Biblioteca Municipal Mário de Andrade, São Paulo, SP.

A chegada da esquadra do governo ao Pará forçou a retirada dos cabanos de Belém para o interior da província. Gravura de 1838 do viajante e historiador francês Jean Ferdinand Denis.

Revolução Farroupilha

No Rio Grande do Sul, outro movimento marcaria profundamente a nacionalidade brasileira e as relações com o governo central. Foi a Revolução Farroupilha (1835-1845), uma longa e sangrenta guerra civil também conhecida como Guerra dos Farrapos.

A revolta foi provocada principalmente pela insatisfação dos fazendeiros gaúchos com os altos impostos cobrados pelo governo sobre seus produtos: charque (carne-seca), couro, trigo e animais.

Em 1835, sob a liderança de Bento Gonçalves, rico proprietário de terras e comerciante, os revoltosos depuseram o presidente da província e ocuparam a capital Porto Alegre. Em setembro de 1836, proclamaram a República Rio-Grandense. Os farroupilhas dominaram grande parte do território sulino até 1845, quando firmaram um acordo com o governo central, pondo fim à revolta.

Guilherme Litran y Cassinelo/Museu Júlio de Castilhos, Porto Alegre

Carga de cavalaria (1893), óleo sobre tela, de Guilherme Litran y Cassinelo. A pintura representa uma cena de batalha durante a Revolução Farroupilha, também conhecida como Guerra dos Farrapos.

Revolta dos Malês

Na Bahia, em 1835, explodiu a Revolta dos Malês, na qual cerca de 2 mil escravizados e libertos rebelaram-se em Salvador e ocuparam diversos quartéis. Queriam o fim da escravidão e da propriedade privada da terra. Foram violentamente esmagados por tropas do governo.

Sabinada e Balaiada

Entre 1837 e 1838, teve lugar, também em Salvador, a Sabinada, durante a qual os rebeldes tomaram o poder e proclamaram a **República Bahiense**. Foi igualmente esmagada pelo governo regencial.

No Maranhão, entre 1838 e 1841, amplos setores das camadas pobres da população também se rebelaram. Além de lavradores, vaqueiros, tropeiros e artesãos, essa revolta, conhecida como Balaiada, contou com a participação de muitos escravizados.

6 Golpe da Maioridade

As revoltas provinciais foram interpretadas por setores políticos no Rio de Janeiro, capital do Império, como um sinal de que era preciso antecipar a maioridade do príncipe Pedro de Alcântara e coroá-lo imperador. Segundo esses setores, somente um governante com autoridade "legítima" poderia restaurar a paz no Império. Esse governante não poderia ser outro senão o filho de dom Pedro I.

O debate sobre essa questão começou na Assembleia Geral, mas logo foi para as ruas da capital e de outras cidades. Em diversas ocasiões, a imprensa e setores da população manifestaram apoio à antecipação da maioridade. O próprio príncipe dom Pedro era simpático à ideia.

Finalmente, em julho de 1840, aos 14 anos de idade, o jovem Pedro de Alcântara foi declarado maior de idade pela Assembleia Geral e proclamado imperador com o título de dom Pedro II. Esse processo ficaria conhecido como Golpe da Maioridade.

Enquanto isso...

A independência da América Espanhola

Na mesma época em que a família real portuguesa refugiava-se no Brasil, em outras regiões da América do Sul aumentava o descontentamento da população contra o domínio espanhol.

Por mais de trezentos anos, a Espanha dominou boa parte do continente americano. No início do século XIX, esse imenso território encontrava-se dividido em quatro vice-reinados: o da Prata (formado pelos atuais Paraguai, Argentina e Uruguai), o de Nova Granada (Colômbia, Equador e Panamá), o da Nova Espanha (América Central, México e parte do oeste dos Estados Unidos) e o do Peru (Peru, Bolívia e parte do território chileno).

Esse processo de colonização da América espanhola foi marcado por grandes desigualdades sociais e exploração da população local e de suas riquezas. Durante todo o período colonial, foram constantes as revoltas contra o domínio espanhol. Porém, as forças espanholas conseguiram sufocar esses movimentos.

A situação começou a se modificar no começo do século XIX. Influenciados pelo pensamento iluminista e animados com a independência das Treze Colônias inglesas, representantes dos *criollos* (população branca, nascida na colônia) passaram a defender o fim do domínio espanhol na América.

Os movimentos de contestação da presença espanhola no continente ganharam mais força a partir de 1807, quando, na Europa, tropas do imperador francês Napoleão Bonaparte invadiram a Espanha, depuseram o rei espanhol Fernando VII e concederam o governo do país ao irmão de Napoleão, José Bonaparte. Os reflexos dessa ação foram imediatos em terras americanas: em diversas regiões, os *criollos* destituíram as autoridades nomeadas pelo governo espanhol e assumiram o poder. Eles argumentavam que, em virtude da ausência do rei, a soberania deveria retornar aos povos dominados.

A partir de 1810, diversas guerras emancipacionistas começaram a irromper na América espanhola. O rei Fernando VII, que retomou o poder em 1814, enviou tropas para combater os revoltosos na América, mas o movimento fracassou. Em meados do século XIX, praticamente todas as colônias hispano-americanas já se encontravam emancipadas. Muitos dos líderes dessas lutas se tornaram verdadeiros heróis nacionais, como Simon Bolívar, que liderou a independência de países como Bolívia, Colômbia e Venezuela; José de San Martín, líder da independência argentina; e o militar Bernardo O'Higgins, figura considerada fundamental na independência chilena, entre outros.

Os movimentos de emancipação espanhola agregaram os mais variados setores da sociedade, porém os benefícios da independência não foram distribuídos entre todos de forma equitativa. Os grandes privilegiados foram os *criollos*, que se tornaram politicamente dominantes. Já os representantes das camadas mais baixas da sociedade continuaram socialmente marginalizados.

Carlos Garcia Rawlins/Reuters

Mural em parede na cidade de Caracas, Venezuela, retratando o herói nacional Simón Bolívar. Foto de 2011.

Esquema-resumo

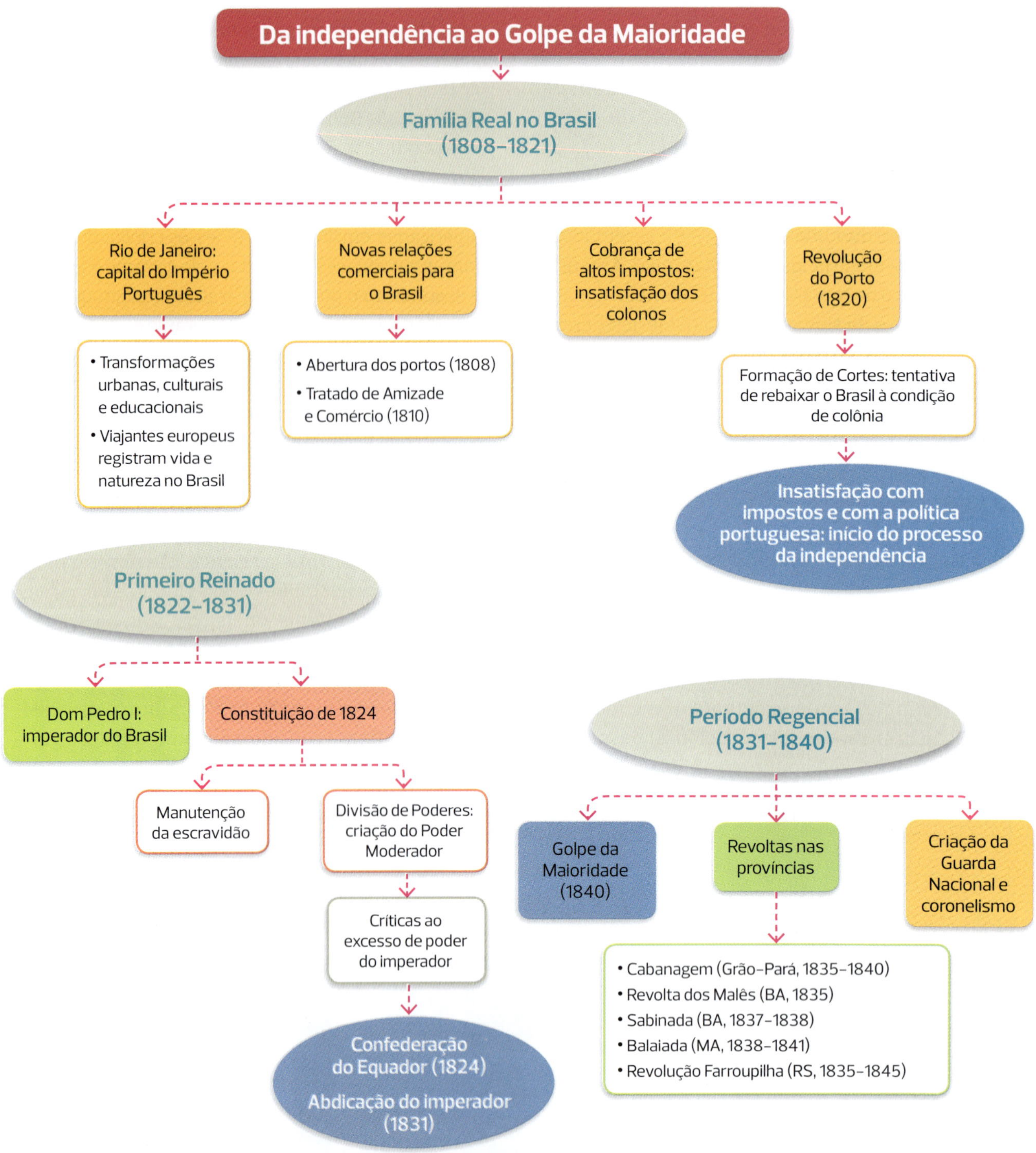

atividade

- De acordo com o esquema, alguns fatores contribuíram para a formação e a consolidação do Brasil como nação: a vinda da família real para o Brasil, a implantação do Primeiro Reinado e as mudanças ocorridas durante o período regencial. Explique brevemente, em seu caderno, como esses processos ajudaram na constituição da nação brasileira.

Atividades

Para organizar as ideias

1. A vinda da família real portuguesa para o Brasil não foi um fato isolado. Pelo contrário, foi reflexo da situação política europeia do começo do século XIX. Descreva essa situação.

2. No começo do século XIX, a viagem de Lisboa ao Rio de Janeiro não era simples nem fácil. As pessoas que vieram com dom João e a família real tiveram que enfrentar muitas dificuldades. Assinale os principais problemas do percurso.

3. Com base no texto, cite alguns dos problemas observados na cidade do Rio de Janeiro à época da chegada da corte portuguesa.

4. A instalação da corte promoveu uma série de mudanças no Rio de Janeiro, desde transformações urbanísticas até a instalação de novos órgãos e instituições. Cite quatro mudanças provocadas pela chegada da família real.

5. Ao chegar ao Brasil, dom João assinou tratados que regulamentavam o comércio exterior e a produção manufatureira. Explique a importância desses tratados para a colônia.

6. A vinda da família real estimulou a presença de muitos viajantes estrangeiros que realizaram expedições científicas e artísticas pelo Brasil. Esses expedicionários registraram em textos e imagens a sociedade e a natureza brasileiras no começo do século XIX. Aponte em seu caderno algumas características das representações criadas pelos viajantes durante esse período.

7. O aumento dos impostos para financiar os gastos da corte gerou muito descontentamento em diversas regiões. Essa insatisfação levou à Insurreição de 1817, em Pernambuco.

   Releia o boxe da página 113 (*Revolução em Pernambuco*) e faça um fichamento da revolta nele tratada. Para saber como fazer um fichamento, consulte a seção *Como se faz...*, no final deste livro.

8. Compare o processo de independência do Brasil com o que ocorreu nas colônias hispano-americanas.

9. Aponte as causas que estimularam os movimentos de independência das colônias espanholas na América e quais acontecimentos deram início a esse processo.

10. Observe a imagem da página 115. É a litografia *Aclamação de dom Pedro I*, de Jean-Baptiste Debret. A obra constrói uma representação da festa popular pela aclamação de d. Pedro I como imperador do Brasil, em 12 de outubro de 1822. Com base na análise da imagem, responda em seu caderno:

    a) Qual é a mensagem que a imagem constrói sobre o processo de independência do Brasil?

    b) A aclamação de dom Pedro I possibilitou a permanência da dinastia de Bragança no governo do Brasil. Explique como ocorreu o processo de independência, de maneira a permitir essa continuidade dinástica.

11. Em março de 1824, dom Pedro I jurou a Constituição. Nela se refletia o desejo do imperador de garantir para si mesmo poderes especiais. Que aspectos da Constituição de 1824 asseguraram esses poderes ao imperador?

12. O Primeiro Reinado foi marcado pelo descontentamento de uma parcela da população brasileira em relação ao governo de dom Pedro I. Identifique os fatores que contribuíram para o desgaste da figura do imperador.

13. Durante a Regência ocorreram revoltas em diversas províncias brasileiras. Apesar das diferenças entre as causas que as provocaram, essas revoltas tinham aspectos comuns dentro de um mesmo contexto político. Identifique esses aspectos nas revoltas regenciais.

Teste seus conhecimentos

1. A maioridade do príncipe dom Pedro II foi antecipada, em 1840, para que ele pudesse assumir o trono brasileiro. Responda em seu caderno. Entre os objetivos do chamado Golpe da Maioridade, podemos citar o esforço de:
   a) obter o apoio das oligarquias regionais, insatisfeitas com a centralização política ocorrida durante o período regencial.
   b) ampliar a autonomia das províncias e reduzir a interferência do poder central nas unidades administrativas.
   c) abolir o Ato Adicional de 1834 e aumentar os efeitos federalistas da Lei Interpretativa do Ato, editada seis anos depois.
   d) promover ampla reforma constitucional de caráter liberal e democrático no país, reagindo ao centralismo da Constituição de 1824.
   e) restabelecer a estabilidade política, comprometida durante o período regencial, e conter revoltas de caráter regionalista.

2. Durante o período regencial (1831-1840), o Brasil foi palco de várias revoltas e rebeliões. Em províncias diferentes, surgiram movimentos que questionavam a ordem política e social. Assinale em seu caderno **V** para as opções verdadeiras e **F** para as falsas, levando em consideração as seguintes afirmativas sobre rebeliões desse período:
   a) A Cabanagem (1835-1840), ocorrida no Pará, foi um movimento que contou com a participação das camadas pobres e defendeu, entre outras propostas, a independência da província.
   b) A Revolução Farroupilha (1835-1845) foi um movimento de contestação da ordem, ocorrido no Rio Grande do Sul. Seus participantes eram principalmente indivíduos pobres ou escravos que lutavam por mudanças sociais e pelo fim da escravidão.
   c) A Revolta dos Malês (1835), na Bahia, foi um motim de escravos e libertos que queriam o fim da escravidão e da propriedade privada da terra.
   d) No Maranhão, ocorreu a Balaiada (1838-1841), na qual grandes comerciantes e proprietários de terras exigiram mudanças políticas e cortes de impostos.

A questão 1 foi adaptada de vestibular (Vunesp).

Nosso mundo hoje

A Constituição é a principal lei de um país. Acima dela não há nenhuma outra lei. No Brasil, a primeira Constituição entrou em vigor em 1824. E, como vimos, ela foi imposta ao povo pelo imperador, sem uma ampla discussão entre os parlamentares que deveriam elaborá-la, caso a Assembleia Constituinte não tivesse sido dissolvida.

Hoje, antes de entrarem em vigor, as leis passam por intensas discussões entre os integrantes do Poder Legislativo. O artigo a seguir o ajudará a compreender como nasce uma lei federal. Leia-o e responda no caderno às questões propostas.

Os deputados federais, os senadores, os tribunais superiores, a comissão da Câmara dos Deputados (por exemplo, a Comissão de Legislação Participativa), o Supremo Tribunal Federal, o procurador-geral da República, o presidente da República ou a iniciativa popular (o povo). Todos eles podem apresentar um projeto de lei.

O que é projeto de lei?

Antes de ser aprovada pelo Congresso Nacional, a lei leva outro nome: é um projeto – ou seja, apenas uma sugestão colocada no papel, uma ideia projetada que pode, ou não, dependendo de sua aceitação pelos representantes do povo, ser transformada em lei no futuro. Para poder ***tramitar*** *e ser aprovada pela Câmara, essa ideia precisa preencher algumas condições. As principais são:*

- *atender ao interesse coletivo ou de classes e grupos sociais que tenham importância na organização social do país;*
- *obedecer aos princípios da moralidade e da legalidade – vale dizer, estar de acordo com a Constituição Federal e com a estrutura legal vigente no Brasil (o conjunto das leis que regulam a vida em sociedade);*
- *ser compatível com os* ***recursos orçamentários*** *disponíveis – de nada adianta prever a criação de benefícios que o conjunto da sociedade não é capaz de financiar.*

A Z

Tramitar: seguir todas as etapas previstas em lei até o projeto ser votado pelos parlamentares.

Recursos orçamentários: são os recursos em dinheiro que o governo tem para gastar.

Todo projeto de lei vira lei de verdade?

Para ser transformado em lei, qualquer projeto deve ser aprovado pelas duas Casas do Congresso – a Câmara dos Deputados e o Senado Federal. Depois de aprovada pela Câmara, a proposta legislativa segue para o Senado, onde terá tramitação (caminho) semelhante. Se aprovada também naquela Casa, ela segue para ***sanção presidencial****, que poderá aceitá-la em sua totalidade (e então ela é publicada pelo Diário Oficial e se transforma em lei), apenas em parte ou vetá-la (recusá-la) integralmente.*

COMO nasce uma lei. Disponível em: <www.plenarinho.gov.br/camara/leis/como-nasce-uma-le>. Acesso em: jan. 2015.

1. De acordo com o texto, a elaboração de uma lei é privilégio de uma só pessoa ou grupo? Justifique sua resposta.
2. Sob a orientação do professor, você e seus colegas de sala devem identificar um problema ou uma atividade que, na opinião do grupo, precise de um projeto de lei.
   - Em primeiro lugar, vocês precisam definir o tema.
   - Depois, elaborem os artigos da nova lei proposta pelo grupo.

Sanção presidencial: aprovação de uma lei pelo(a) presidente(a) da República.

Hora de refletir

Como vimos, o aumento dos impostos foi uma das causas da insurreição de 1817 em Pernambuco. Muito do dinheiro arrecadado por meio desses impostos era usado para manter o luxo da corte portuguesa em terras brasileiras. Hoje, o dinheiro que pagamos de impostos vai para os cofres do governo, para que ele o utilize em benefício da população, como na construção de escolas, hospitais, creches, entre outros projetos.

Reúna-se com seus colegas e, juntos, discutam as seguintes questões:

- De que maneira a população pode se mobilizar para ter certeza de que os recursos obtidos com os impostos são utilizados em seu benefício?
- Como acompanhar a aplicação dos recursos públicos?

Terminada a discussão, façam um mural com as conclusões do grupo ou as publiquem em um *blog*. Veja no fim deste volume, na seção *Como se faz...*, como montar um mural e fazer um *blog*.

Minha biblioteca

***Curumim cabano*, de Julio José Chiavenato, Brasiliense.**
Nesta narrativa de aventuras, o autor conta a história do índio Curumim, personagem que teria participado da Cabanagem.

***D. João Carioca:* a corte portuguesa chega ao Brasil, de Lilia Moritz Schwarcz e Spacca, Companhia das Letras.**
Em forma de quadrinhos, a obra oferece um quadro do Rio de Janeiro na época em que abrigou a corte portuguesa.

***Debret em viagem histórica e quadrinhesca ao Brasil*, de Spacca, Companhia das Letras.**
História em quadrinhos que resgata os primeiros anos do século XIX no Brasil.

***Garibaldi e Manoela:* uma história de amor, de Josué Guimarães, L&PM. (É só o começo).**
Ambientada no Rio Grande do Sul em meados do século XIX, esta novela conta a história de amor entre o herói Giuseppe Garibaldi e Manoela, sobrinha do general Bento Gonçalves, o comandante da Revolução Farroupilha.

***1808 – edição juvenil*, de Laurentino Gomes, Planeta.**
Com linguagem atraente e muitas ilustrações, o livro fala sobre os anos em que a corte portuguesa esteve instalada no Rio de Janeiro.

Editora Brasiliense/Arquivo da editora

Cia. das Letras/Arquivo da editora

L&PM Editores/Arquivo da editora

Editora Planeta/Arquivo da editora

Mundo virtual

<www.cmd.unb.br/senado180/cd1/>
Página do *site* do Centro de Memória Digital da Universidade de Brasília com a história do Senado brasileiro (1826 a 1889) em textos e imagens.
Acesso em: jan. 2015.

Ponto de chegada

A seguir, você encontrará dois documentos que o ajudarão a refletir sobre diferentes maneiras de as pessoas se organizarem e se mobilizarem em sociedade: uma tabela com dados de uma pesquisa sobre a participação social de jovens brasileiros de 15 anos a 19 anos e uma charge do cartunista André Dahmer. Analise-os e responda no caderno às atividades propostas.

DOCUMENTO 1 – Pesquisa

Participação em projetos de transformação social

Tipo de participação	Respostas (%)				
	Sim		Não		Não opinaram
	Sim	Não mais	Mas pretende	Nem pretende	
Atos em defesa das minorias raciais	8	3	64	22	2
Atos em defesa das mulheres	9	3	63	23	2
Manifestação para reivindicar algo para sua comunidade	10	7	61	20	2
Atos pela paz	15	10	59	14	1
Atos em defesa do meio ambiente	13	11	58	16	2
Atitudes voluntárias	12	8	54	24	2
Manifestação pelos direitos dos homossexuais	3	1	24	68	3
Comícios de partidos políticos	8	16	17	58	2
Manifestação pela reforma agrária	4	2	36	55	3

Fonte: UNICEF. *Adolescentes e Jovens do Brasil*. Participação social e política. Disponível em: <www.unicef.org/brazil/pt/voz2007.pdf>. Acesso em: jan. 2015.

Nota: Todas as porcentagens de respostas estão com números arredondados, visando facilitar a compreensão do aluno.

Suryara Bernardi/Arquivo da editora

DOCUMENTO 2 – Charge

DAHMER, André. *Quadrinhos dos anos 10*. Disponível em: <www.malvados.com.br/tirinha1488.jpg>. Acesso em: jan. 2015.

1. De acordo com os dados da pesquisa, quais são os três movimentos sociais que contam com maior participação dos jovens?

2. Suponha que você seja um dos entrevistados da pesquisa do Documento 1.
   - Como você responderia às perguntas dos entrevistadores?
   - Depois de responder às questões, sob a orientação de seu professor, debata com seus colegas sobre a importância de participar de movimentos sociais.
   - Veja na seção *Como se faz...*, no fim deste volume, como organizar um debate.

3. Os autores de tiras costumam utilizar o humor e a ironia para criticar problemas sociais. No caso do segundo documento, que aspecto social é satirizado pelo artista? Como ele faz isso?

Unidade 3

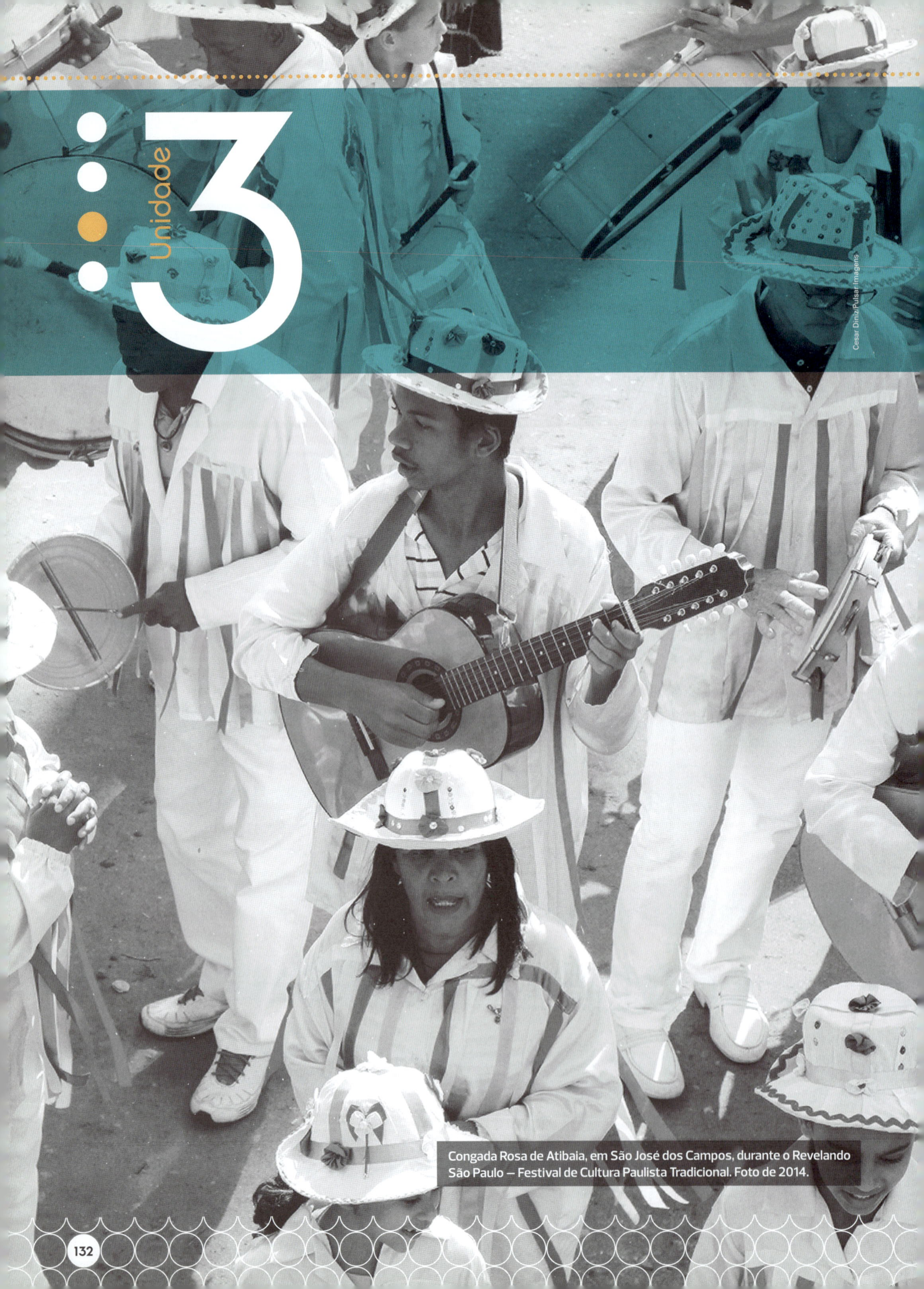

Cesar Diniz/Pulsar Imagens

Congada Rosa de Atibaia, em São José dos Campos, durante o Revelando São Paulo – Festival de Cultura Paulista Tradicional. Foto de 2014.

Nação e nacionalismo

"Nas favelas e no Senado / Sujeira pra todo lado / Ninguém respeita / A Constituição / Mas todos acreditam / No futuro da nação...". Esse trecho da canção Que país é este?, *de Renato Russo, — cuja letra completa reproduziremos no fim desta Unidade — fala de alguns problemas do Brasil atual: corrupção, pobreza, desrespeito à Constituição. Também fala de "nação", embora de forma irônica.*

A ideia de nação é central nesta Unidade. Como veremos mais detalhadamente, o conceito de nação é definido por certos aspectos culturais de um povo.

Vamos discutir um pouco sobre isso?

Ponto de partida

1. Em sua opinião, quais são as principais manifestações culturais que caracterizam a identidade brasileira?
2. Você acha importante conhecer a cultura de outras nações? Por quê?

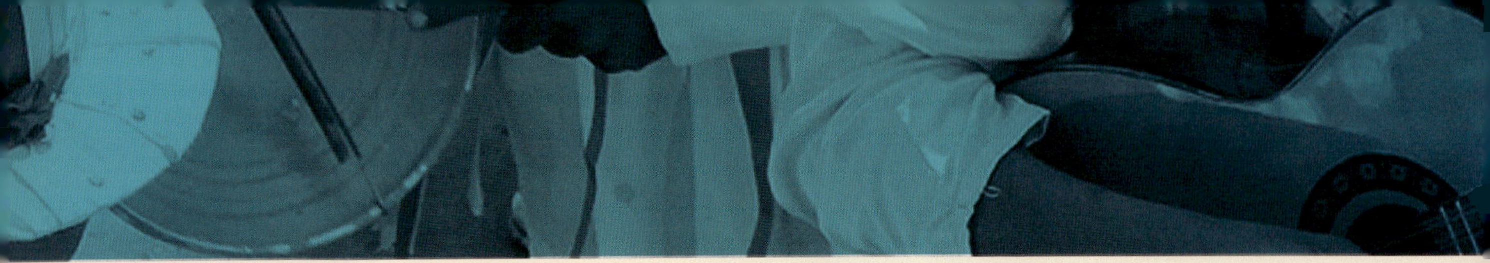

O que é nacionalismo

Se você já viu alguma vez a cerimônia de entrega de medalhas nas Olimpíadas ou nos Jogos Pan-Americanos, deve ter notado que a premiação é acompanhada pelo hino do país do atleta vencedor. Nesse momento, toda uma nação se vê representada pelo atleta que ocupa o lugar mais alto do pódio.

O conceito de nação é definido por certos aspectos culturais de um povo. Aspectos que o diferenciam em relação a todos os outros povos. A língua, a comida, os costumes, as crenças, a cultura, o modo de ser e as tradições são alguns dos aspectos que fazem com que uma população se reconheça como pertencente a uma mesma nação.

A esse sentimento de pertencimento a uma nação chamamos de nacionalismo. O nacionalismo pode contribuir para a autoestima dos povos, para

Kirstin Scholtz/ASP/Getty Images

O paulista Gabriel Medina, de 21 anos (em 2015), é o primeiro brasileiro a se tornar campeão mundial de *surf*. Com o título, obtido em 2014 e concedido pela ASP World Tour (Circuito Mundial de Surfe), Medina entra para o círculo dos melhores surfistas do planeta. Foto de 2014, no Havaí.

Palestinos, cujas casas foram destruídas por ataques israelenses em Gaza, participam de manifestação pela reconstrução da cidade, em março de 2015, na cidade de Gaza. A Faixa de Gaza (território destinado a árabes residentes na Palestina) é uma região muito afetada pelas disputas entre árabes e israelenses (de origem judaica). Tanto árabes quanto judeus israelenses reivindicam a posse de territórios nos quais se encontram seus respectivos monumentos sagrados. Os judeus entendem que a região lhes pertence, pois corresponde a território de sua antiga pátria, agora habitada por palestinos. Palestinos, por sua vez, recusam a presença de um povo não árabe nesse território.

ajudar a desenvolver nas pessoas a vontade de melhorar o país, entre outros benefícios.

Porém, se exacerbado, esse sentimento torna-se perigoso, uma vez que pode resultar em **xenofobia** – aversão às coisas e pessoas de fora do país – e também em **racismo**.

Nesta Unidade veremos como no final do século XIX motivações econômicas, aliadas a interesses nacionalistas, foram postas em prática por algumas nações europeias com intuito de subjugar outros povos. Também veremos como o projeto de nação brasileira, desenvolvido durante o Segundo Reinado, excluía os africanos e seus descendentes, grande parte da população do país.

Ashraf Amra/Anadolu Agency/Getty Images

Andrew Yates/Agência France-Presse

Com elevadas dívidas públicas, despesas maiores que as receitas e sem reservas, muitos países da União Europeia entraram em crise em 2010. Com esse quadro, a xenofobia (desconfiança e temor a estrangeiros) eclodiu fortemente no continente. Na foto, manifestantes protestam do lado de fora de uma refinaria de petróleo na Inglaterra, em 2009, contra a contratação de mão de obra estrangeira. O cartazete do manifestante diz: "Empregos britânicos para trabalhadores britânicos".

Capítulo

6

Neocolonialismo

Você já assistiu ao desenho animado *Tarzan*, na versão produzida pelos estúdios Disney em 1999? Sabia que ele é baseado no livro *Tarzan of the Apes* (Tarzan dos macacos), escrito em 1912 pelo norte-americano Edgar Rice Burroughs (1875-1950)?

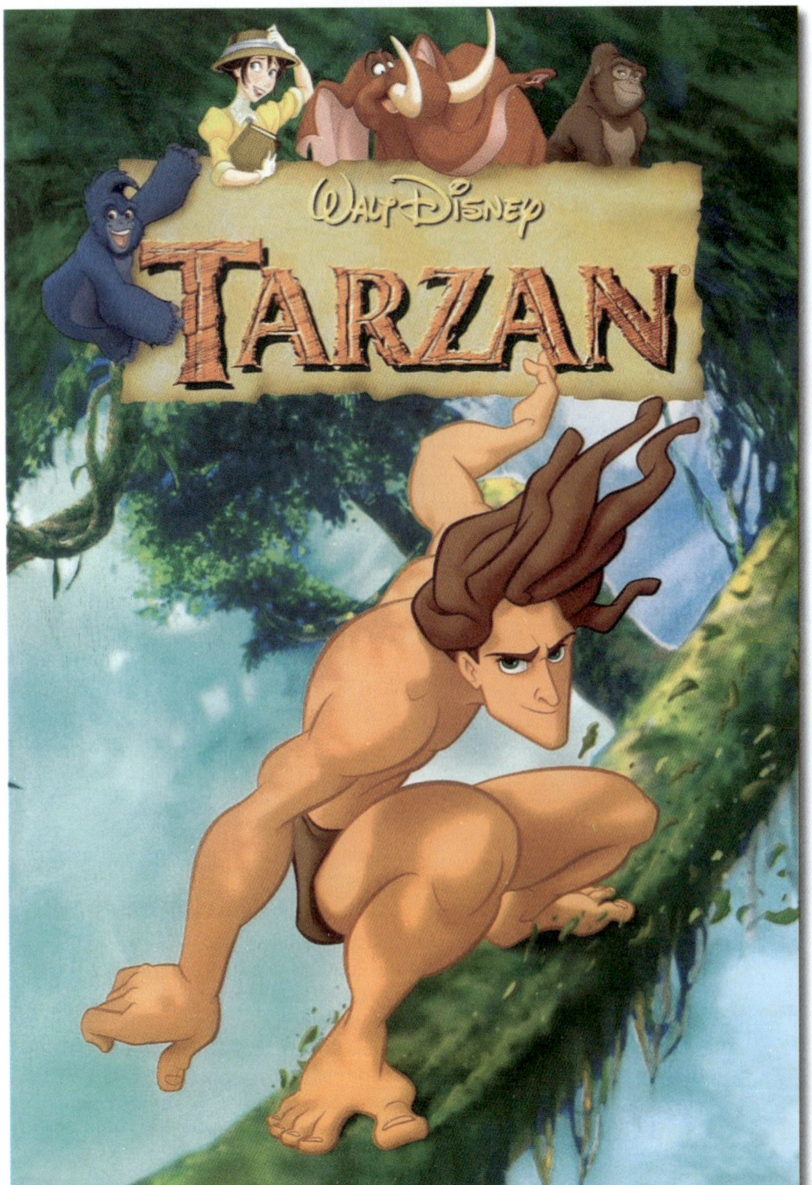

Cartaz do filme *Tarzan*, lançado em 1999.

A história criada por Burroughs começa com o naufrágio de um navio inglês na costa da África. Apenas duas pessoas se salvam: lorde Greystoke e sua esposa. Eles constroem uma cabana na praia, onde a mulher dá à luz um menino, mas são atacados por feras. Ambos morrem, mas o menino sobrevive e é "adotado" por um grupo de grandes macacos, que dão a ele o nome de Tarzan. Na linguagem dos grandes macacos, "Tarzan" quer dizer 'pele branca'.

Edgar Rice Burroughs nunca pôs os pés na África. Tudo em seu livro, e nos outros que ele escreveu com as aventuras de Tarzan, é fruto de sua imaginação. As histórias de Tarzan foram produzidas em um período no qual alguns países europeus invadiram e dominaram territórios inteiros da África, transformando essas regiões em colônias.

Neste capítulo estudaremos esse processo, ocorrido na África e na Ásia.

1 Segunda Revolução Industrial

Observe a imagem abaixo. Você saberia dizer quem são os homens brancos ao centro? E os homens negros? Onde estão essas pessoas? O que elas parecem fazer? Para responder a essas perguntas precisamos considerar certas mudanças ocorridas na Europa ocidental no decorrer do século XIX.

Stefano Bianchetti/Corbis/Latinstock

imagem condutora

Ilustração no *Le Petit Journal*, de 1913, representando um oficial francês e outro alemão trabalhando em um pântano, dentro de uma floresta, para delimitar a fronteira franco-alemã de suas colônias no Congo, África.

Como vimos no Capítulo 2, em meados do século XVIII teve início na Inglaterra um processo de grandes transformações econômicas e sociais. Esse processo, que logo se espalhou por outros países europeus e pelos Estados Unidos, ficou conhecido como Revolução Industrial.

Na segunda metade do século XIX verificou-se na Inglaterra, e em outros países da Europa ocidental, bem como nos Estados Unidos, um novo surto de inovações tecnológicas. Foi um processo que ficou conhecido como **Segunda Revolução Industrial**.

Algumas dessas inovações foram: a invenção do telégrafo e do telefone; a utilização do petróleo e da eletricidade para fins industriais; a expansão do transporte ferroviário (trens) e do sistema de navegação de barcos a vapor; a invenção de uma nova técnica de produzir aço em grande escala; a criação do motor a explosão e do automóvel.

Mais matéria-prima e mais consumidores

Ao mesmo tempo, surgiram empresas gigantescas que passaram a controlar a maior parte do mercado consumidor. Esses dois processos estavam interligados. As empresas cresciam porque utilizavam as inovações tecnológicas para produzir artigos cada vez mais baratos. E, assim, conseguiam vencer as empresas concorrentes e conquistar um número cada vez maior de consumidores.

Apesar desse crescimento, os grandes empresários não estavam satisfeitos. Para eles, era necessário conquistar novos mercados fora da Europa e dos Estados Unidos e obter acesso permanente a fontes baratas de matéria-prima — como ferro, petróleo e carvão — para suas indústrias. Essa preocupação era plenamente apoiada pelo governo de seus países.

2 Exploração da África

Mas onde encontrar novos mercados e fontes permanentes de matéria-prima para a indústria? Diante dessa questão, as atenções dos governos e dos grandes empresários europeus e estadunidenses se dirigiram à África e à Ásia, continentes ricos em matérias-primas, fortemente povoados e onde a industrialização era praticamente inexistente – portanto com potencial para serem bons mercados consumidores.

Interfoto/Latinstock

Gravura de um cartão-postal de 1899 representando o trabalho de africanos em fábrica alemã de carne desidratada, no atual território da Namíbia. As nações europeias instalaram fábricas em países africanos, onde a mão de obra era mais barata do que na Europa.

Conferência de Berlim

Entre 1884 e 1885, realizou-se em Berlim, na Alemanha, uma reunião de representantes das principais potências da Europa e dos Estados Unidos: a Conferência de Berlim. Nessa reunião, os delegados das grandes potências definiram regras para a partilha da África entre elas.

Teve início então a conquista do continente africano. Para justificar suas ambições, os governos europeus afirmavam que era preciso "civilizar" a África, e que isso só seria possível por meio da colonização.

Neocolonialismo

A partir de 1885 praticamente toda a África foi dominada. Apenas dois países conservaram sua independência: a Libéria e a Abissínia (atual Etiópia). O restante do continente acabou dividido entre as potências europeias. Esse processo ficou conhecido como neocolonialismo (veja a seção *Você sabia?* a seguir).

Você sabia?

A expressão **neocolonialismo** significa 'novo colonialismo'. Ela foi criada para mostrar as diferenças entre esse fenômeno do século XIX e o **colonialismo** anterior (séculos XV a XVIII). Em ambos os casos, potências europeias conquistaram regiões de outros continentes, onde criaram colônias. Mas a base econômica do primeiro colonialismo era o comércio, enquanto a base econômica do neocolonialismo era a expansão da grande indústria e do capital financeiro (e também do comércio).

A expressão **imperialismo** muitas vezes é usada como sinônimo de neocolonialismo, mas elas não significam a mesma coisa. O imperialismo é um fenômeno mais amplo, que inclui o neocolonialismo. Entre os séculos XIX e XX, por exemplo, a América Latina esteve sob forte influência da Inglaterra, primeiro, e, logo depois, dos Estados Unidos. Nesse caso, houve imperialismo, mas não neocolonialismo, pois não foram criadas novas colônias na região.

Racismo e pretexto civilizatório

Em 1859, o naturalista inglês Charles Darwin publicou um livro que causaria grande polêmica durante várias décadas: *A origem das espécies*, resultado de anos de estudos e pesquisas.

Nesse livro Darwin explica que todas as formas de vida têm uma origem comum, e que as diferenças entre as espécies são fruto de uma seleção natural. Ou seja, as espécies que melhor se adaptam ao meio ambiente transmitem suas características às gerações seguintes e estas conseguem sobreviver. As que não se adaptam acabam por se extinguir.

A esse processo, que levou milhões de anos, Darwin deu o nome de evolução das espécies. Essa teoria contrariava a Bíblia e por isso causou muita polêmica.

Alguns pensadores do final do século XIX tentaram adaptar as ideias de Darwin ao estudo das sociedades humanas. Segundo eles, a humanidade seria formada por diferentes "raças" e a "raça branca" de origem europeia seria superior a todas as outras.

Caricatura de Charles Darwin, publicada na revista *The Hornet*, de 22 de março de 1871. Com o título "Um venerável orangotango", a caricatura satiriza o pesquisador, representando-o como meio homem, meio macaco, em alusão à sua teoria evolucionista. A teoria da seleção natural de Darwin chegou a ser utilizada como argumento racista, alegando a "superioridade" dos europeus sobre outros povos.

Essas afirmações eram alimentadas pelo grande entusiasmo provocado pelas inovações da era industrial. Para os pensadores racistas, esse "progresso" era a prova da "superioridade" dos europeus, que deveriam levar os benefícios da "civilização" aos "bárbaros" e "primitivos" povos africanos.

Essa suposta **"missão civilizadora"** na realidade era apenas uma forma de **justificar a dominação da África pelos europeus**. Como sabemos, não existem povos ou civilizações mais avançadas do que outras. O que existe são diferenças culturais. A "missão civilizadora" promovida pelos europeus incluiu a difusão dos valores da cultura ocidental e a conversão religiosa dos africanos ao cristianismo. Entretanto, os povos africanos tinham sua própria cultura e sua própria religiosidade.

A chegada dos europeus à África destruiu os sistemas de crenças e de identidade desses povos.

A.H. Zaki/Corbis/Latinstock

Gravura de A. H. Zaki, intitulada *A moderna civilização da Europa – França no Marrocos e Inglaterra no Egito* (1908-1914), que representa o brinde entre um soldado francês e um inglês em comemoração à conquista de novos territórios na África. Essa conquista levou a morte e a destruição às terras africanas.

A Inglaterra e a França ficaram com pouco mais de dez colônias cada uma. Em seguida vinham a Alemanha e a Itália, com três para cada, e a Bélgica, com uma: o Congo Belga (sobre o Congo Belga, veja texto na página 135). Portugal e Espanha não entraram na "corrida", mas mantiveram as antigas colônias que tinham desde os séculos XV e XVI (veja o mapa abaixo).

Além de fornecer matérias-primas necessárias ao desenvolvimento industrial europeu, as colônias africanas representavam mercados para os produtos industrializados da Europa. Em caso de guerra, o domínio colonial seria também uma forma de manter o fornecimento de recursos importantes, como minérios, e o controle de portos de abastecimento na África.

A partilha da África

Banco de imagens/Arquivo da editora

Adaptado de: THE TIMES Atlas of World History. London: Times Books, 1990.

Divisão arbitrária das fronteiras

Voltemos à imagem da página 137. A cena representada se passa na África. Os homens brancos estão no comando e os negros, a serviço deles. Os brancos vestem-se de forma elegante mesmo na selva. Parecem observar um mapa e fazer anotações: executam um trabalho intelectual.

Os africanos, ao contrário, carregam os pertences dos europeus e desbravam a mata para abrir-lhes caminho: executam um trabalho braçal. Essa relação de trabalho simboliza claramente a situação de dominação a que a África foi submetida.

Os brancos representados na cena são comissários franceses e alemães. No mapa que têm nas mãos, eles demarcam as fronteiras de seus respectivos domínios.

Nessa divisão arbitrária do continente, muitas das colônias foram criadas sem considerar as diferenças étnicas e culturais dos povos que ali viviam. Como consequência, **povos com identidade e tradições culturais muito diversas** foram **submetidos** a um mesmo **governo estrangeiro.** Isso contribuiu para **desorganizar os laços de identidade** desses povos.

Fotos: Stefano Bianchetti/Corbis/Latinstock

Representação de europeus que parecem analisar um mapa da África. Detalhe da ilustração do *Le Petit Journal*, de 1913.

Congo Belga: exemplo da barbárie europeia

Além da divisão arbitrária das fronteiras, outra marca do neocolonialismo europeu foi a violência imposta aos povos dominados. O Congo Belga é um exemplo dessa situação.

A cobiça do rei Leopoldo II da Bélgica pelas riquezas do Congo começou a se manifestar claramente na década de 1870. Quinze anos depois, em 1885, a Conferência de Berlim concedeu a Leopoldo II o território do Congo.

As riquezas dessa região de grande interesse para os europeus naquele momento eram a borracha e o marfim, este último utilizado no fabrico de objetos como teclas de piano, cabo de revólveres e dentaduras.

Universal History Archive/UIG/Getty images

A amputação de mãos ou pés era frequentemente usada como método de punição a trabalhadores do Congo que não atingissem as metas de produção estabelecidas pelo rei Leopoldo II, da Bélgica, que controlava a região à época. Na foto, de 1900, observam-se um jovem e uma criança mutilados.

O domínio do Congo pelos belgas foi marcado por extrema violência. Os belgas escravizaram milhares de homens, mulheres e crianças. Obrigadas a trabalhar de sol a sol, essas pessoas eram submetidas a toda espécie de castigos e a condições degradantes de moradia. Muitas morriam antes mesmo de completar a travessia, a pé e acorrentadas, entre o local onde haviam sido capturadas e os lugares de trabalho.

As principais tarefas destinadas aos escravizados, além da extração da borracha e do marfim, eram o transporte de pesados fardos e o serviço militar.

Uma prática comum entre os colonizadores era manter como reféns mulheres e crianças, para forçar os homens a irem em busca de borracha e marfim. Caso entregassem uma quantidade abaixo da cota estabelecida, podiam ser castigados com a morte ou terem decepados dedos, mãos, nariz ou pés.

Resistência africana

Observe de novo a imagem que estamos analisando. Os africanos, aparentemente, executam as tarefas sem protestar. O que isso faz pensar? Faz pensar que os africanos aceitaram a dominação europeia e acreditaram nos argumentos usados para justificar o neocolonialismo. Mas será que foi isso mesmo o que aconteceu?

Stefano Bianchetti/Corbis/Latinstock

Representação de africanos trabalhando na delimitação de fronteiras. Detalhe da ilustração do *Le Petit Journal*, de 1913.

A resposta é não. Podemos dizer que essa imagem expressa uma interpretação parcial dos acontecimentos. Note que **essa gravura** foi feita por um europeu, e não por um africano. Assim, ela **revela a visão do colonizador, e não a do colonizado**, a respeito dessa questão. Caso seu autor fosse um africano, talvez ela nos contasse que muitos povos da África resistiram à colonização, ou seja, não aceitaram passivamente a dominação europeia.

De fato, as populações africanas manifestaram sua resistência ao neocolonialismo na forma de fugas, protestos, boicotes e revoltas. Em alguns casos, houve mesmo resistência armada contra o colonizador, como ocorreu em 1879, quando um povo do sul da África – o zulu – se armou e atacou os representantes do governo inglês na região.

Os zulus dominavam a região do sul da África até a segunda metade do século XIX. Para defender seu território da ocupação inglesa, os zulus se insurgiram contra a Inglaterra. Num conflito denominado Guerra Anglo--Zulu, ocorrido em 1879 e que envolveu várias batalhas, os africanos foram derrotados. A gravura inglesa em madeira, de 1879, representa o método zulu de ataque durante uma batalha.

The Granger Collection/Other Images

Entretanto, a superioridade militar dos europeus garantiu-lhes um domínio que perduraria por quase cem anos. Os povos africanos só conquistariam sua independência a partir da segunda metade do século XX. Suas lutas dariam origem a países que de maneira geral manteriam as mesmas fronteiras definidas pelos neocolonialistas europeus.

Conexões

Arte africana

A arte foi uma das formas encontradas por muitos africanos para refletir sobre a experiência colonial e a complicada situação vivida por seus povos nos séculos XIX e XX. No caso da colonização portuguesa, que se iniciou no século XV e durou até a década de 1970, o domínio colonial foi marcado por guerras, corrupção e desigualdade.

Além desses problemas, que muito dificultaram a construção de Estados nacionais livres, restaram também a incompreensão e o preconceito. Rui Knopfli (1932-1997), um dos principais poetas de Moçambique, soube como poucos representar, ao mesmo tempo, as amarguras da população de seu país e o orgulho de ser africano e livre. Leia a seguir um de seus poemas e responda no caderno às questões propostas.

Hidrografia

Rui Knopfli

São belos os nomes dos rios na velha Europa.
Sena, Danúbio, Reno são
palavras cheias de suaves inflexões,
lembrando em tardes de ouro fino,
frutos e folhas caindo, a tristeza
outoniça dos chorões. [...]
Os que, cansados, sabem todas
as histórias do Sena
e do Guadalquivir, do Reno
e do Volga
ignoram a poesia ***corográfica***
dos rios da minha terra.
Vinde acordar
as grossas veias da água grande!
Vinde aprender
os nomes de Uanéteze, Mazimechopes,
Massintonto e Sábiè.
Vinde escutar a música latejante das ignoradas
veias que mergulham
no vasto, ***coleante*** *corpo do Incomáti,*
o nome melodioso dos rios
da minha terra,
a estranha beleza das suas histórias
e das suas gentes altivas sofrendo
e lutando nas margens do pão e da fome.

[...]

Ah, ouvidos e olhos cansados de ***desolação***
e de europeus sem mistérios,
provai a ***incógnita*** *saborosa*
deste fruto verde,
destes espaços frondosos ou abertos,
destes rios diferentes de nomes diferentes,
rios antigos da África nova,
correndo em seu ventre ***ubérrimo***
e ***luxuriante****.*
Rios, seiva, sangue ebuliente,
veias, artérias vivificadas
dessa virgem morena e impaciente,
minha terra, nossa Mãe!

SAÚTE, Nelson. *Nunca mais é sábado*: antologia de poesia moçambicana. Lisboa: Dom Quixote, 2004. p. 278-281.

A Z

Corográfica: descrição das características mais notáveis de uma região ou acidente geográfico; nesse caso, dos rios.

Coleante: nesse caso, rio que se move em zigue-zague, como uma cobra.

Desolação: devastação, solidão, ruína.

Incógnita: desconhecida.

Ubérrimo: nesse caso, ventre muito fértil, que produz muitos filhos.

Luxuriante: exuberante, cheio de vida.

Suryara Bernardi/Arquivo da editora

atividades

1. O que significa, para o poeta, desvendar todo o mistério dos rios da terra dele?

2. Como é possível relacionar a experiência do neocolonialismo com o apelo que o poeta faz para que conheçamos os rios da África?

3. Localize no mapa da África abaixo os rios africanos citados no poema e indique em quais países eles se encontram.

Alguns rios africanos

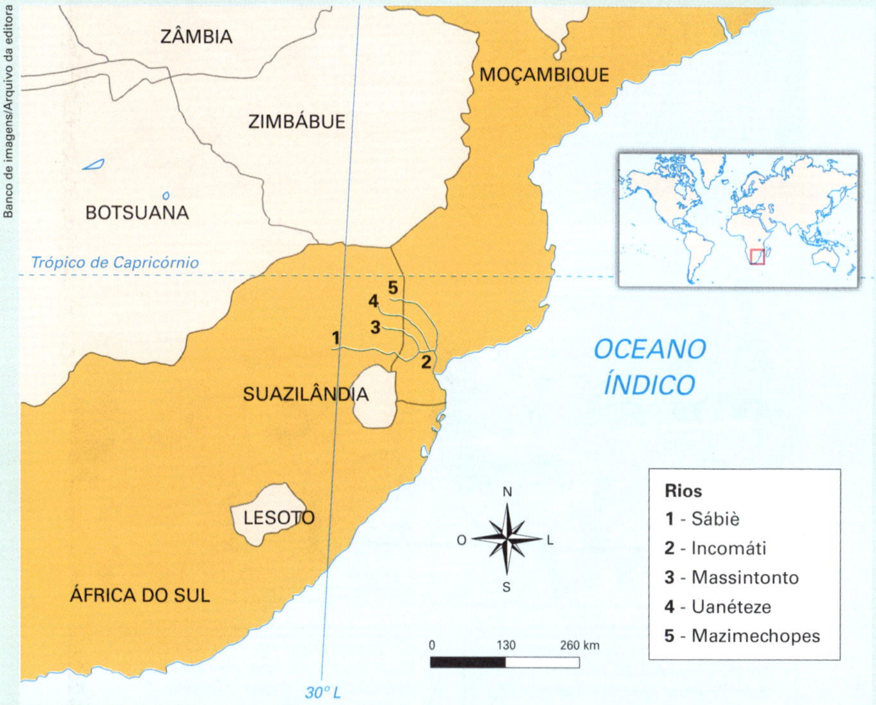

Adaptado de: NATIONAL Geographic visual Atlas of the World. Washington, D.C.: National Geographic Society, 2008. p. 210-211.

4. Você já parou para pensar por que sabemos tão pouco sobre a história, a geografia e a poesia africanas? Os motivos são muitos, mas dentre eles destaca-se o fato de os meios de comunicação transmitirem muito mais notícias a respeito dos Estados Unidos e da Europa do que da África.

Selecione um meio de comunicação de massa com o qual você tenha contato. Pode ser um jornal diário ou um portal de notícias na internet. Durante uma semana, procure artigos ou reportagens que falem do continente africano. Depois dessa pesquisa, reflita sobre as questões a seguir.

- De que modo eles se referem à África quando transmitem informações sobre esse continente?
- Essas informações fazem uma abordagem positiva ou negativa?
- Quais acontecimentos são noticiados?

Para responder a essas perguntas, levante as seguintes informações e anote-as no caderno:

a) Quantas reportagens foram publicadas sobre a África? Que assuntos elas abordavam?

b) Essas notícias tiveram continuidade no dia seguinte?

c) O espaço destinado a elas foi semelhante ao reservado às notícias sobre a Europa e os Estados Unidos?

d) Faça um levantamento dos dados coletados e escreva um resumo interpretando esses dados. Veja na seção *Como se faz...*, no fim deste livro, instruções para fazer um resumo.

atividade

Interpretando documentos

Observe a imagem a seguir. Trata-se um trecho da história em quadrinhos *As aventuras de Tintim*: Tintim na África, criada pelo belga Hergé. A história, datada de 1931, é um exemplo de representação imperialista das populações africanas. Ela se passa no Congo, região que havia sido transformada em colônia pelos belgas. A partir da análise da imagem, responda ao que se pede em seu caderno.

Hergé/Ipress

1. A imagem é uma representação eurocêntrica da África, considerando que os africanos são retratados como incapazes de resolver seus próprios conflitos e precisam da ajuda do homem branco. Aponte elementos na imagem que justifiquem essa ideia.

2. Explique como ocorreu a dominação do Congo pelos belgas no final do século XIX.

3. A imagem é um exemplo da postura de tutela e dominação dos países ricos sobre os países menos desenvolvidos, pois a mensagem do quadrinho indica que, apenas com a ajuda dos belgas, as populações do Congo teriam chance de se desenvolver adequadamente. Você acredita que, no presente, ainda é possível encontrar exemplos de representações de tutela dos países menos desenvolvidos pelos países mais ricos? Justifique sua resposta.

3 Domínio europeu na Ásia

Assim como ocorreu na África, também na Ásia desenvolveu-se um processo de dominação e de colonização de territórios por potências estrangeiras. A imagem a seguir pode nos ajudar a entender como isso ocorreu.

Colonialismo: tropas europeias invadindo a Ásia, capa de um livro francês de aventuras para meninos, de 1901.

The Granger Collection/Other Images

O que é possível observar nessa imagem? Quem são esses homens que empunham bandeiras? O que eles representam?

Repare nas inscrições no chão em que os homens pisam. Embora estejam em francês, é possível entender algumas palavras. Por exemplo, embaixo, à direita, pode-se ler "Mer de Chine" (Mar da China). No canto inferior esquerdo lemos "Royaume de Siam" (Reino do Sião, atual Tailândia) e "Bangkok" (Bangcoc, atual capital da Tailândia).

Com base nessas indicações podemos deduzir que a ilustração contém um globo com o mapa da Ásia. Os homens que o pisam vestem trajes militares e empunham bandeiras, entre as quais as da França, Rússia, Alemanha e Inglaterra. A **ilustração** é, portanto, **uma representação** do período de **avanço e dominação** de regiões **do continente asiático** por essas **potências estrangeiras**.

Com raras exceções, até o fim do século XVIII a intervenção de europeus na Ásia ficou restrita a postos comerciais na Índia e na China, instalados durante o período de expansão marítima (séculos XVI e XVII).

Com o avanço da industrialização na Europa, nos Estados Unidos e no Japão, teve início uma grande procura por novos mercados e fontes de matéria-prima. As potências europeias voltaram então suas atenções para a Ásia e a África. Mais tarde, viriam se somar a elas os Estados Unidos e o Japão. Vamos conhecer a seguir aspectos do neocolonialismo na Índia e na China.

Ingleses conquistam a Índia

Entre o século XVI e o começo do século XIX, a Índia esteve sob o domínio do Império Mogol. Em 1612, navios ingleses chegaram à região e deram início a um importante comércio entre a Inglaterra e o subcontinente indiano.

Aos poucos, os ingleses instalaram no subcontinente indiano diversos postos comerciais. Seus concorrentes europeus na região eram, sobretudo, franceses e portugueses. Na segunda metade do século XVIII, porém, a Inglaterra se firmou como a nação mais industrializada do mundo e venceu a França na Guerra dos Sete Anos. Como resultado, os ingleses afastaram os franceses da Índia e passaram a controlar a região. Em 1876, a Índia foi oficialmente incorporada ao Império Britânico.

A Z

Império Mogol: império criado em 1526 na região onde hoje se encontram o Paquistão e o norte da Índia. Alguns anos depois, esse império se estendeu por toda a Índia. Não confundir com o Império Mongol que dominou a China no século XIII.

Império Britânico: império colonial sob domínio da Inglaterra. A Inglaterra é um dos países que fazem parte da Grã-Bretanha, ilha situada ao norte da França, onde também se encontram a Escócia e o País de Gales.

Desemprego, resistência e derrota

Um dos produtos indianos de maior interesse para a economia inglesa era o algodão, que servia de matéria-prima para a indústria inglesa de tecidos. A exportação maciça desse produto da Índia para a Inglaterra praticamente liquidou a tradicional manufatura de tecido local, deixando milhares de tecelões indianos desempregados.

Dessa forma, os indianos passaram a comprar tecidos de algodão da Inglaterra, pois sua produção era artesanal e não conseguia enfrentar a concorrência inglesa. Ao lado disso, o governo inglês cobrava pesados impostos da população indiana.

Cansados da crescente opressão política, dos impostos e da exploração de sua economia, os **indianos se rebelaram em 1857 na Revolta dos Cipaios**. A rebelião foi reprimida pelos ingleses depois de massacres de ambas as partes.

A Índia permaneceria sob domínio britânico até 1947.

The Stapleton Collection/Bridgeman Art Library/Keystone Brasil/Coleção particular

Captura do imperador de Delhi, Bahadur Shah II, pelo oficial inglês, William Hodson, durante a Revolta dos Cipaios, em 1857. A esposa Zeenat Mahal, ao lado do imperador, parece clamar pela vida dele. A postura do oficial revela a violência dos ingleses no trato com os indianos. A ilustração é britânica, datada do século XIX.

Investidas inglesas na China

Até o início do século XIX, a China permanecia praticamente fechada para o restante do mundo. Em resposta às tentativas de agentes ingleses de vender seus produtos manufaturados no país, o imperador chinês escreveu ao rei da Inglaterra: "Como vosso embaixador pode ver por si mesmo, nós possuímos todas as coisas. Eu não ponho valor em objetos estranhos ou engenhosos e não tenho uso para os produtos de vossas fábricas". De fato, a economia chinesa produzia tudo o que sua população consumia.

Interesse pelo ópio

Entretanto, no início do século XIX os ingleses descobriram um artigo que poderiam vender ao mercado chinês: o ópio. Trata-se de uma droga retirada de uma planta, a papoula, que os ingleses cultivavam na Índia.

A pessoa que consome ópio perde o ânimo para fazer qualquer coisa. Fica entorpecida, indiferente, sem vontade própria. Como ocorre com outras drogas, seu uso contínuo leva ao vício e à dependência.

The Granger Collection/Other Images

A gravura representa a batalha no porto de Cantão, na China, 1841, durante a Primeira Guerra do Ópio, vencida pela Inglaterra. À esquerda da imagem, o navio a vapor inglês Nêmeses, produzido praticamente todo em ferro. Adaptado para navegar pelas águas rasas da China e com várias inovações tecnológicas para a época, o Nêmeses contribuiu de forma decisiva para destruir os juncos chineses (embarcações a vela). Gravura inglesa do século XIX.

Preocupadas com o efeito do ópio sobre a população, as autoridades chinesas proibiram seu comércio e, em 1839, mandaram queimar carregamentos da droga levados a seus portos por navios britânicos. A medida foi encarada pelos ingleses como uma violação da propriedade e do livre-comércio. Em represália, o governo inglês declarou guerra à China.

A Primeira Guerra do Ópio, como ficou conhecida, durou de 1839 a 1842 e foi vencida pelos ingleses. Duas outras Guerras do Ópio se seguiriam a ela, em 1856 e 1858. Novamente derrotada, a China foi obrigada a pagar pesadas indenizações de guerra, abrir seus portos aos produtos ingleses e entregar a ilha de Hong Kong ao domínio britânico.

China dividida

Entre 1894 e 1895, a China se envolveu em mais uma guerra, dessa vez contra o Japão, que buscava estender seus domínios sobre territórios da Ásia. Enfraquecido, o Império Chinês foi por fim dividido em zonas de influências pela Inglaterra, pela França, pela Rússia, pela Alemanha e pelo Japão.

E qual a diferença entre "zona de influência" e "colônia"? Em geral, quando um território se tornava uma **colônia**, toda a estrutura política administrativa e jurídica do lugar passava a ser controlada/administrada pelas nações europeias. Isso aconteceu, como vimos, na África, e também em partes do território chinês, como a ilha de Formosa (atual Taiwan). No caso de Formosa, a China passou o controle da ilha para o Japão em 1895, após uma guerra entre os dois países.

Reprodução/Biblioteca Nacional, Paris, França.

A ilustração satírica francesa, publicada no *Le Petit Journal* em 1898, representa a situação chinesa durante o período imperialista. A imagem mostra a China sendo dividida entre a rainha Victoria, do Reino Unido; o rei William II, da Alemanha (brigando com a rainha por uma parte da fronteira); o czar Nicolau II, da Rússia, que está de olho em uma determinada porção; e a rainha Marianne, da França (vista como não participante do processo, mas próxima do czar russo, como um lembrete da aliança franco-russa). Há ainda um samurai, que representa o Japão, analisando quais partes deseja para si. Um oficial chinês, representado de forma estereotipada, com as mãos para cima, tenta detê-los, sem sucesso.

Em outras regiões da China, contudo, a influência estrangeira funcionou de outra maneira. Surgiram ali zonas de influência estrangeira. Como funcionava? Diante de ameaças, os chineses viram-se obrigados a ceder certas áreas e setores da economia a outros países. Os alemães, por exemplo, obtiveram o direito de explorar as minas chinesas; outras nações, como Inglaterra, França e Estados Unidos conseguiram o direito de usar e controlar portos chineses. Esses países também impunham condições favoráveis a si mesmos nas relações comerciais com a China. Diante de tudo isso, a China perdia sua **soberania**. Isso é um exemplo de dominação **imperialista**.

A Z

Soberania: direito exclusivo das autoridades constituídas de um país sobre seu povo e território. Nesse caso, quando as nações estrangeiras passam a sobrepor seu poder sobre um determinado país, dizemos que ele perdeu sua soberania.

Chineses lutam contra a dominação estrangeira

Da mesma forma que na África e na Índia, na China a população também não se sujeitou passivamente ao domínio imperialista dos países europeus e do Japão.

Assim, em 1899 teve início uma violenta rebelião liderada por uma sociedade secreta cujos integrantes eram conhecidos como ***boxers***. Daí o nome atribuído a essa rebelião: **Guerra dos *Boxers***.

Os rebeldes praticavam atentados contra estrangeiros que viviam na China e contra representantes dos governos imperialistas e missionários cristãos. Além disso, boicotavam o transporte ferroviário e os telégrafos instalados na China pelos agentes das potências imperialistas.

Em resposta a essas ações, foi organizado um exército de 20 mil soldados ingleses, alemães, russos, franceses, japoneses e norte-americanos. Esse exército ocupou Pequim, a capital da China, em agosto de 1900. Mas a rebelião prosseguiu em outras regiões até a derrota total dos rebeldes em 1901.

Os líderes da rebelião foram condenados à morte. Quanto à China, teve que pagar pesadas indenizações de guerra e fazer novas concessões econômicas às potências imperialistas.

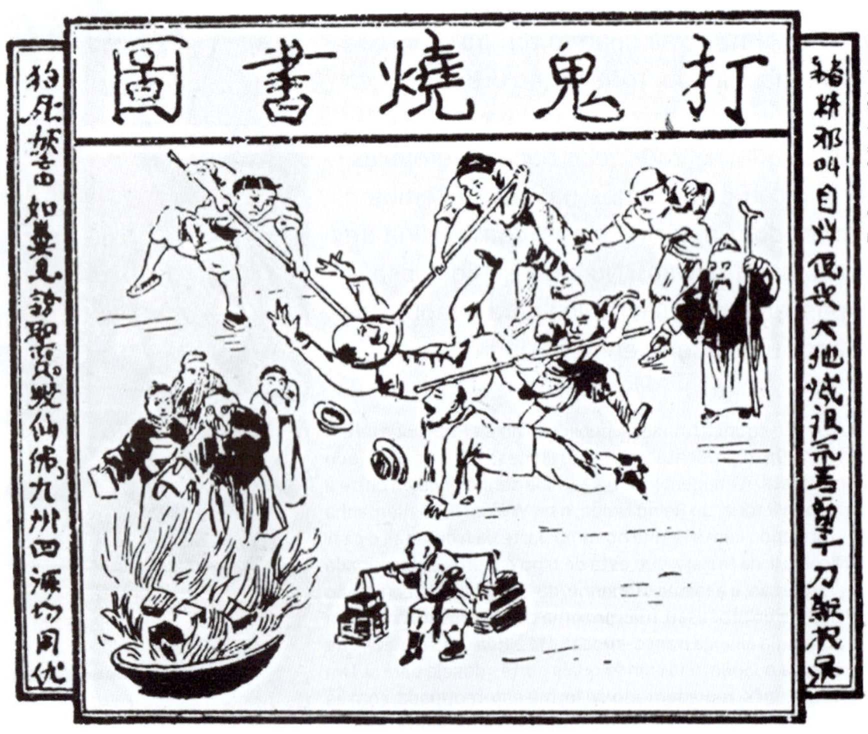

The Granger Collection/Other Images

Cartaz de propaganda chinesa, publicada em 1890, com a frase "Morte aos estrangeiros – queimem seus livros". A imagem representa um ataque dos membros da sociedade secreta dos *boxers* contra os estrangeiros.

Enquanto isso...

Unificação da Itália e da Alemanha

Enquanto na segunda metade do século XIX alguns países europeus viviam a Segunda Revolução Industrial, os territórios hoje conhecidos como Alemanha e Itália ainda estavam divididos em diversos pequenos Estados independentes.

A unificação da Alemanha seria liderada por Otto von Bismarck, primeiro-ministro da Prússia desde 1862. A Prússia era nessa época o que seria mais tarde a Alemanha. Estado mais industrializado entre todos os Estados germânicos, seu principal adversário era a Áustria.

Em 1866, a Prússia venceu a Áustria em uma guerra e estabeleceu sua supremacia entre os Estados germânicos.

Quatro anos depois, os prussianos venceram os franceses na Guerra Franco-Prussiana, e Bismarck proclamou a criação da Alemanha como Estado unificado. A Áustria não foi incluída nele, permanecendo como país independente.

Na península Itálica, as lutas pela unificação tiveram início em 1848. Nessa época, a península encontrava-se dividida em vários Estados. Havia ali duas tendências políticas: a republicana e a monarquista, formada por aqueles que desejavam um governo sob a liderança do rei do Piemonte-Sardenha.

Quatro dos pequenos Estados da península Itálica eram dominados pela Áustria. Fosse sob a forma de república ou de monarquia, a unificação só poderia ser obtida por meio de uma guerra contra os austríacos.

Em 1859, o reino do Piemonte-Sardenha venceu a guerra contra a Áustria e alguns Estados submetidos a essa potência aderiram ao Piemonte. Em seguida, os monarquistas do norte se aliaram aos republicanos do sul, liderados por Giuseppe Garibaldi, e novas regiões foram incorporadas ao Reino do Piemonte.

A unificação da Itália foi finalmente concretizada em 1870. Apesar da popularidade de Garibaldi, a forma de governo do novo país seria a monarquia, e não a república.

Ullstein Bild/The Granger Collection/Other Images

Gravura de 1848, de autoria desconhecida, representando a luta dos revolucionários germânicos nas barricadas de Berlim, Prússia, por uma Alemanha unificada.

Esquema-resumo

Neocolonialismo

↓

Cenário econômico no final do século XIX na Europa

↓

- **Segunda Revolução Industrial: surto de inovações tecnológicas**
- **Busca de mercados e matéria-prima fora dos Estados Unidos e da Europa**

↓

Conquista de novos territórios com a justificativa de civilizá-los: Neocolonialismo

↓

África

- Conferência de Berlim (1884-1885): regras de partilha da África entre europeus
- Resistência ao neocolonialismo: boicote, fugas, protestos e revoltas
- Apenas Libéria e Abissínia (atual Etiópia) continuaram independentes

China

- Resistência: Guerra dos Boxers (1899-1901)
- Guerra do Ópio: oposição dos chineses à venda da droga (pelos ingleses) em seu território
- Guerra contra o Japão: japoneses buscavam expansão de territórios

Índia

- Opressão política e exploração econômica: Revolta dos Cipaios (1857)
- Produção de algodão para a Inglaterra
- 1876: país é incorporado ao Império Britânico

Consequências para os povos dominados

- Exploração violenta do trabalho
- Desorganização dos laços de identidade desses povos
- Opressão política

atividade

- Com base no esquema, explique em seu caderno a relação existente entre o neocolonialismo e a Segunda Revolução Industrial. Em seguida, indique quais foram as principais consequências do neocolonialismo para territórios do continente africano, da China e da Índia.

Atividades

Para organizar as ideias

1. O século XIX foi marcado por importantes descobertas científicas e tecnológicas. Esse fenômeno recebeu o nome de Segunda Revolução Industrial. Quais foram as principais características dessa revolução?

2. Durante o século XIX, as principais potências europeias passaram a dominar regiões na África e na Ásia. Que relação pode haver entre a Segunda Revolução Industrial e o imperialismo?

3. Como as ideias de Charles Darwin foram adaptadas por alguns pensadores europeus do século XIX e como foram usadas para justificar o neocolonialismo?

4. Quais foram as principais consequências da Conferência de Berlim para as populações africanas?

5. Observe a imagem da página 134. É uma gravura intitulada *A moderna civilização da Europa – França no Marrocos e Inglaterra no Egito*. Ela representa um soldado francês e um inglês comemorando a conquista de novos territórios na África com um brinde. A partir da análise da imagem e de suas leituras no livro sobre o tema, responda em seu caderno:
   a) A imagem oferece uma visão positiva do movimento neocolonialista de partilha da África pelos europeus? Justifique sua resposta.
   b) A dominação europeia provocou todo tipo de resistência nos territórios coloniais. Apresente algumas estratégias de resistência promovidas pelos povos africanos diante dessa dominação.

6. Observe a imagem da página 144. É um cartaz de propaganda que traz a frase "Morte aos estrangeiros – queimem seus livros", representando o ataque dos *boxers* contra estrangeiros. A partir da análise da imagem e da leitura do intertítulo *Chineses lutam contra a dominação estrangeira*, responda em seu caderno ao que se pede:
   a) Qual é a mensagem expressa na imagem? Elabore uma hipótese sobre o possível propósito que levou à elaboração de uma imagem como essa.
   b) Explique quais foram os desdobramentos da Guerra dos *Boxers* para o controle inglês da China.

7. Desde o início do século XVII, a Inglaterra mantinha postos comerciais na Índia. Ao longo do século XIX, o domínio inglês sobre essa região se acentuou. A esse respeito, responda no caderno:
   a) Quais eram as principais características do colonialismo inglês na Índia entre o século XVII e o início do século XIX?
   b) Quais foram as mudanças ocorridas na política colonial inglesa a partir do século XIX?

8. No século XIX, a Inglaterra não hesitou em lançar mão da guerra para obrigar a China a abrir suas fronteiras ao comércio internacional. O resultado disso foi a divisão do território chinês em áreas administradas por nações europeias e pelo Japão. Descreva, no caderno, como isso ocorreu.

Teste seus conhecimentos

1. Leia atentamente o texto abaixo.

> *"Foi essa consciência de nossa superioridade inata que nos permitiu conquistar a Índia. Por mais educado e inteligente que seja um indígena, por mais valente que ele se manifeste e seja qual for a posição que possamos atribuir-lhe, penso que jamais ele será igual a um oficial britânico."*

Lord Kitchener. In: PANIKKAR, K.M. *A dominação ocidental na Ásia*. Tradução de Nemésio Salles. Rio de Janeiro: Saga, 1965. p. 160.

A expansão imperialista europeia sobre o continente asiático, ao longo do século XIX e início do século XX, atingiu uma de suas principais expressões na dominação britânica sobre duas das mais antigas civilizações da Ásia: a China e a Índia. Identifique a opção a seguir que apresenta uma característica correta da dominação imperialista inglesa sobre a China ou a Índia.

a) Na Índia, a extinção do sistema religioso de castas favoreceu a inclusão dos indianos na sociedade inglesa, porque foram utilizados como mão de obra barata no parque industrial da Inglaterra.
b) Na China, a vitória militar dos ingleses sobre os exércitos imperiais chineses na Guerra do Ópio (1841) determinou a instalação do monopólio da Inglaterra sobre o comércio chinês de especiarias com o Ocidente.
c) Na Índia, a dominação britânica provocou a destruição da economia tradicional voltada para a subsistência e sustentada por manufaturas têxteis incapazes de concorrer com a produção inglesa de tecidos de algodão.
d) Na China, a hegemonia política e econômica inglesa impediu a atuação de outras potências imperialistas porque isolou o território chinês pelo Tratado de Pequim (1860).
e) Na Índia, uma alta burocracia de indianos exercia a administração das áreas conquistadas para reduzir os custos elevados gerados pelos gastos militares com a dominação imperialista.

2. A presença europeia na China também foi uma consequência das transformações industriais e do imperialismo no século XIX. Identifique **V** para as opções verdadeiras e **F** para as falsas, levando em consideração as seguintes afirmativas sobre a presença europeia na região:

a) A economia e a sociedade chinesas se mantiveram praticamente fechadas e isoladas do contato europeu até o século XIX.
b) Os ingleses conseguiram penetrar no mercado chinês com a venda de tecidos e outras mercadorias industriais produzidas com baixos custos e em grande quantidade.
c) O cultivo da papoula na Índia possibilitou o desenvolvimento do ópio, mercadoria vendida pelos ingleses aos mercados chineses.
d) A tentativa do governo chinês de proibir o comércio do ópio foi o pretexto utilizado pela Inglaterra para declarar guerra contra a China e iniciar o processo de dominação imperialista da região.

A questão 1 foi adaptada de vestibular (Unirio).

Noorullah Shirzada/Agência France-Presse

Agricultor trabalha em plantação de papoula no Afeganistão, em foto de 2013. A papoula é matéria-prima para a produção de drogas ilegais, como a heroína. Segundo dados do Escritório das Nações Unidas sobre Drogas e Crime (UNODC), o Afeganistão produz quase 80% de toda a heroína consumida no mundo.

Diálogos

A luta contra a dominação política e o preconceito marcou a vida e a carreira política de alguns importantes líderes na África e na Ásia. Na Ásia, destaca-se Mahatma Gandhi (1869-1948), grande idealizador da libertação da Índia do domínio externo e do princípio da não violência. Na África, uma das principais lideranças contra a dominação externa foi Nelson Mandela (1918-2013), fortemente influenciado pelas ideias de Gandhi.

Em grupo, façam uma pesquisa sobre a vida e a atuação política desses líderes. Após o levantamento das informações, descrevam os principais fatos encontrados, sintetizando os aspectos mais relevantes da vida de Gandhi e Mandela.

Hora de refletir

No século XIX, com a disputa para estabelecer colônias na África e na Ásia, os europeus não respeitaram a soberania dos povos desses continentes. Invadiram e colonizaram territórios que não lhes pertenciam.

- Em sua opinião, atualmente a soberania nacional dos países menos desenvolvidos é respeitada ou ainda ocorrem invasões como no século XIX?

Minha biblioteca

***A África explicada aos meus filhos*, de Alberto da Costa e Silva, Agir.**
O autor explica a história do continente africano de forma direta e simples, passando pelas diferenças étnico-culturais dos povos africanos, sua interação com as civilizações muçulmana e cristã, a colonização europeia do continente e a relação entre as trajetórias dos povos africano e brasileiro.

Editora Agir/Arquivo da editora

Mundo virtual

<http://tinyurl.com/me3c8bx>
Vídeo feito por alunos do curso de Teoria da História da Faculdade de Filosofia, Letras e Ciências Humanas da USP (FFLCH-USP), sob orientação do professor Maurício Cardoso, como pesquisa para entender a quais ideias as pessoas associam a palavra África.

<www.africaeafricanidades.com.br>
Revista digital que abrange temas como cultura, educação, história, literatura e sociedade do universo africano em todos os continentes.

<http://tinyurl.com/6ud4885>
Endereço eletrônico de acesso para páginas sobre a África na Biblioteca Digital Mundial. Você poderá acessar uma galeria de imagens com textos informativos, em português, de livros de referência sobre o continente africano.

<http://tinyurl.com/7xwtwdf>
Site do Museu Metropolitano de Nova York com a coleção de objetos de arte africana. As páginas estão em inglês, mas para conhecer a coleção basta clicar na imagem e depois seguir as setas para mudar de uma obra para outra.

<www.casadasafricas.org.br/>
O portal Casa das Áfricas, de fácil navegação, é um amplo painel da cultura das sociedades africanas – com textos, entrevistas, vídeos e painéis de imagens.

Acessos em: jan. 2015.

Capítulo

7 O governo de Pedro II

CONTEÚDO DIGITAL

No Brasil, como em toda democracia, os políticos são eleitos pelos cidadãos para tomar decisões importantes e governar. Ao elegê-los, os cidadãos esperam que eles sejam honestos e façam um bom governo.

Isso não significa que os políticos sejam os únicos responsáveis pelos rumos do país. É necessário que a sociedade participe e fiscalize seus governantes. A pressão e a participação das pessoas podem provocar mudanças no governo.

As mudanças políticas promovidas no Segundo Reinado (1840-1889) afetaram bastante a sociedade brasileira. O tema deste capítulo são essas mudanças e as ações do governo de dom Pedro II. Como veremos, foram transformações que levaram à formação de uma sociedade que posteriormente rompeu com a escravidão.

Manifestação no centro da cidade de São Paulo (SP), contra aumento de tarifa de ônibus. Foto de janeiro de 2015.

Cesar Diniz/Pulsar Imagens

1 Começo do Segundo Reinado

Na história do Brasil, chamamos de Segundo Reinado o período de 1840 a 1889, espaço de tempo no qual o governo esteve nas mãos de dom Pedro II. Como vimos no Capítulo 5, dom Pedro II tinha apenas 14 anos quando foi coroado imperador. O episódio ficou conhecido como **Golpe da Maioridade**.

imagem condutora

Fundação Biblioteca Nacional, Rio de Janeiro/Arquivo da editora

Litografia intitulada *Honra e Glória ao Ministério de 7 de Março* (1871) representa dom Pedro II e seu ministério.

A imagem acima vai nos ajudar a compreender como era o Brasil sob o governo de dom Pedro II.

Trata-se de uma **litografia** feita em homenagem à **Lei do Ventre Livre** e aos políticos responsáveis por sua aprovação. Estudaremos mais sobre os efeitos dessa lei no próximo capítulo. Por enquanto, podemos dizer que seu objetivo era o fim gradativo da escravização no Brasil.

A gravura contém detalhes que nos ajudam a compreender as modificações iniciadas durante o Segundo Reinado. Um deles são os rostos de diversos políticos na parte superior da imagem. No centro, cercado por todos os demais, aparece o próprio imperador, dom Pedro II.

A Z

Litografia: tipo de gravura que utiliza uma matriz de pedra, na qual é feito um desenho. Esse desenho recebe tinta e é impresso por meio da pressão da pedra sobre folhas de papel.

Lei do Ventre Livre: aprovada pelo Parlamento em 1871, essa lei declarava livres, a partir daquela data, os recém-nascidos de mães escravizadas.

Imperador lidera a política

A figura de dom Pedro II representada no centro da gravura ilustra a importância do imperador no funcionamento político da nação. Essa foi uma primeira mudança na cena política da época. Durante a Regência (1831-1840), antes de dom Pedro II ser coroado imperador, começaram a se formar as bases dos dois principais partidos políticos do Segundo Reinado, o Partido Liberal e o Partido Conservador.

As diferenças políticas entre **liberais e conservadores** não eram muito grandes, já que **defendiam grupos sociais muito parecidos**. Os liberais protegiam os grandes comerciantes, enquanto os conservadores protegiam os grandes fazendeiros. Porém, as disputas pelo poder entre esses dois grupos, assim como as revoltas e rebeliões da época da Regência, criavam um forte clima de instabilidade e incerteza no país.

No meio dessas disputas, o imperador passou a ser visto como a única pessoa capaz de assegurar estabilidade e tranquilidade à nação (veja a seção *Passado presente*).

Dom Pedro II rodeado por seus ministros. Detalhe da litografia *Honra e Glória ao Ministério de 7 de Março* (1871).

Fotos: Fundação Biblioteca Nacional, Rio de Janeiro/Arquivo da editora

Passado presente

Eleições: diretas ou indiretas?

No Brasil atual, os eleitores escolhem diretamente os representantes que ocuparão os cargos no Executivo e no Legislativo: presidente, governadores, prefeitos, deputados, senadores, vereadores.

Já no **Império, vigorava um regime monárquico** e não republicano. Isso quer dizer que havia um rei (imperador), e não um presidente eleito para um mandato de quatro anos, como acontece hoje. Dom Pedro II era imperador porque havia herdado a coroa de seu pai, dom Pedro I, e não porque fora eleito.

O imperador era o chefe do Poder Executivo, ou seja, do governo propriamente dito. Além disso, ele exercia o Poder Moderador, pelo qual fiscalizava os outros poderes e podia dissolver a Câmara dos Deputados e nomear senadores.

Entretanto, havia eleições para deputados e senadores. Esses cargos faziam parte do Poder Legislativo, encarregado de criar as leis. O mandato dos deputados era de quatro anos. O dos senadores era vitalício, ou seja, até a morte ou renúncia, ocorrendo eleições apenas para preencher os cargos que ficavam vagos.

As eleições gerais eram realizadas em dois momentos. Primeiro, as pessoas que tinham direito de votar escolhiam os seus representantes, que por sua vez elegiam os deputados e os senadores. Dessa forma, as eleições no Império eram indiretas.

Mas não paravam aí as limitações. No Império, o voto não era um direito de todos. Para poder votar, era necessário ter uma determinada renda anual (esse tipo de voto é chamado de **censitário**). Quem não tivesse essa renda, estava excluído das eleições. Além disso, **as mulheres e os escravizados também não tinham direito ao voto.**

Poder Moderador

As disputas entre liberais e conservadores pelo poder eram grandes. Após a eleição dos deputados e senadores, dom Pedro II formava seu Ministério (ou gabinete, como também era chamado) com os políticos do partido que tinha vencido as eleições. Esses ministros tinham por função auxiliar o imperador na administração do Império.

Charge de Bordalo publicada em *O Besouro*, em 1878. O desenho representa o artista, com uma lente de aumento, observando como dom Pedro II brinca com os políticos.

Rafael Bordalo Pinheiro/O Besouro/Biblioteca Pública do Rio de Janeiro

Sempre que achava necessário, o imperador utilizava o Poder Moderador para dissolver a Câmara ou o próprio Ministério, convocando novas eleições ou simplesmente formando um novo gabinete. Com isso, promovia uma **alternância no poder**, evitando que o partido liberal ou o conservador se perpetuasse no governo.

Esse mecanismo foi muito importante para a estabilidade do Império. Dom Pedro II sempre usou seus poderes para que tanto os conservadores quanto os liberais estivessem, por um determinado período de tempo, no controle da política.

Alternância no poder: situação na qual o partido que governa é substituído por um partido de oposição, e assim sucessivamente; ou seja, o governo não fica o tempo todo nas mãos de um mesmo partido.

Você sabia?

A troca de um gabinete provocava mudanças em todo o país, já que diversos cargos políticos e administrativos das províncias eram escolhidos pelos ocupantes do Ministério. Assim, com a alternância entre liberais e conservadores no poder, não havia apenas uma mudança de gabinete, mas sim de todos os ocupantes dos cargos ligados ao Ministério.

Províncias em revolta

Muitas pessoas acreditavam que, com a chegada de dom Pedro II ao poder, as agitações que sacudiram o país durante a Regência teriam fim. Entretanto, não foi bem assim. Na realidade, os primeiros anos do governo de Pedro II foram marcados por conflitos e problemas.

Em maio de 1842, por exemplo, políticos liberais de São Paulo e Minas Gerais pegaram em armas para protestar contra o governo e contra as mudanças de gabinete. A rebelião terminou em junho do mesmo ano com a rendição dos revoltosos.

Alguns anos depois, em 1848, teve início em Pernambuco uma rebelião de maiores proporções, conhecida como **Revolução Praieira**. Ao contrário da revolta de 1842, esta não se limitou a uma manifestação de políticos e poderosos, mas contou também com alguma participação popular. Apesar das turbulências, em ambos os casos o governo conseguiu controlar as agitações e restabelecer a ordem.

A VOZ DO BRAZIL

N. 42. Pernambuco 15 de Julho. 1848.

A VOZ DO BRASIL.

A VOZ DO BRASIL sahirá huma vez por semana. Subscreve-se nesta Typ. a 2$000 rs. por quatro mezes, pagos adiantados. As correspondencias dos senhores assignantes, que forem de interesse publico, e as que se opposerem á influencia estrangeira, serão inseridas gratis: e as dos senhores que naõ forem assignantes, serão publicadas mediante huma pequena paga.

Não tenhas minha musa medo delles,
Vai batendo de rijo, jogo nelles.

A VOZ DO BRASIL.

Malaquias de Aguiar Pires Ferreira, actual Vice Presidente do infeliz Pernambuco. O Snr. Aguiar, homem estupido, de máos costumes, grosseiro por excellencia, adul-

Capa do jornal pernambucano *A Voz do Brasil*, de 15 de julho de 1848, apresenta manchete sobre a Revolução Praieira.

atividade

Diálogos

Já vimos como eram as eleições durante o Império. Agora, reúna-se a um grupo de colegas e, juntos, façam uma pesquisa sobre as eleições no Brasil de hoje. Para orientar-se melhor, escolham algumas informações a serem pesquisadas. Veja exemplos a seguir:

- Quem pode e quem não pode votar atualmente no Brasil?
- Com que frequência são realizadas eleições para os diversos cargos escolhidos por meio do voto?
- O que fazem os deputados federais e os senadores?
- O que fazem os vereadores e os deputados estaduais?
- Além dessas perguntas, você e seu grupo podem sugerir outras, assim como o(a) professor(a).
- Feita a pesquisa, o grupo deve organizar um seminário, sob a orientação do(a) professor(a), para apresentá-lo à classe.
- No fim deste livro, na seção *Como se faz...*, veja como fazer uma pesquisa e como realizar um seminário.

② Agropecuária: base da economia

Voltemos à litografia da página 157. Um detalhe interessante é a presença da natureza e da agricultura na cena representada. Elas aparecem principalmente nas laterais da gravura e revelam a importância da agricultura para a economia brasileira naquele momento. Para que se tenha uma ideia, em 1872 cerca de 80% das pessoas que trabalhavam no Brasil se dedicavam ao setor agropecuário. Ou seja, de cada 10 trabalhadores, 8 atuavam no setor agropecuário.

Fotos: Fundação Biblioteca Nacional, Rio de Janeiro/Arquivo da editora

Representação da produção agrícola no Segundo Reinado. Detalhe da litografia *Honra e Glória ao Ministério de 7 de Março* (1871).

Café, o ouro verde

O principal produto agrícola cultivado no Brasil nessa época era o café, embora não fosse o único. Produziam-se também cana-de-açúcar, algodão, tabaco (fumo), etc. Mas o café era então a principal fonte de riqueza da economia brasileira. Boa parte dele era vendida a outros países, ou seja, era exportada.

Inicialmente, o café foi plantado na província (atual estado) do Rio de Janeiro. Em seguida, avançou pelo Vale do Paraíba, entre o Rio de Janeiro e São Paulo. Mais tarde, chegou até o Oeste paulista (veja o mapa da página 164 e a seção *Olho vivo* na página 162), acentuando assim o processo de deslocamento da economia brasileira da região nordeste do país para a região sudeste.

Olho vivo

O café e o desmatamento no século XIX

Para que as fazendas de café se expandissem, os fazendeiros ordenavam a derrubada das matas nativas. A Mata Atlântica foi a principal vítima desse processo de expansão.

A crescente derrubada das florestas chamou a atenção do pintor Félix-Émile Taunay (1795-1881), que acompanhou de perto o desmatamento do morro da Tijuca, no Rio de Janeiro.

Félix-Émile Taunay/Museu Nacional de Belas-Artes, Rio de Janeiro

Vista de um mato virgem que se está reduzindo a carvão (1843), óleo sobre tela de Félix-Émile Taunay (1795-1881) representando o desmatamento que era feito na época nos arredores do Rio de Janeiro.

Em 1843, ele representou esse desmatamento na tela *Vista de um mato virgem que se está reduzindo a carvão*, reproduzida abaixo.

Por meio dessa pintura o artista procurou alertar para a destruição em grande escala das florestas brasileiras.

(1) Quase no centro do quadro, como se fosse uma fronteira entre a mata e a área desmatada, o artista representou uma imensa figueira, cuja copa se abre na parte superior do quadro. Como afirmam os historiadores de arte, é como se ela fosse a personagem principal da obra.

(2) A árvore ao lado da figueira era conhecida como "pau-mulato". Sua madeira era muito usada na fabricação de móveis. Repare como Taunay representou as duas árvores no limite da floresta virgem, como se fossem duas figuras heroicas de uma resistência que, infelizmente, não duraria muito tempo.

(3) Taunay estava preocupado com a representação exata dos espécimes vegetais, como esta bromélia, planta típica da Mata Atlântica, ligada ao tronco da figueira.

(4) A mata é derrubada a machadadas por homens escravizados a serviço dos fazendeiros.

(5) Após a derrubada, as toras de madeira são empilhadas.

(6) Pela estrada lamacenta, um escravo puxa um jumento, cujo dorso está arqueado pelo peso da madeira recém-derrubada.

(7) Na parte esquerda da tela, o pintor representou a desolação do ambiente, mostrando troncos abatidos e uma coluna de fumaça que denuncia uma queimada. A imagem da mata derrubada não deixa dúvidas quanto ao futuro dessas terras: diminuição da fertilidade do solo e dos mananciais de água, lama que escorre pelas encostas abaixo, etc.

(8) À direita do quadro, está representada a densa floresta nativa, com suas árvores frondosas e centenárias. Em meio à mata, rios de águas claras seguem seu curso livremente. Rios como esses eram responsáveis pelo abastecimento de água potável da cidade do Rio de Janeiro.

(9) Aos pés da figueira, está o único homem branco de todo o quadro. O pintor o representou como uma figura minúscula diante de árvores gigantescas, destacando assim a grandiosidade da natureza.

(10) Taunay representou a região montanhosa que cerca a cidade do Rio de Janeiro até os dias atuais.

Fontes: CARDOSO, Rafael. Félix-Émile Taunay (1795-1881). Vista de um mato virgem que se está reduzindo a carvão. In: *A arte brasileira em 25 quadros (1790-1793)*. Rio de Janeiro: Record, 2008. p. 35-44; MATTOS, Cláudia Valladão de. *Paisagem, monumento e crítica ambiental na obra de Félix-Émile Taunay*. Disponível em: <www.dezenovevinte.net/obras/obras_fet_cvm.htm>. Acesso em: jan. 2015.

A marcha do café (séculos XIX e XX)

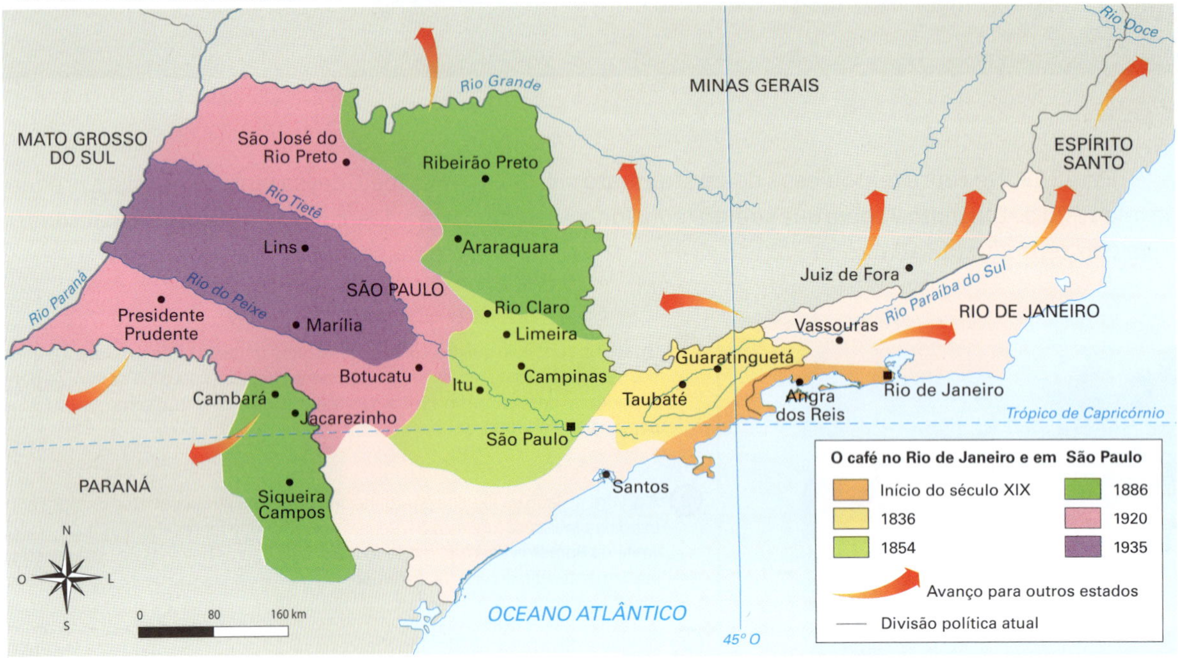

Adaptado de: ATLAS histórico escolar. Rio de Janeiro: MEC/Fename, 1996.

Em meados do século XIX, o café sozinho representava quase metade de tudo o que o país exportava para outras regiões do mundo. Nas décadas seguintes, chegou a ultrapassar 60% das exportações. O segundo produto mais vendido para o exterior era o açúcar, mas sua importância era cada vez menor, representando em alguns momentos menos de 10% das exportações.

Mudanças provocadas pelo café

Muitos fazendeiros do Rio de Janeiro, de São Paulo e, mais tarde, de Minas Gerais enriqueceram com o café. Isso provocou mudanças importantes na sociedade da região: as cidades e vilas começaram a crescer, e outras cidades surgiram nas proximidades das fazendas de café.

Leia o livro *O Brasil pelo olhar de Thomaz Davatz (1856-1858)*, de Ana Luiza Martins e Ilka Stern Cohen, Atual.

Inicialmente, o trabalho nas fazendas de café era feito por escravizados. Mais tarde, alguns fazendeiros começaram a substituir os cativos por trabalhadores imigrantes livres vindos da Europa (sobre o fim da escravidão, veja o Capítulo 8).

Moradia de imigrantes alemães que trabalhavam na lavoura em São Paulo (SP), no final do século XIX. A casa, com sótão, está ao lado da plantação de café.

③ Modernização e suas contradições

Voltemos mais uma vez à litografia da página 157. Vemos que o artista representou nela um trem que se desloca sobre a ferrovia. Esse detalhe está diretamente ligado à produção de café no Brasil, pois o trem foi introduzido no país com o objetivo de escoar a produção de grãos do interior para o litoral.

Enquanto a produção de café estava na região sudeste, próxima ao litoral –, como as primeiras fazendas do Rio de Janeiro, ou mesmo as do Vale do Paraíba paulista –, era possível transportar a mercadoria até os portos exportadores usando força animal (como carros de boi ou tropas de mula).

Estradas de ferro

A partir de meados do século XIX, a produção começou a se expandir em direção ao Oeste paulista, e daí as fazendas conquistaram, cada vez mais, o interior de São Paulo e o sul de Minas Gerais.

Essas novas fazendas estavam muito distantes do litoral, e o transporte por meio de animais tornava-se um grande problema. Era muito caro, muito lento e muito pouco eficiente levar o café até o litoral utilizando apenas a força animal. Por isso, fazendeiros e políticos começaram a investir em ferrovias.

A primeira estrada de ferro foi construída em 1854. Ficava no Rio de Janeiro e ligava a baía de Guanabara ao sopé da serra de Petrópolis. Em 1867, foi inaugurada a São Paulo Railway, mais conhecida como Santos-Jundiaí, em São Paulo. Alguns anos depois, em 1872, começou a funcionar a Jundiaí-Campinas, também em São Paulo. Essas duas ferrovias ligavam as terras produtoras de café no Oeste paulista ao porto de Santos, onde o produto era exportado.

Fotos: Fundação Biblioteca Nacional, Rio de Janeiro/Arquivo da editora

Na imagem, a estrada de ferro simboliza a modernidade. Detalhe da litografia ***Honra e Glória ao Ministério de 7 de Março*** **(1871).**

Modelo europeu de sociedade

A construção de ferrovias é apenas um exemplo da modernização ocorrida durante o Segundo Reinado. O governo brasileiro tinha grande preocupação em modificar a imagem de "atraso" que estava associada ao Brasil nos países europeus.

Nessa época muitas pessoas consideravam a Europa o modelo da "civilização" e acreditavam que as outras regiões do planeta deveriam seguir seu exemplo. Os países que não se orientavam por essa proposta eram considerados "atrasados" ou mesmo "selvagens".

É certo que para isso contribuíam as condições sanitárias e urbanísticas das cidades brasileiras, que eram consideradas sujas, já que não dispunham de água encanada nem de redes de esgotos. Isso facilitava a transmissão de doenças, e as epidemias eram frequentes.

Além disso, muitos estrangeiros afirmavam que os brasileiros não ligavam para o trabalho, ou que imitavam os costumes indígenas e africanos, considerados "primitivos". Tudo isso, segundo muitos europeus, contribuía para que o povo brasileiro fosse indisciplinado e grosseiro.

Vergonha da escravidão

Porém, a maior fonte de mal-estar e indignação diante da realidade nacional era, certamente, a escravidão. No decorrer do século XIX, a maior parte dos países aboliu definitivamente o trabalho escravo. Os Estados Unidos, por exemplo, que eram outro grande país escravagista, proibiram essa prática em 1865. Contrariando essa tendência, o Brasil seria o último país da América a acabar definitivamente com a escravidão.

O governo de dom Pedro II procurava provar que o Brasil era capaz de progredir e se modernizar. Assim, o próprio imperador se esforçava para agir como um modelo de homem das ciências e das letras. Além de estudar e de se manter informado sobre as novidades tecnológicas e científicas, ele gostava de se reunir e discutir com artistas e cientistas.

Semana Illustrada/Arquivo da editora

Gravura publicada no jornal *Semana Illustrada*, de 1861, representando escravos apelidados de *tigres* ou *tigreiros*, que lançavam dejetos e detritos domésticos diretamente em um rio ou no mar. Só na segunda metade do século XIX começaram a ser construídas estações de tratamento de esgoto na cidade do Rio de Janeiro (RJ).

Reformas urbanísticas e exclusão social

Houve também um grande esforço na transformação do espaço urbano. Nesse caso, o exemplo mais importante foi o da capital do Império, a cidade do Rio de Janeiro.

Durante o Segundo Reinado, o governo patrocinou diversas reformas com a intenção de remodelar o Rio de Janeiro e tornar a cidade mais limpa e habitável. Essas reformas incluíram a iluminação a gás nas ruas e a construção de um sistema de bondes puxados por burros; o calçamento das áreas mais importantes da cidade; a construção de esgotos; a criação de serviços de limpeza pública; a abertura de novos bairros, novas ruas e avenidas.

Um dos locais que passou por reforma foi o chamado Cais do Valongo. Tratava-se de um local afastado da região central do Rio de Janeiro, onde desembarcavam os africanos que seriam vendidos como escravos. Em 1843, esse cais passou por uma reforma urbanística, foi ampliado e ornamentado com um objetivo específico: receber a imperatriz Teresa Cristina, uma jovem de 21 anos, filha de nobres do Reino das Duas Sicílias (atual Itália), que havia se casado por procuração com o imperador dom Pedro II, na época com 17 anos. A partir de então, o cais ficou conhecido como Cais da Imperatriz (veja a seção *Raio X* na página 168).

O problema, porém, é que essa modernização não favorecia por igual a população da cidade. Enquanto os bairros mais ricos eram beneficiados com as reformas, as zonas mais pobres tornavam-se cada vez mais precárias e **insalubres**. Os pobres eram obrigados a viver em **cortiços** superlotados. Essas habitações não dispunham de esgoto ou de qualquer tipo de instalação que evitasse a proliferação de doenças. Por isso, a cidade era constantemente assolada por doenças, como a febre amarela, a cólera e a varíola.

Insalubre: que não é saudável; que faz mal à saúde.

Cortiço: habitação coletiva na qual vivem diversas famílias pobres, com um único banheiro e uma só cozinha para todos.

Augusto Malta/Museu da Imagem e do Som, Rio de Janeiro, RJ.

Foto de cortiço no Rio de Janeiro (RJ), no começo do século XX. Os cortiços eram a única opção de moradia das camadas mais pobres da população na época.

Raio X

Rafael Andrade/Folhapress

Escavações na região do Cemitério dos Pretos Novos, próximo ao antigo Cais do Valongo, Rio de Janeiro (RJ), em foto de 2011.

Que sítio arqueológico é este?

Trata-se do Cemitério dos Pretos Novos, localizado na região da Gamboa, na cidade do Rio de Janeiro, perto do antigo cais do Valongo. Descoberto acidentalmente em 1996, durante a reforma de um imóvel, o local tornou-se área de pesquisa de historiadores, arqueólogos e outros estudiosos de diferentes áreas do conhecimento.

O que os documentos de época nos dizem a respeito desse sítio arqueológico?

O cemitério foi criado pelo vice-rei do Brasil, o marquês do Lavradio, substituindo outro cemitério que funcionava no Largo de Santa Rita, no atual centro do Rio de Janeiro. Seu tamanho era semelhante ao de um campo de futebol. Começou a funcionar em 1772, e recebia os corpos dos africanos escravizados mortos após desembarcarem dos navios negreiros, no Cais do Valongo. Muitos africanos morriam na viagem devido aos maus-tratos durante a travessia do Atlântico. O cemitério foi fechado em 1830 (época em que Brasil e Inglaterra firmaram acordos pelo fim do tráfico de africanos), após muitas reclamações dos moradores que, ao longo do tempo, passaram a povoar a região.

O que as evidências arqueológicas nos revelam?

As pesquisas mostram que os africanos eram sepultados a apenas um palmo de profundidade, sem qualquer ritual religioso. Os corpos eram enterrados nus, envoltos em esteiras. Muitos foram cremados. Nos últimos seis anos de existência do cemitério, ocorreram mais de mil enterros por ano. A maior parte dessas pessoas era jovem, do sexo masculino. A partir da observação dos dentes, os pesquisadores descobriram que boa parte teria vindo da costa africana do oceano Índico, principalmente da região de Moçambique. Exames diversos indicaram ainda a presença do bacilo da tuberculose em muitos desses indivíduos.

Lei do Ventre Livre

Voltemos à gravura que estamos analisando neste capítulo. A maior parte da cena representada é ocupada por escravizados que rodeiam a imagem de uma mulher. Essa mulher representa a **Lei do Ventre Livre**, aprovada em 1871. Por essa lei, eram considerados livres todos os filhos de mulheres escravizadas nascidos a partir da data da lei. Na prática, no entanto, existia uma série de dificuldades que impediam a libertação das crianças.

A nova lei marcou o início do processo de abolição da escravatura no Brasil. Os cativos observam a mulher com expressão de humilde agradecimento. E, para reforçar a mensagem que o artista pretendia transmitir, sobre a cabeça da mulher está escrita a palavra *libertas* (**liberdade**).

Toda a representação contida na gravura era uma forma de exaltar o governo brasileiro. O objeto dessa exaltação era não só dom Pedro II, mas também o gabinete conservador que aprovou a lei, apresentado como o principal responsável pelo processo de libertação dos escravizados no Brasil.

Em sua representação, o artista deixou de lado as verdadeiras forças que obrigaram o governo a aprovar a Lei do Ventre Livre e a promover depois a **abolição**. É o caso do movimento abolicionista organizado pela sociedade civil, das fugas dos escravizados, dos processos jurídicos visando garantir a liberdade dos africanos, entre outras ações. Mesmo não estando representado na imagem, ao promover a lei e depois a abolição, o governo e políticos conservadores estavam na realidade respondendo às pressões internas e externas que condenavam o trabalho escravo no Brasil.

Reprodução/Coleção particular

Foto do líder abolicionista e ex-escravizado Luiz Gama, numa imagem por volta de 1880. Com seus conhecimentos jurídicos, Gama conseguiu libertar centenas de escravizados, segundo relatos de sua biografia.

Fotos: Fundação Biblioteca Nacional, Rio de Janeiro/Arquivo da editora

Alegoria simbolizando a Lei do Ventre Livre. Detalhe da imagem *Honra e Glória ao Ministério de 7 de março* (1871).

Em 1831, como resultado da pressão inglesa, o governo brasileiro chegou a aprovar uma lei que proibia o tráfico de escravos da África para o Brasil. Entretanto, essa lei surtiu pouco efeito, como mostra a seção *As palavras têm história*, a seguir.

As palavras têm história

"Para inglês ver"

Quando, em 1831, o governo brasileiro, pressionado pela Inglaterra, aprovou a primeira lei que proibia o tráfico de escravos (a Lei de 7 de Novembro de 1831), verificou-se inicialmente uma queda súbita no comércio de africanos escravizados. Parecia mesmo que o tráfico ia acabar. Assim, entre 1831 e 1835, entraram "apenas" 4 mil africanos cativos no sudeste brasileiro.

Para se ter uma ideia do que isso significava, basta lembrar que em 1829 entraram cerca de 47 mil africanos escravizados só no porto do Rio de Janeiro.

Na prática, a Lei de 1831 vigorou por muito pouco tempo. A partir de 1835, o tráfico voltou a crescer com toda a força. Desse modo, tal lei teve apenas um papel simbólico, ajudando a acalmar por um tempo a forte pressão inglesa sobre a questão.

É por isso que a Lei de 1831 ficou conhecida como uma medida "para inglês ver". A expressão é usada ainda hoje para tratar de leis ou decisões do governo que não funcionam e acabam sem nenhum efeito prático na vida da sociedade.

Museu Essex Peabody, Massachusetts/Arquivo da editora

Gravura de cerca de 1837, de autoria desconhecida, representando um barco com africanos escravizados sendo levados para um navio inglês após serem libertados de um navio negreiro. A abordagem provavelmente aconteceu no mar do Caribe.

Lei Eusébio de Queirós

Em 1845, o governo inglês aprovou uma lei que autorizava suas embarcações a apreender qualquer navio que transportasse africanos escravizados pelo oceano Atlântico (a Lei Bill Aberdeen). A nova lei previa que mesmo os **navios negreiros** que estivessem em portos brasileiros poderiam ser capturados pela marinha inglesa.

A força das ameaças inglesas, somada às manifestações das pessoas que condenavam o comércio de seres humanos, tornou o tráfico insustentável. Pressionado pela maior potência da época (a Inglaterra) e por setores da própria sociedade brasileira, o governo de dom Pedro II acabou por ceder. Assim, em 1850 foi aprovada a Lei Eusébio de Queirós, que proibia o tráfico de escravos. Não era ainda o fim da escravidão, mas o fim do ingresso de novos africanos escravizados no Brasil.

A Z

Navios negreiros: barcos que transportavam pessoas escravizadas da África para o Brasil.

4 Teorias racistas e a imigração europeia

Diante da possibilidade do fim da escravidão, alguns fazendeiros começaram a pensar em trazer trabalhadores da Europa para cultivar suas terras.

Essa ideia era estimulada por teorias raciais vigentes na época, segundo as quais negros e mestiços seriam "inferiores" aos europeus. Os trabalhadores brasileiros eram vistos como preguiçosos, incapazes e incultos. Por isso, deviam ser substituídos por trabalhadores "mais capacitados", de origem europeia.

Essa visão preconceituosa foi rejeitada ao longo do século XX, uma vez que — como sabemos — **todos os seres humanos pertencem à mesma espécie e são iguais em valor e dignidade**, diferenciando-se predominantemente por seus hábitos culturais.

Entretanto, no século XIX, essas teorias raciais encontraram grande repercussão e estimularam fazendeiros e políticos a pensar que o sucesso da modernização do país estava na imigração de europeus para trabalhar em terras brasileiras. Esse projeto pretendia resolver dois "problemas" de uma só vez: garantir o fornecimento de trabalhadores para as fazendas e "branquear" a população brasileira, ajudando assim no "desenvolvimento" do país.

Museu Essex Peabody, Massachusetts/Arquivo da editora

Os chineses chegaram ao Brasil no século XIX para trabalhar na agricultura. Porém, pelas teorias raciais vigentes na época, assim como os negros e os mestiços, os orientais eram considerados "seres inferiores" aos europeus. Assim, esses imigrantes tornaram-se vítimas de preconceito e discriminação, sendo frequentemente chamados de preguiçosos. Esta charge, de 1879, do jornal *América Ilustrada*, do Recife, representa essa situação.

Dificuldades dos imigrantes

Em 1847, antes mesmo do fim do tráfico, o senador Nicolau Vergueiro, importante político e fazendeiro paulista, trouxe cerca de mil colonos de origens germânica e suíça para trabalhar em suas terras no interior de São Paulo.

Ao chegarem, os imigrantes ficaram surpresos com as péssimas condições de trabalho nas terras do senador. Foram obrigados a pagar as despesas da viagem da Europa até o Brasil e a só comprar os produtos de que necessitassem no armazém da fazenda.

Fotos: Reprodução/Fundação Biblioteca Nacional, Rio de Janeiro, RJ.

Representação da chegada dos imigrantes, de navio, ao Brasil. Detalhe da imagem *Honra e Glória ao Ministério de 7 de Março* (1871).

Como os produtos eram vendidos a preços muito mais altos na fazenda do que no mercado, os imigrantes nunca conseguiam saldar suas dívidas. Isso provocou a revolta desses trabalhadores e prejudicou outros projetos de imigração para o Brasil.

Por isso, apenas a partir de meados da década de 1870 os políticos e fazendeiros voltaram a defender o investimento na vinda de imigrantes europeus que quisessem trabalhar nas fazendas brasileiras. A partir de então, o número de imigrantes europeus que entravam no país aumentou a cada ano.

Um Brasil multicultural

A imigração não significou apenas mudanças econômicas. Além de contribuir para o desenvolvimento do país, os imigrantes deixaram sua marca na cultura brasileira.

No início, eles vinham de países europeus, como Itália, Alemanha, Portugal, Espanha, Suíça, Polônia, etc. Mais tarde, começaram a vir imigrantes também de outras regiões, como Japão, China e Líbano.

Cada grupo tinha sua própria cultura, hábitos alimentares, diferentes modos de vida, etc. Ao chegarem ao Brasil, encontraram uma cultura diferente, com a qual manteriam uma relação de mútua influência. Assim, à medida que se integravam na nova sociedade, eles contribuíam para modificar hábitos culturais brasileiros com sua língua, suas festas, sua alimentação, etc.

Herança de muitos povos

Um exemplo bem marcante da herança de um outro povo é o hábito de comer *pizza*, que veio com os italianos para São Paulo e é hoje comum em todo o país. O futebol foi trazido pelos ingleses e o Carnaval... Bem, o Carnaval é mais antigo: veio de Portugal ainda no período colonial e no começo se chamava **Entrudo**.

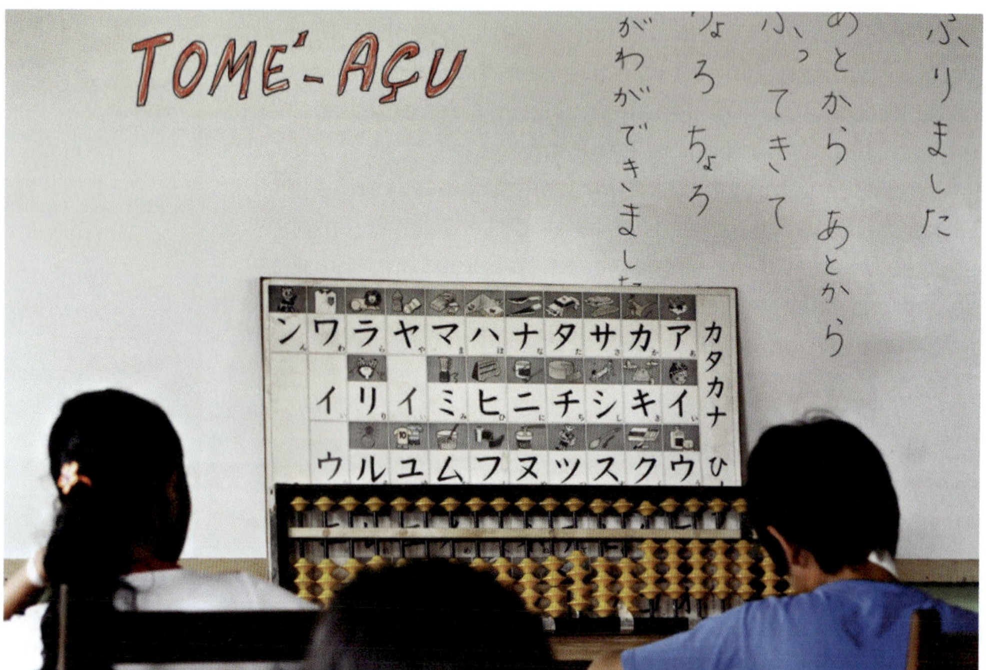

Rogério Reis/Pulsar Imagens

Nichigo, escola de língua japonesa inaugurada em 1929 na cidade de Tomé-Açu (PA). Mantida pela Associação Cultural de Tomé-Açu (ACTA), inicialmente a escola era destinada apenas aos filhos dos imigrantes japoneses da região, mas hoje também atende a brasileiros natos, interessados em conhecer melhor a língua e a cultura japonesa. Foto de 2009.

É comum encontrarmos na região Sul locais nos quais as casas mostram nítida influência da arquitetura alemã; em outras regiões do país, não faltam em muitas mesas alimentos árabes, japoneses ou chineses. Doces e bebidas típicos de vários lugares do mundo também são comuns no Brasil. Muitas festas religiosas ou folclóricas de origem estrangeira acontecem todos os anos em diversas cidades brasileiras.

Os diferentes sotaques regionais devem-se, em grande medida, ao contato com imigrantes. Hoje no Brasil todos dizem "tchau" quando se despedem. Essa expressão vem de ***ciao***, palavra que os imigrantes italianos trouxeram.

A herança da imigração se misturou, assim, com hábitos já existentes, somando-se à cultura indígena, à africana e à dos portugueses e descendentes. Dessa mistura surgiram costumes novos e particulares no Brasil. Nesse processo, chegamos a uma cultura brasileira rica e variada.

Enquanto isso...

A Guerra de Secessão

Na mesma época em que os políticos brasileiros adotavam as primeiras medidas efetivas para acabar com a escravidão, nos Estados Unidos a sociedade se dividia entre os que queriam e os que não queriam o fim do trabalho escravo.

Nos estados do norte dos Estados Unidos já não havia escravidão. Ali predominavam as pequenas propriedades rurais e o trabalho familiar. Nos estados do sul, ao contrário, prevaleciam as grandes propriedades rurais e o trabalho escravo.

Em 1860, Abraham Lincoln, defensor da abolição gradual da escravatura, foi eleito presidente dos Estados Unidos. Diante disso, onze estados do sul decidiram se separar dos estados do norte e criar uma confederação independente. A decisão não foi aceita pelo governo de Lincoln. Teve início então a Guerra de **Secessão** (1861-1865), um violento conflito entre os estados do norte e os estados separatistas do sul.

O norte era mais industrializado. O sul dependia ainda da agricultura. Essa diferença econômica se refletiu numa grande vantagem militar para as forças do norte, que fabricavam seus próprios armamentos e contavam com uma poderosa frota naval.

O conflito acabou em abril de 1865, com a vitória do norte e o fim da escravidão nos Estados Unidos.

Secessão: separação de parte de uma unidade política para formar outra independente.

Akg-Images/Latinstock

Xilogravura, publicada em novembro de 1862, no jornal alemão *Illustrierte Zeitung*, representa o treinamento de soldados durante a Guerra de Secessão dos Estados Unidos. A escravidão foi abolida nos Estados Unidos apenas em 1865, mas centenas de negros lutaram na guerra civil, como se observa na imagem.

Esquema-resumo

Segundo Reinado

Brasil: 1840–1889

- **Economia**
  - Dependência da agropecuária (principalmente o café)
- **Sociedade**
  - Fase de modernização
    - Construção de ferrovias
    - Introdução de inovações tecnológicas e científicas
    - Exclusão social das camadas mais pobres
- **Política**
  - Rebeliões internas no início do governo
  - Figura do imperador: estabilidade política
  - Poder Moderador: contribui para a alternância política
    - Partido Conservador
    - Partido Liberal
- **Mão de obra**
  - Fim da escravidão
  - Início da imigração de europeus para trabalhar no Brasil

Fundação Biblioteca Nacional, Rio de Janeiro/Arquivo da editora

Detalhe da litografia *Honra e Glória ao Ministério de 7 de Março* (1871).

atividade

- Com base nas informações do esquema e na leitura deste capítulo, explique em seu caderno quais foram as principais características sociais, econômicas, políticas e das relações de trabalho durante o Segundo Reinado.

Atividades

CONTEÚDO DIGITAL

Para organizar as ideias

1. Observe a imagem da página 159. A charge mostra dom Pedro II brincando com os políticos. Com base na observação do desenho e na leitura do intertítulo *Começo do Segundo Reinado* (página 157), responda em seu caderno ao que se pede:
   a) Que imagem a charge pretende construir de dom Pedro II? Justifique sua resposta com elementos do desenho.
   b) Qual era o papel desempenhado pelo imperador no equilíbrio das disputas entre os partidos Liberal e Conservador?
2. O café se tornou o produto mais importante na economia do Segundo Reinado. Sobre isso, responda no caderno:
   a) Quais eram as principais regiões produtoras de café no Segundo Reinado?
   b) Destaque as transformações que o café trouxe para essas regiões.

Antonio Ferrigno/Museu paulista da USP, São Paulo

Colheita de café, óleo sobre tela de Antonio Ferrigno (1863-1940). O pintor italiano, que viveu em São Paulo entre 1893 e 1905, reproduziu paisagens das grandes fazendas paulistas. Essas obras eram encomendadas pelos grandes proprietários de vastas plantações de café.

3. Na litografia que orienta o capítulo, encontramos um trem em movimento. Esse detalhe destaca a importância das ferrovias para o desenvolvimento do Império Brasileiro. Por que a introdução das ferrovias foi importante para o crescimento econômico durante o Segundo Reinado?
4. Durante o século XIX, o Brasil não era visto de forma positiva por intelectuais e visitantes estrangeiros. Sobre o tema, responda:
   a) Por que os estrangeiros consideravam o Brasil um país "atrasado" e "incivilizado"?
   b) Destaque algumas medidas adotadas pelo governo brasileiro para melhorar a imagem do país.
5. Durante o Segundo Reinado, o Brasil passou por um intenso processo de modernização e transformação social. Essa modernização, porém, não se estendeu para o conjunto da sociedade. Explique por que podemos dizer que grande parcela da população brasileira não foi favorecida pela modernização desse período.
6. A expressão "para inglês ver" está associada à Lei de 1831, que proibia o tráfico negreiro no Brasil. Explique o significado dessa expressão e relacione-o com a aplicação dessa lei.
7. O Brasil, durante o século XIX, recebeu um grande número de imigrantes de diversas partes do planeta. A presença desses imigrantes marcou a sociedade, a economia e a cultura brasileiras. Aponte alguns dos legados culturais deixados pela presença desses imigrantes no Brasil.
8. Os defensores da imigração europeia para o Brasil sofriam influência de teorias raciais vigentes no século XIX. O que defendiam essas teorias?
9. Explique o que foi a Guerra de Secessão e como estava relacionada com a escravização nos Estados Unidos.

10. O gráfico abaixo mostra dados sobre o número de escravizados trazidos para o Brasil entre 1825 e 1852. Relacione os dados dos períodos de 1831-1834 e 1852 com as mudanças políticas ocorridas no Brasil nessas ocasiões.

Número de escravos trazidos para o Brasil entre 1825 e 1852

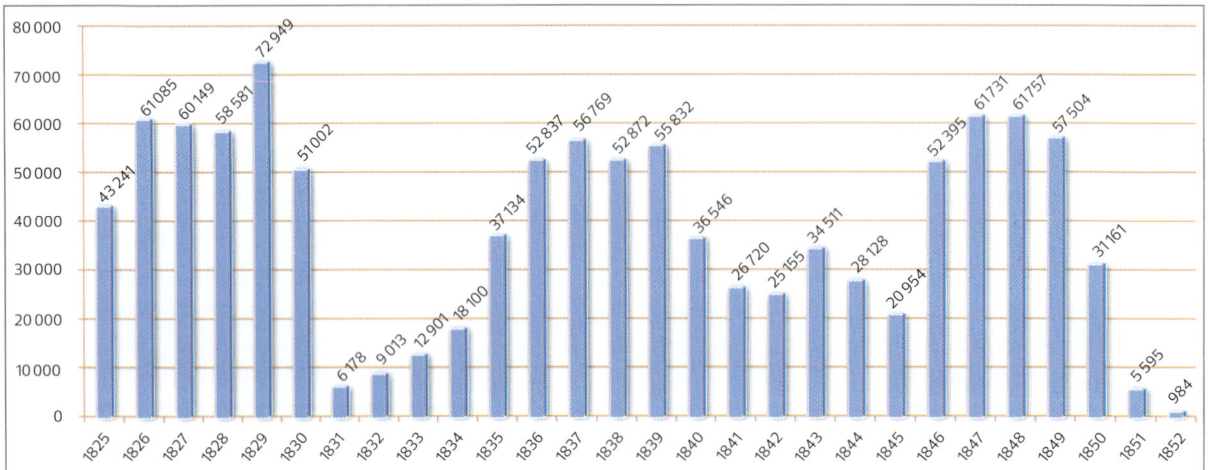

Compilação feita pelos autores com base em dados do *website* The Transatlantic Slave Trade Data. Disponível em: <http://slavevoyages.org>. Acesso em: 22 maio 2015.

Teste seus conhecimentos

1. O fim do tráfico de pessoas escravizadas da África fez com que alguns fazendeiros começassem a defender uma política de estímulo da imigração europeia para o trabalho nas fazendas brasileiras. Assinale, em seu caderno, **V** para as opções verdadeiras e **F** para as falsas, levando em consideração as seguintes afirmativas sobre a imigração europeia durante o Segundo Reinado:

a) Um dos fatores que influenciou o interesse na imigração europeia era a importância das teorias raciais no período. Segundo essas teorias, os europeus seriam "raças" superiores aos africanos e brasileiros, por isso deveriam substituir os trabalhadores dessas origens.

b) As teorias raciais geraram a ideia de branqueamento da população brasileira, que ocorreria pelo ingresso cada vez maior de europeus no país.

c) A primeira tentativa de estímulo da imigração europeia ocorreu em 1847, quando o senador Nicolau Vergueiro trouxe cerca de mil colonos de origens germânica e suíça para trabalhar em suas terras, no interior de São Paulo.

d) A experiência de Vergueiro foi um grande sucesso, já que as condições de trabalho encontradas pelos imigrantes eram muito melhores que aquelas existentes então na Europa.

2. Leia atentamente o texto abaixo e responda em seu caderno ao que se pede.

> *Os dois grandes partidos imperiais (...) completaram sua formação (...) como agremiações políticas opostas. Mas havia mesmo diferenças ideológicas ou sociais entre eles? Não passariam no fundo de grupos quase idênticos, separados apenas por rivalidades pessoais? Muitos contemporâneos afirmam isso. Ficou célebre uma frase atribuída ao político pernambucano Holanda Cavalcanti: 'Nada se assemelha mais a um Saquarema do que um Luzia no poder'.*
>
> FAUSTO, Boris. *História do Brasil.* São Paulo: Edusp, 2012.

A transcrição refere-se aos partidos:

a) Radical e Justicialista, que formaram a estrutura bipartidária vigente na Regência.

b) Republicano e Democrático, que deram o tom político ao longo do Primeiro Reinado.

c) Progressista e Ruralista, que se constituíram nas duas forças políticas em ação no Segundo Reinado.

d) Trabalhista e Positivista, que moldaram a vida política no Antigo Regime.

e) Conservador e Liberal, que dominaram a cena política até a proclamação da República.

A questão 2 foi adaptada de vestibular (Vunesp).

Nosso mundo hoje

A reportagem abaixo descreve a rotina de trabalho de Malena Aruquipo Rios, uma boliviana que se mudou para o Brasil em busca de melhores condições de vida e acabou se tornando uma trabalhadora em situação análoga à escravidão. Leia o texto e, em seguida, responda em seu caderno ao que se pede.

"Fui escravizada, mas sinto saudades do Brasil"

"Eu sinto saudade do Brasil. Mas não era uma vida normal. Era só trabalho", resume a boliviana Malena Aruquipo Rios, de 37 anos, 15 deles vividos em São Paulo.

Após duas passagens pela capital paulista (uma de quatorze anos e outra de um), ela está de volta a El Alto, uma cidade satélite da capital La Paz, desde 2013. Com tradição no setor têxtil, El Alto é o principal polo de emigração para São Paulo, a metrópole onde milhares de bolivianos são explorados em oficinas de costura.

[...]

Em seu primeiro trabalho, numa oficina de costura em Tucuruvi (norte de São Paulo), sua jornada começava às 7h da manhã e terminava às 3h da madrugada, com apenas dois breves intervalos para refeições. Além de cuidar das crianças, ela cozinhava e arrumava a oficina.

Depois que os costureiros terminavam seus trabalhos, à 1h, Malena organizava o local: varria o chão, dobrava os tecidos e separava as peças de roupa que eram levadas por coreanos, os intermediários entre a oficina e as empresas de varejo.

Ao longo de seis meses nessa condição, tudo o que recebeu foram R$ 50. Sua patroa ameaçava denunciá-la à imigração brasileira se ela abandonasse o trabalho. [...]

O Código Penal Brasileiro considera que uma atividade é "análoga à escravidão" se houver qualquer um desses quatro elementos presentes: trabalho forçado, jornada exaustiva, condições degradantes de trabalho ou restrição à locomoção por dívida.

[...] *Perguntada se entendia que estava sendo explorada como escrava, Malena respondeu: "No início sim, não me pagavam, a comida era muito ruim. Depois melhorou."*

[...]

SCHREIBER, Mariana. 'Fui escravizada, mas sinto saudades do Brasil'. *UOL*, São Paulo, 29 jan. 2015. Disponível em: <http://noticias.uol.com.br/ultimas-noticias/bbc/2015/01/29/fui-escravizada-mas-sinto-saudades-do-brasil.htm>. Acesso em: 30 março 2015.

1. De acordo com a rotina de trabalho de Malena, descrita na reportagem, por que podemos dizer que ela era uma trabalhadora em situação análoga à escravidão?

2. Considerando as informações do capítulo, a matéria acima e seus conhecimentos sobre o assunto, aponte na tabela a seguir semelhanças e diferenças entre a escravidão existente no Brasil entre os séculos XVI e XIX e a **situação análoga à escravidão** hoje.

	Escravidão entre os séculos XVI e XIX	Trabalho análogo à escravidão contemporâneo
Legislação		
Quem era escravizado		
Remuneração		
Condição de vida/ trabalho		

Interpretando documentos

O governo de dom Pedro II foi representado de muitas formas diferentes. Há dele tanto imagens positivas – em gravuras, por exemplo, quanto negativas – em charges publicadas em jornais e revistas.

As duas imagens a seguir representam o imperador de maneiras diferentes. A charge de Cândido Aragonez de Faria (1849-1911) configura-se como uma crítica ao imperador. A pintura na parte inferior da página mostra dom Pedro II na abertura da Assembleia Geral, feita por Pedro Américo (1843-1905), um dos pintores mais importantes da época. A tela foi encomendada pelo governo e representa o imperador em trajes nobres na sessão de abertura dos trabalhos da Assembleia Geral, em 1873.

Cândido Aragonez de Faria/O Mequetrefe/Arquivo da editora

Dom Pedro II, na charge de Cândido Aragonez de Faria, publicada em 1878, equilibra os partidos Liberal e Conservador.

Pedro Américo de Figueiredo e Melo/Museu Imperial de Petrópolis, RJ.

Fala do trono **(1872), óleo sobre tela de autoria de Pedro Américo (1843-1905), representando dom Pedro II na abertura da Assembleia Geral.**

As charges publicadas em jornais e revistas eram recursos muito utilizados para criticar o governo. Na charge o imperador é representado como uma espécie de balança que equilibra os partidos Liberal e Conservador.

Depois de estudar as imagens, responda no caderno ao que se pede.

1. A forma pela qual é representado o imperador nas imagens pretende provocar efeitos diferentes no observador. Observe-as e levante hipóteses a respeito das intenções dos artistas que as produziram.

2. A charge de Cândido Aragonez de Faria representa o imperador como uma balança em referência ao Poder Moderador. Por intermédio desse poder, o imperador podia dissolver a Câmara ou o Ministério. O autor da charge entende que esse poder era um fator positivo? Justifique sua resposta.

3. A tela de Pedro Américo foi encomendada pelo governo. Com base em sua observação, levante hipóteses para justificar o interesse do governo em encomendar uma imagem dessa natureza.

Minha biblioteca

Edições SM/Arquivo da editora

***Navios negreiros*, de Castro Alves e Heinrich Heine, com tradução de Luiz Repa e Priscila Figueiredo, SM.**
Voltado para o público jovem, o livro promove um diálogo entre o poema de Castro Alves e o poema-denúncia do escritor alemão Heinrich Heine, ambos intitulados *O navio negreiro*. Essa estratégia permite que o leitor entre em contato com os ideais abolicionistas vigentes no século XIX.

***O cortiço*, de Aluísio Azevedo, com adaptação de Ivan Jaf e Rodrigo Rosa, Ática.**
Adaptação da obra clássica da literatura brasileira, o livro permite ao aluno conhecer um pouco sobre as condições de vida de imigrantes, escravizados e ex-cativos do Rio de Janeiro do final do século XIX, período marcado pela abolição e pela proclamação da República.

Editora Ática/Arquivo da editora

***Em que ano estamos?*, de Márcia Camargos, Companhia das Letras.**
Neste livro, o leitor é convidado a acompanhar cinco crianças e o tio Aristides em uma viagem pela história de São Paulo. Poderá ver de perto a chegada dos primeiros imigrantes e o desenvolvimento da economia cafeeira.

***O Brasil pelo olhar de Thomaz Davatz (1856-1858)*, de Ana Luiza Martins e Ilka Stern Cohen, Atual. (Coleção O olhar estrangeiro).**
Por meio do relato do imigrante suíço Thomaz, que viveu em uma fazenda de café no Brasil em meados do século XIX, a obra registra o momento em que o Brasil procurava substituir a mão de obra escrava pelo trabalho livre. Além disso, aborda uma rebelião de trabalhadores livres praticamente desconhecida nos meios escolares: a **Rebelião de Ibicaba**.

Mundo virtual

Companhia das Letras/Arquivo da editora

<*www.historiaunirio.com.br/numem/detetivesdopassado/*>
Detetives do passado é um *site* desenvolvido por professores e alunos da Escola de História da Universidade Federal do Estado do Rio de Janeiro (Unirio). Por meio de atividades de investigação e pesquisa escolar, o aluno pode descobrir aspectos curiosos e importantes da história da escravidão no Brasil.

<*www.loc.gov/rr/print/list/slidecw*>
Endereço para a página do *site* da Biblioteca do Congresso dos Estados Unidos com imagens da Guerra Civil ou Guerra da Secessão estadunidense. Em inglês, mas de fácil navegação: para mudar de imagem, basta clicar na seta; para vê-la ampliada, clicar sobre a foto.

Acessos em: jan. 2015.

Ponto de chegada

Nação e nacionalismo. Esses dois conceitos compõem o fio condutor desta Unidade. Eles afloram também na letra das duas canções que escolhemos para esta seção. Os dois documentos farão você refletir sobre esses temas de forma descontraída.

A primeira canção é "Aquarela do Brasil", composta pelo mineiro Ary Barroso em 1939. A segunda é "Que país é este?". Seu autor, Renato Russo, líder e vocalista da banda Legião Urbana, a compôs em 1978, mas só a gravou em 1983. Analise as duas letras e desenvolva no caderno as atividades propostas.

DOCUMENTO 1 – Canção

Aquarela do Brasil

Ary Barroso (1939)

Brasil
Meu Brasil brasileiro
Meu mulato ***inzoneiro***
Vou cantar-te nos meus versos
Ô Brasil, samba que dá
Bamboleio que faz gingar
Ô Brasil, do meu amor
Terra de Nosso Senhor
Brasil, Brasil
Pra mim, pra mim

Ah, abre a cortina do passado
Tira a Mãe Preta do cerrado
Bota o rei Congo no congado
Brasil, Brasil
Pra mim, pra mim
Deixa, cantar de novo o trovador
A ***merencória*** *luz da Lua*
Toda canção do meu amor
Quero ver a só dona caminhando
Pelos salões arrastando
O seu vestido rendado
Brasil, Brasil
Pra mim, pra mim
Brasil

Terra boa e gostosa
Da morena ***sestrosa***
De olhar indiscreto
Ô Brasil, samba que dá
Bamboleio que faz gingar
Ô Brasil, do meu amor
Terra de Nosso Senhor
Brasil, Brasil
Pra mim, pra mim
Oh, esse coqueiro que dá coco
Onde eu amarro a minha rede
Nas noites claras de luar
Brasil, Brasil
Pra mim, pra mim
Ah, ouve essas fontes murmurantes
Aonde eu mato a minha sede
E onde a lua vem brincar
Ah, este Brasil lindo e ***trigueiro***
É o meu Brasil brasileiro
Terra de samba e pandeiro
Brasil, Brasil
Pra mim, pra mim

Inzoneiro: manhoso.

Merencória: melancólica, triste.

Sestrosa: que tem manha, esperta.

Trigueiro: moreno (de cor semelhante à do trigo maduro).

Fonte: BARROSO, Ary. *Aquarela do Brasil*. Disponível em: <www.arybarroso.com.br/sec_musica_letra_obra.php?language=pt_BR&id=43>. Acesso em: jan. 2015.

DOCUMENTO 2 – Canção

Que país é esse?

Renato Russo (1978)

Nas favelas e no Senado
Sujeira pra todo lado
Ninguém respeita
A Constituição
Mas todos acreditam
No futuro da nação...

Que país é esse?
Que país é esse?
Que país é esse?

Na Amazônia
E no Araguaia ia, ia
Na Baixada Fluminense
No Mato Grosso
E nas Gerais
E no Nordeste tudo em paz
Na morte eu descanso
Mas o sangue anda solto
Manchando os papéis
Documentos fiéis
Ao descanso do patrão...

Que país é esse?
Que país é esse?
Que país é esse?
Que país é esse?

Terceiro mundo se for
Piada no exterior
Mas o Brasil vai ficar rico
Vamos faturar um milhão
Quando vendermos todas as almas
Dos nossos índios num leilão...

Que país é esse?
Que país é esse?
Que país é esse?
Que país é esse?

Fonte: RUSSO, Renato. *Que país é esse?* Disponível em: ‹www.renatorusso.com.br/site/discografia/que-pais-e-esse›. Acesso em: jan. 2012.

Suryara Bernardi/Arquivo da editora

1. Vimos que o nacionalismo envolve a valorização das características e dos interesses da nação. A letra do primeiro documento pode ser considerada nacionalista? Justifique sua resposta.

2. Em sua opinião, qual é a visão que o autor expressa sobre o Brasil na letra "Que país é esse"?

3. Reúna-se com seus colegas e, com base nas atividades desenvolvidas nesta seção e nas informações da unidade, produzam uma letra de música sobre o Brasil atual que expresse a visão do grupo.

Unidade 4

André Dib/Pulsar Imagens

Vista aérea da Serra de Pacaraima, no Parque Nacional do Monte Roraima, município de Uiramutã (Roraima). Foto de 2014.

Terra e meio ambiente

O planeta Terra é azul visto do espaço, mas em sua superfície há grandes extensões verdes. É a cor das florestas. E também da maioria das plantações cultivadas pelo ser humano. Desde a época em que inventou a agricultura, o ser humano tem utilizado a propriedade da terra como fonte de riqueza e poder. Vamos conversar sobre isso para conhecer um pouco mais desse assunto?

Ponto de partida

1. A agricultura é uma importante atividade econômica, particularmente no Brasil. De que forma ela contribui para o desenvolvimento do país?
2. Como é a questão agrária na região em que você vive? Predominam as grandes propriedades ou as pequenas? Existem grupos organizados de pessoas que lutam pelo acesso à terra?

Fonte de riqueza e de poder

A terra é fonte de riqueza e de trabalho. Dela se extraem minérios que pelo trabalho humano se transformam em objetos de ferro, aço, bronze, alumínio, ouro e outros metais. É na terra que homens e mulheres, por meio da agricultura, cultivam produtos que alimentam bilhões de pessoas em todo o mundo.

E a terra é também uma fonte de poder. Em diversas épocas, aqueles que tinham a propriedade da terra tinham também o poder político. Ainda hoje, ter uma grande quantidade de terra significa ter riqueza e poder.

Mas essa não era a realidade das terras que compunham o atual Brasil antes de 1500. Na época em que os portugueses aqui chegaram, a terra era de todos os indígenas. Ninguém era dono dela em particular. Não havia propriedade privada. O governo de Portugal tomou essas terras para si e passou a distribuí-las a colonos. Foram distribuídas grandes propriedades de terra a

Bioma: conjunto formado por todos os seres vivos de uma determinada região. Nesta área, a vegetação é bastante semelhante e contínua, e o clima é mais ou menos uniforme.

Daniel De Granville/Fotoarena

Área do bioma Cerrado, desmatada para dar lugar a pastagens, no município de Bonito, em Mato Grosso do Sul. Segundo o Ministério da Agricultura, até 2020, a expectativa é que a produção nacional de carnes suprirá 44,5% do mercado mundial. Foto de 2015.

Criação de gado em uma pastagem onde antes existia uma área de floresta amazônica no Pará. Ainda podem ser observados tocos de árvores restantes. Foto de 2013.

poucas pessoas. Essas propriedades eram chamadas de **sesmarias**.

Desde então, a maior parte das terras no Brasil está concentrada nas mãos de um pequeno grupo de grandes proprietários. Além de ricas, essas pessoas têm muita influência e poder político.

Ao longo dos últimos tempos, com o uso de tecnologias sofisticadas, a mão de obra nas grandes propriedades vem diminuindo, com muitas dispensas de trabalhadores. Ao mesmo tempo estamos assistindo a um aumento no ritmo da degradação do meio ambiente. O mau uso da terra coloca em risco a sobrevivência de várias espécies, incluindo a espécie humana.

Nesta Unidade veremos como o poder dos grandes proprietários de terra marcou o Brasil durante o Império e nos primeiros tempos da República.

Education Images/UIG/Getty Images

Rubens Chaves/Pulsar Imagens

Plantação de macaxeira no assentamento Engenho Ubu, no município de Itapissuma (PE). O local é fruto de projeto de reforma agrária promovido em parceria entre governo federal e organismos estaduais de defesa dos sem-terra.

Capítulo 8

A Guerra do Paraguai e o fim da escravidão

Até recentemente, o fim da escravidão no Brasil era celebrado apenas no dia 13 de maio. Nesse dia, em 1888, foi assinada a Lei Áurea, que aboliu oficialmente o trabalho escravo no Brasil.

Mas nem todos aceitaram o dia escolhido para a celebração. No movimento negro muitos rejeitaram a escolha, pois a comemoração dessa data levava a pensar que a abolição da escravatura no Brasil tinha sido uma espécie de dádiva, de presente do governo de dom Pedro II aos homens e mulheres escravizados.

Além disso, a comemoração da Lei Áurea deixava de lado a luta de milhares de pessoas, tanto brancas quanto negras, para acabar com a violência da escravização. Era como se essa luta nunca tivesse existido.

CONTEÚDO DIGITAL

Luiz Gomes/D.A Press

Anualmente, em 20 de novembro, dezenas de pessoas comemoram o Dia da Consciência Negra, no Rio de Janeiro, promovendo uma lavagem do Monumento de Zumbi dos Palmares (importante líder negro abolicionista), no centro da cidade. Entre os participantes da homenagem, geralmente estão rodas de baianas e de capoeira, em alusão às tradições africanas. Foto de 2013.

Essa reação do movimento negro foi reconhecida como legítima pelo povo brasileiro. Assim, em janeiro de 2003, foi estabelecida uma data específica para celebrar a resistência dos negros contra o trabalho escravo: 20 de novembro. Nesse dia, em 1695, morria Zumbi, líder do Quilombo dos Palmares. E o dia 20 de novembro passou a ser o Dia Nacional da Consciência Negra.

O tema deste capítulo é o processo histórico que conduziu à abolição do trabalho escravo no Brasil. Para entendê-lo melhor, estudaremos outro fato importante que teve grande impacto para o fim da escravatura: a Guerra do Paraguai.

Leia o livro *Adeus, chamigo brasileiro*: uma história da Guerra do Paraguai, de André Toral, Companhia das Letras.

1 Crises no Segundo Reinado

Como vimos nos capítulos anteriores, dom Pedro II assumiu o trono em 1840, após um período de rebeliões nas províncias. Seu próprio governo teve de enfrentar duas outras revoltas: a de 1842, em São Paulo e Minas, e a de 1848, em Pernambuco, além dos últimos anos da Guerra dos Farrapos, que terminou em 1845.

Para restabelecer a ordem, o governo de dom Pedro II promoveu algumas mudanças políticas. Mas havia ainda um foco de preocupações entre os políticos e diplomatas brasileiros: a demarcação das fronteiras no sul do país.

Fotos documentam o conflito

A definição das fronteiras do sul daria origem àquele que é considerado o maior conflito da história da América do Sul: a Guerra do Paraguai. O confronto se estendeu de 1864 a 1870, deixou dezenas de milhares de mortos e abalou o Império Brasileiro. Para entender melhor esses acontecimentos, **vamos observar a fotografia abaixo**.

O que vemos na imagem? Quem são as pessoas que aparecem nela? Onde essas pessoas se encontram? O que elas estão fazendo?

Podemos ver na imagem uma fileira de homens. Lado a lado, eles posam para o fotógrafo. Pelas roupas, percebemos que são militares.

Fotógrafo não identificado/Fundação Biblioteca Nacional, RJ

A guarda pessoal de Caxias, durante a Guerra do Paraguai (1864-1870), era formada apenas por negros. Foto sem data registrada.

Essa fotografia foi tirada durante a Guerra do Paraguai. Ela registra parte da tropa de um importante chefe militar brasileiro, o futuro duque de Caxias, que comandou o Exército brasileiro durante boa parte do conflito.

Na época, a fotografia ainda era uma novidade para muitas pessoas, pois fora inventada havia pouco tempo (sobre isso, leia o boxe a seguir).

Popularização da fotografia

As primeiras experiências bem-sucedidas para reproduzir imagens com o auxílio de máquinas ocorreram na França.

Um dos pioneiros dessa técnica foi o francês Joseph Nicéphore Niépce, que utilizou uma câmera para obter uma imagem em 1826. Para isso, precisou de 8 horas de **exposição**.

Exposição: de modo simplificado, em fotografia, este termo está relacionado ao tempo de luz que se deixa entrar na máquina fotográfica para se formar a imagem.

Em 1839, outro inventor francês, Louis Jacques Daguerre, desenvolveu uma máquina capaz de reproduzir imagens. O aparelho ficou conhecido como daguerreótipo e provocou grande alvoroço no mundo da Ciência.

Para cada fotografia, a câmera de Daguerre precisava de 10 minutos de exposição, um avanço em relação à de Niépce.

Ao chegar ao Brasil, em 1840, o novo invento logo se popularizou. As câmeras, contudo, eram muito caras. Por isso, apenas fotógrafos profissionais dispunham delas. Era em seus estúdios que as pessoas podiam se deixar fotografar.

Todos os que tinham recursos para isso procuravam os estúdios fotográficos, onde registravam imagens de si próprios, de seus familiares ou mesmo de seus escravizados.

Muitos senhores encomendavam fotografias nas quais apareciam cercados de escravizados.

Além desses trabalhos de estúdio, alguns fotógrafos também se ocuparam de registrar cenas da natureza, da paisagem, do espaço urbano e da vida cotidiana.

Acervo Iconographia/Reminiscências

Esta foto de 1875 oferece uma visão da Cidade Alta e da Cidade Baixa de Salvador (Bahia). Ao fundo, no centro da foto, mostrando cinco andares construídos, vê-se o elevador Lacerda. Inaugurado em 1873, o elevador Lacerda foi o primeiro elevador urbano do mundo e até hoje serve de transporte público entre a parte alta e a parte baixa da cidade, separadas por uma grande escarpa.

A Guerra do Paraguai foi um dos primeiros conflitos do mundo a ter registro fotográfico. As **imagens** funcionavam como **instrumentos de divulgação** e **propaganda do governo** e de seu **poderio militar**. Por isso, os fotógrafos procuravam registrar as tropas enfileiradas ou no campo de batalha, ou nos acampamentos ou mesmo em combate. Há também imagens feitas com o propósito de recuperar um pouco do cotidiano da guerra.

2 Guerra do Paraguai

Em meados do século XIX, as fronteiras dos países do sul da América do Sul não estavam plenamente resolvidas. Brasil, Argentina, Uruguai e Paraguai — que haviam conquistado a independência poucas décadas antes — temiam que um único país, ao consolidar suas fronteiras, controlasse sozinho a navegação dos rios Paraná e Paraguai, além do **estuário** do rio da Prata.

Isso provocaria sérios problemas para as demais nações, já que todas precisavam desses rios para exportar seus produtos e para controlar seus territórios. No caso brasileiro, por exemplo, a possibilidade de ser impedido de navegar nos rios Paraná e Paraguai poderia significar o isolamento completo de Mato Grosso, que na época era alcançado basicamente por meio desses dois rios.

Estuário: área de transição entre o rio e o mar e que sofre influência das marés.

Brasil invade Uruguai

Tanto o Brasil quanto a Argentina procuravam influenciar a política interna do Uruguai. Em agosto de 1864, tropas brasileiras invadiram o Uruguai. Seu objetivo era derrubar o governo uruguaio e ajudar um grupo de oposição a chegar ao poder.

O governo do Paraguai apoiava o presidente do Uruguai que, com a ajuda do Exército brasileiro, foi deposto (tirado do poder). Para os paraguaios, a intervenção do Brasil nos assuntos internos do Uruguai rompia o equilíbrio entre os países da região e ameaçava diretamente os interesses do Paraguai.

Como resposta à intervenção no Uruguai, os paraguaios capturaram um navio brasileiro no rio Paraná. Em dezembro de 1864, o governo do Paraguai declarou guerra ao Brasil e tropas paraguaias invadiram Mato Grosso. Era o começo de um conflito que duraria seis anos.

A Guerra do Paraguai (1864-1870)

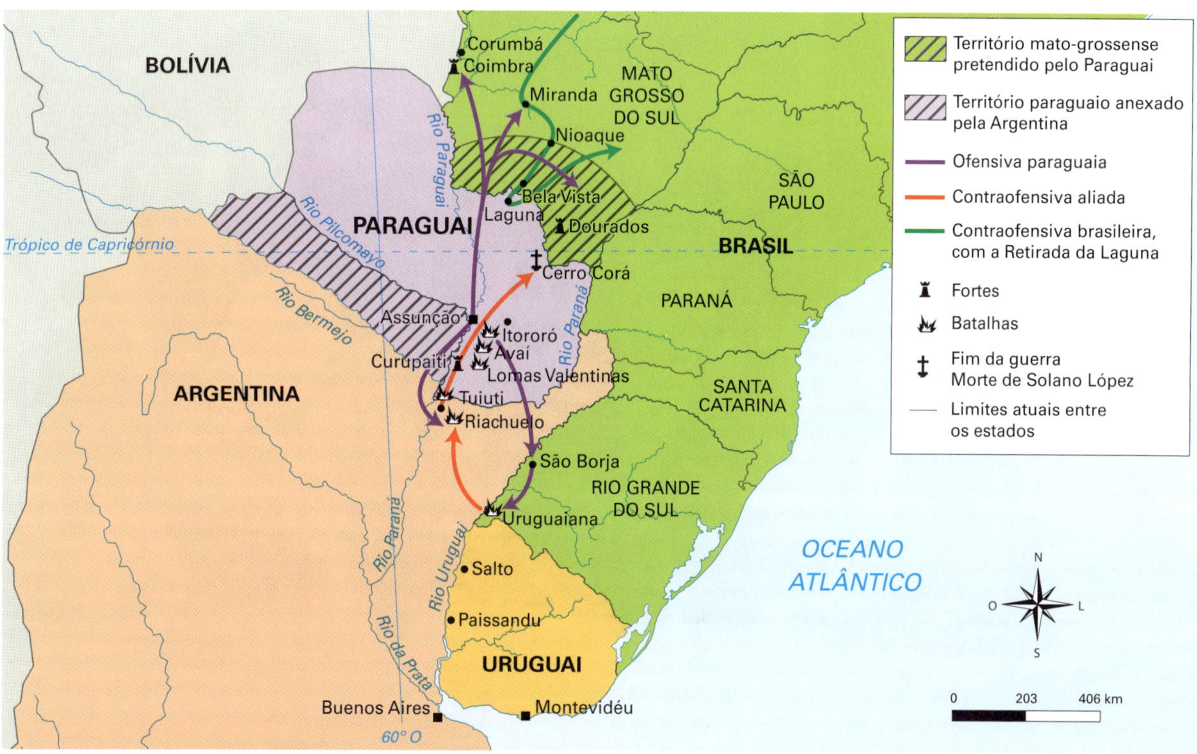

Banco de imagens/Arquivo da editora

Adaptado de: DUBY, Georges. *Grand atlas historique*. Paris: Larousse, 2006.

Guerra se alastra

Em janeiro de 1865, o governo paraguaio solicitou autorização ao governo da Argentina para que suas tropas cruzassem o território argentino e marchassem até o Uruguai. O objetivo era restabelecer no poder o governo uruguaio deposto. Os argentinos, porém, recusaram o pedido. A resposta do governo do Paraguai foi declarar guerra à Argentina.

Diante desses fatos, o governo brasileiro firmou um acordo com os governos da Argentina e do Uruguai. Esse acordo, conhecido como **Tratado da Tríplice Aliança**, tinha como meta depor o presidente paraguaio, Solano López, e proteger o livre acesso dos três países aos rios da região.

A guerra envolvia agora quatro países: de um lado, a Tríplice Aliança; do outro, o Paraguai. Seria um conflito longo e sangrento do qual participariam homens, mulheres e até mesmo crianças. A lenta conquista de posições, tomada de fortalezas e ocupação de povoados e cidades seriam acompanhadas por um número significativo de mortos e feridos.

Os acampamentos militares, com problemas sanitários e soldados com subnutrição, foram assolados por epidemias de cólera, varíola, entre outras. Muitos soldados morreram por causa dessas doenças. Isso contribuiu para tornar a guerra cada vez mais impopular entre a população brasileira, além de provocar duras críticas em relação ao governo imperial e a suas lideranças militares.

Um padre brasileiro (em primeiro plano) acompanha refugiados vindos da cidade paraguaia de San Pedro. Temendo por suas vidas e observando o acirramento da guerra, muitos paraguaios buscavam apoio em organizações ligadas ao Brasil. Esta foto, de 1869, foi provavelmente tirada no hospital da Marinha do Brasil, em Assunção, no Paraguai.

Autor desconhecido/Museu Histórico Nacional, Rio de Janeiro, RJ.

Destruição e morte para as nações

A Guerra do Paraguai só terminou em 1870, quando as tropas aliadas conseguiram cercar e matar Solano López. O Paraguai terminou arrasado. Suas cidades e sua economia estavam destruídas. A população masculina foi dizimada e o país perdeu parte de seu território para os adversários.

Fotógrafo não identificado/Coleção Museu Histórico Nacional, RJ.

Fotografia extraída de álbum sobre a Guerra do Paraguai, pertencente ao marechal Deodoro da Fonseca, mostra uma família paraguaia. Na imagem, de cerca de 1867, estão retratadas apenas mulheres e crianças, pois os homens em sua quase totalidade haviam sido convocados pelo Exército paraguaio.

Reprodução/Palácio Pedro Ernesto, Rio de Janeiro, RJ.

Óleo sobre tela intitulado *Combate Naval do Riachuelo*. A batalha do Riachuelo, ocorrida em 1865, terminou com a vitória brasileira sobre os paraguaios. A versão reproduzida aqui é do artista Oscar Pereira da Silva (1867-1939). Ele fez uma cópia da obra de seu mestre, Victor Meirelles, que havia pintado essa cena duas vezes. A primeira versão, dos anos 1870, foi destruída acidentalmente durante uma viagem. A segunda versão, de 1883, está abrigada no Museu Histórico Nacional, no Rio de Janeiro (RJ).

Os efeitos da guerra também foram sentidos no Brasil. Estima-se que pelo menos 30 mil soldados brasileiros morreram em combate. Além disso, o conflito custou uma verdadeira fortuna aos cofres públicos.

Para cobrir os custos da guerra, o governo foi obrigado a desembolsar onze vezes mais do que tinha para gastar em 1864. Isso só foi possível porque ele pediu dinheiro emprestado a outros países, o que contribuiu para enfraquecer a economia brasileira.

Ao mesmo tempo, a vitória nos campos de batalha ajudou a fortalecer o Exército brasileiro. A partir de então, os militares se tornaram uma força política importante que teria um papel destacado no final do Império, como veremos no próximo capítulo.

3 O Exército brasileiro

Vamos voltar à imagem da página 187 que estamos analisando neste capítulo. Desta vez, prestemos atenção nos homens que aparecem no retrato. São soldados recrutados pelo Exército brasileiro para a Guerra do Paraguai. Quem eram esses homens? Como se alistavam no Exército?

Até a Guerra do Paraguai, as Forças Armadas brasileiras eram compostas de cerca de 18 mil militares, despreparados e com poucos armamentos. Os negros não podiam fazer parte do Exército.

Com o início da Guerra do Paraguai, o governo brasileiro adotou algumas medidas para aumentar o efetivo do Exército. Uma das primeiras foi a criação de uma força especial denominada **Voluntários da Pátria**. Essa força recebia homens que se alistavam aparentemente por vontade própria. Na prática, porém, muitos jovens eram recrutados à força para servir nesse destacamento.

Negros, pobres, mestiços

Os Voluntários da Pátria reuniam pessoas de diferentes origens: pobres, pessoas da classe média urbana e negros libertos. Os membros da elite, de modo geral, evitavam se alistar; quando convocados, preferiam pagar a outra pessoa para ir em seu lugar, o que era permitido na época.

Além dos Voluntários da Pátria, o governo incorporou ao Exército os membros da Guarda Nacional. Em 1866, foi aprovada uma lei que concedia liberdade aos escravos dispostos a lutar na guerra. Muitos deles se alistaram e partiram para o campo de batalha. Todas essas medidas fizeram com que o Exército brasileiro passasse a contar com cerca de 139 mil combatentes.

A Z

Guarda Nacional: organização criada em 1831 com a finalidade de defender a Constituição e garantir a ordem interna do país. Era formada por civis. Não tinha a estrutura nem a disciplina de um exército. Cada cidade do interior tinha seu destacamento da Guarda Nacional. Na prática, ela defendia os interesses, principalmente, dos grandes proprietários de terras. Seus chefes eram escolhidos pelos líderes políticos locais.

Charge do jornal paraguaio *Cabichuí*, de 23 de janeiro de 1868, ironizando o recrutamento de soldados feito no Brasil para a Guerra do Paraguai. Embora chamados de "Voluntários da Pátria", a maioria dos jovens eram alistados à força para lutar na guerra.

Você sabia?

Durante a Guerra do Paraguai, indígenas pertencentes a diversos povos, como os Terena, os Guaná, os Kadiwéu, os Bororo e os Kayapó, entre outros, também participaram dos combates.

Entre outras tarefas, eles abriam trilhas no meio da mata, faziam reconhecimento de território, protegiam as fronteiras e pegavam em armas.

Também foi importante a **participação feminina**: as mulheres fabricavam munição, cuidavam dos feridos e preparavam a comida dos soldados. Muitas vezes, elas também iam para o campo de batalha lutar contra os paraguaios.

Autor desconhecido/Arquivo da editora

Na fotografia, de autoria e data desconhecidas, estão retratados dois soldados brasileiros da Guerra do Paraguai: um indígena Terena e outro Kadiwéu.

Isso ajuda a entender melhor a fotografia da página 187, que mostra parte da tropa de Caxias. Como podemos ver, a maioria dos homens que aparecem naquela foto são negros. Não conhecemos suas histórias, mas supõe-se que alguns eram escravizados que se alistaram em troca da liberdade. Outros podem ter sido recrutados à força para substituir algum homem branco que não quis enfrentar os perigos do campo de batalha (sobre o recrutamento forçado, veja o boxe a seguir).

O fato é que a maior parte dos soldados mobilizados pelo Exército brasileiro na Guerra do Paraguai era composta de homens negros e mestiços.

O recrutamento forçado e a resistência da população

O início da Guerra do Paraguai estimulou os sentimentos cívicos da população. Muitos se apresentaram voluntariamente para participar dos combates, acreditando que a guerra seria rápida e fácil.

Por isso, a criação dos Voluntários da Pátria foi um sucesso no começo. Entretanto, logo as coisas mudaram de rumo. As dificuldades no campo de batalha e a necessidade de realizar longos cercos às fortificações inimigas desgastavam os combatentes. A imprensa passou a chamar o conflito de "açougue paraguaio". Isso estimulou um grande temor em relação à guerra e a população começou a desistir do alistamento voluntário.

Diante desse recuo, o governo lançou mão do recrutamento forçado. Muitos dos chamados Voluntários da Pátria, na realidade, foram enviados compulsoriamente para a guerra. Nesse caso, todos os que podiam tentavam escapar das listas de enviados para os campos de batalha.

Alguns se refugiavam nos matos, longe das cidades, outros se feriam propositadamente. Mas o modo mais efetivo de se livrar do recrutamento era conseguir dispensa por meio do favor de alguém importante.

A guerra também se tornou uma maneira de punir escravizados considerados indisciplinados ou perigosos por seus senhores. Há relatos de proprietários que venderam seus cativos ao governo para que este os enviasse ao campo de batalha. Nesse caso, o proprietário recebia uma soma considerável como indenização.

atividade

Interpretando documentos

A guerra vista pela pintura

A Guerra do Paraguai foi registrada e representada por muitos artistas e fotógrafos. Esses registros e representações nos oferecem visões diferentes do mesmo conflito.

As imagens a seguir são um exemplo disso. A primeira é uma tela de Pedro Américo (1843-1905), pintor contratado pelo governo brasileiro para construir uma visão heroica e patriótica da Batalha do Avaí, travada no arroio Avaí, no Paraguai, um dos combates da guerra.

A outra se chama *Vista do interior do Forte de Curuzu, 20 de setembro de 1866* e foi feita pelo pintor argentino Cándido López (1840-1902). Ele participou diretamente da guerra e representou em diversas telas o que viu nos campos de batalha.

Travada no arroio Avaí, em terras paraguaias, *A Batalha do Avaí* (1872-1877), óleo sobre tela de Pedro Américo (1843-1905), representa um momento decisivo da Guerra do Paraguai. O combate, no dia 11 de dezembro de 1868, foi uma das últimas batalhas contra as tropas de Solano López, da qual apenas 100 paraguaios conseguiram sobreviver.

Pedro Américo de Figueiredo e Melo/Museu Nacional de Belas Artes, RJ.

Detalhe do óleo sobre tela do pintor e oficial do exército argentino Cándido López, criado em 1891, denominado *Vista do interior do Forte de Curuzu, 20 de setembro de 1866*. Este forte foi conquistado por forças brasileiras em 1866.

Cándido López/Museu Nacional de Belas-Artes, Buenos Aires.

1. As duas imagens representam situações diferentes. A representação feita por Pedro Américo tem como tema uma batalha movimentada, cheia de acontecimentos simultâneos; a de Cándido López aborda uma situação cotidiana, mais calma e sem grandes acontecimentos. Descreva as impressões da guerra provocadas em você por essas imagens.

2. Na pintura de Pedro Américo, a ação ocupa quase toda a tela. O céu e a paisagem natural quase desaparecem diante do espaço ocupado pelos homens. Na pintura de Cándido López, ao contrário, a natureza e a paisagem dominam boa parte da cena. Os homens são representados ao longe, em tamanho reduzido. Levante hipóteses para explicar o propósito dos pintores em utilizar essas diferentes perspectivas.

3. A obra de Pedro Américo foi encomendada pelo governo de dom Pedro II e pretendia construir uma visão heroica do Exército brasileiro. Ao pintar o que imaginava ter sido a batalha, **Pedro Américo optou por quase excluir soldados negros**. Em sua opinião, por que o pintor tomou essa decisão na representação heroica do combate?

4 Fim da escravidão

Durante a Guerra do Paraguai, soldados brancos e negros lutaram lado a lado em torno de um mesmo ideal. Quando o conflito acabou, muitos militares começaram a se perguntar se era justo manter a escravização, pois tinham visto negros e mestiços arriscarem a vida no campo de batalha da mesma forma que os soldados brancos.

Essas dúvidas, que logo se manifestaram publicamente, colocavam o governo em má situação. Os cativos eram ainda a principal mão de obra nas lavouras de café. E o café era a principal fonte de riqueza do país. O governo não tinha interesse em romper com os grandes cafeicultores, pois eles tinham poder político e econômico. Desse modo, acabar com a escravatura representaria a perda do apoio dos cafeicultores.

Ilustração intitulada *A Guerra na América do Sul*, feita para o *The Illustrade London News*, de 6 de outubro de 1866, representando oficiais brasileiros entrincheirados.

Look and Learn/Illustrated Papers Collection/Bridgeman Art Library/Keystone Brasil/Coleção particular

Mas o Exército voltara fortalecido da guerra e a opinião dos militares era respeitada pela população. O governo tampouco tinha interesse em hostilizá-los.

Tentando não desagradar nenhum dos lados e encontrar uma saída para o impasse, o governo brasileiro ora sinalizava para o fim da escravatura, ora tentava prolongá-la o máximo possível.

Outro fator contribuía para complicar a situação do governo: a pressão internacional para que a escravatura fosse abolida no Brasil.

Exigências inglesas

As principais críticas vinham da Inglaterra, a nação mais rica e poderosa da época e que exercia grande influência sobre a política brasileira.

Os ingleses haviam abolido a escravização em suas colônias em 1834. Agora, exigiam o mesmo do Brasil. Faziam isso em nome da humanidade, mas por trás desse argumento havia interesses materiais em jogo. É que a **Inglaterra** era um país capitalista, cujas características eram, entre outras, o **desenvolvimento industrial** e o **trabalho assalariado para formação de mercado consumidor.**

As indústrias inglesas precisavam vender seus produtos em todo o mundo. Para isso, era necessário que as pessoas tivessem dinheiro para comprá-los. Mas os cativos não recebiam salário. Portanto, não podiam comprar as mercadorias produzidas na Inglaterra.

Além disso, na opinião dos ingleses, os fazendeiros deveriam investir seu dinheiro na aquisição de máquinas, e não na compra de mais escravizados. Equipamentos feitos na Inglaterra, é claro.

Lei ineficiente

Pouco a pouco, as pressões inglesas começaram a surtir efeito. Em 1850, foi aprovada a **Lei Eusébio de Queirós** que, como vimos no Capítulo 7, proibiu o tráfico negreiro da África para o Brasil.

A nova lei, entretanto, não resolvia todo o problema. Ela proibia que os traficantes trouxessem novos africanos escravizados para o Brasil, mas não impedia que os senhores comprassem os escravizados que já estivessem no país.

Dessa forma, os fazendeiros do sudeste do país passaram a comprar cativos de outras regiões do país, principalmente do nordeste. Estima-se que num período de 35 anos o número de escravizados vendidos do nordeste ao sudeste tenha chegado a 300 mil.

Você sabia?

No mesmo ano em que implantou a Lei Eusébio de Queirós, o governo brasileiro também promulgou a **Lei de Terras**. Atendendo aos interesses dos grandes proprietários, a lei visava impedir que ex-escravizados, imigrantes e pobres em geral se instalassem em terras devolutas, ou seja, terras públicas.

Entre outras limitações essa lei proibiu a venda de terras a prazo e estabeleceu que os imigrantes só poderiam adquirir terras após dois anos de residência no Brasil. Dessa forma, os imigrantes, ex-escravizados e pobres eram obrigados a vender sua força de trabalho para os fazendeiros.

Campanha abolicionista

Além das pressões inglesas, crescia também a resistência dos escravizados, que intensificaram a luta contra o cativeiro.

Ao mesmo tempo, começaram a surgir associações abolicionistas por todo o país. A primeira delas foi a **Sociedade Emancipadora Fraternidade**, fundada no Rio de Janeiro em 1870.

Tinha início a **campanha abolicionista**.

Muitos escravizados conseguiram apoio de advogados para mover ações na Justiça por sua liberdade.

Um desses advogados era Luiz Gama (1830-1882), filho de uma ex-escravizada, que conseguiu libertar mais de quinhentos cativos por meio de decisões judiciais.

Mas a resistência dos escravizados não se limitou a reivindicações de liberdade nos tribunais de Justiça. Outros tipos de ação eram as fugas organizadas e os motins.

ANNO I. Parahyba do Norte, 12 de Abril de 1883 NUMERO 1

O EMANCIPADOR.

ORGÃO DA EMANCIPADORA PARAHYBANA.

Publicação semanal.
Condições de assignatura:
Pagamento adiantado.

Sub lege libertas

Por trimestre . . 1$500
« semestre . . 3$000
« anno. . . . 6$000

Destribuindo o 1. n. do Emancipadôr, cumpre declarar a todas as pessôas que o não devolverem, que ficam consideradas assignantes.

E quem se negará à assignar um jornal orgão dos principios humanitarios, e advogado da mais santa das causas?!

Contamos com o concurso dos bons Parahybanos para levantarmos esta imprêsa à altura de que ella è digna.

O EMANCIPADOR

... 12 ABRIL DE 1883

E são decorridos onse annos e meio da promulgação dessa lei, qu veiu tradusir com o brilhante cunho de legitimidade o sentimento generoso e grande do coração brasileiro, que se confrangia diante do espectaculo aviltante da nação, pela permanencia dessa instituição infamante, que ainda hoje nos colloca na retaguarda das nações civilisadas, em virtude do acariciamento desse legado negro, cujos *beneficios* de tantos annos não são e nunca poderão ser compensadores dos males que nos acarretam com paralisação de nosso desenvolvimento moral e material.

A lei da 28 de setembro de 1871 pode-se diser elaborada pelo influxo das legitimas idéas, que tomavam vulto todos ...

sociedade emancipadôra na capital da Parahyba; e o «Emancipador» appresenta-se como seu orgão, para diser ao mundo a nossa norma de conducta, e o caminho que trilhamos, sem que procuremos perturbar o direito dessa propriedade *sui generis*, que foi entre nós implantada pelo direito da força.

E que não esteja longe o dia em que triumphe por uma ... a força do direito, unico ... para que o de todo o desenv... favoturio.

A imprensa brasileira também tinha seus periódicos antiescravistas, como o jornal dessa foto. A imagem mostra um detalhe da capa do jornal *O Emancipador*, periódico abolicionista da Paraíba, em exemplar de 12 de abril de 1883.

Na segunda metade do século XIX, essas formas de luta se intensificaram. Muitos escravizados conseguiram escapar assim de seus senhores e conquistar a liberdade (veja a seção *As palavras têm história a seguir*).

As palavras têm história

Os caifazes

Entre as diversas sociedades abolicionistas surgidas nessa época, havia aquelas que organizavam fugas e arranjavam esconderijos para os escravizados. Uma das mais atuantes foi a *Ordem dos Caifazes*, fundada em São Paulo por Antônio Bento de Sousa e Castro.

Essa organização foi responsável pela fuga de mais de 10 mil cativos, muitos dos quais se refugiaram no quilombo do Jabaquara, próximo da cidade de Santos (SP). Os membros da ordem que ajudavam os escravizados a fugir eram conhecidos como caifazes.

Esse nome foi retirado da *Bíblia*. Caifás viveu nos primeiros tempos da Era Cristã. Foi um sumo sacerdote judeu na região da Palestina, dominada pelos romanos. De acordo com a *Bíblia*, Caifás presidiu os dois julgamentos que condenaram Jesus à morte.

Ao dar o nome de Caifás à organização abolicionista, seus integrantes entendiam que, por meio das fugas, eles podiam impedir os cativos de terem destino semelhante ao de Jesus Cristo. Algo que Caifás poderia ter feito, caso tivesse considerado Cristo inocente das acusações que pesavam sobre ele.

O abolicionista Antônio Bento de Sousa e Castro, em foto do final do século XIX.

Lei do Ventre Livre: sem efeitos

As pressões pela abolição da escravatura cresceram ainda mais com o fim da Guerra do Paraguai, em 1870. Após longos debates e polêmicas, em 28 de setembro de 1871, a Assembleia Geral (que reunia a Câmara de Deputados e o Senado) aprovou a **Lei do Ventre Livre**.

A lei estabelecia que os filhos de escravizados nascidos a partir daquela data seriam considerados livres. Mas havia uma condição: essas crianças permaneceriam sob os cuidados de seus senhores até os 8 anos de idade. Quando isso ocorresse, o proprietário poderia ceder a criança ao governo em troca de uma indenização, ou mantê-la em seu poder até que ela completasse 21 anos. Durante todo esse período, ela trabalharia para seu proprietário.

Na prática, portanto, a lei era muito mais uma forma de o governo ganhar tempo e não se desgastar junto aos proprietários de escravizados do que uma ação efetiva para acabar com a escravatura.

Pereira Neto/*O Mequetrefe*/Fundação Biblioteca Nacional, RJ.

Representação do político e escritor Joaquim Nabuco (1849-1910), líder antiescravista, em caricatura de Pereira Neto para o jornal *O Mequetrefe*, de 1881. Na charge, o também diplomata faz campanha eleitoral em que apregoa suas ideias de emancipação dos escravizados.

Abolicionistas vão para as ruas

A partir da década de 1880, a campanha a favor da abolição da escravatura no Brasil foi para as ruas, contando com a participação de homens e mulheres das mais variadas camadas sociais e de diferentes grupos étnicos. A **campanha abolicionista** se tornava agora um movimento de grandes dimensões.

Em diversas regiões do Brasil surgiam jornais e novas organizações abolicionistas. Cada defensor da causa se manifestava a seu modo. O cartunista Angelo Agostini, por exemplo, publicava charges contra o regime; o jornalista Joaquim Nabuco escrevia na imprensa artigos condenando a escravidão; no Ceará, um grupo de jangadeiros, liderados por Francisco José do Nascimento, recusou-se a transportar escravizados até os navios que os conduziriam ao sudeste, onde seriam vendidos.

Diante disso, o governo imperial continuava com sua política de não desagradar nem aos grandes fazendeiros nem aos abolicionistas. Em 1885, quase catorze anos depois da Lei do Ventre Livre, foi aprovada uma lei que concedia liberdade a todos os escravos com mais de 60 anos. Era a **Lei dos Sexagenários**.

Escravidão chega ao fim

Entretanto, assim como a Lei do Ventre Livre, a dos Sexagenários não produziu efeitos imediatos. Primeiro porque poucos escravos chegavam aos 60 anos, depois de uma vida inteira de trabalhos pesados. Além disso, os cativos contemplados pela lei deveriam trabalhar ainda por mais três anos, antes de obter a liberdade, a título de indenização.

Nesse contexto, poucos ainda defendiam a continuidade da escravatura. Mesmo nas fazendas de café, como vimos no capítulo anterior, a imigração já surgia como uma possibilidade de substituição do trabalho escravo.

Você sabia?

Diante da lentidão do governo imperial em acabar com a escravização, algumas instituições do próprio Estado brasileiro adotaram medidas por conta própria. **No Ceará e no Amazonas, por exemplo, a escravidão foi abolida em 1884**, quatro anos antes da Lei Áurea. E, em 1887, o Exército anunciou que não capturaria mais escravos fugitivos, ao contrário do que havia feito até então.

Festa diante da Câmara Municipal da cidade de Penedo (AL), logo após a notícia da Lei da Abolição. Foto de 1888.

Adolpho Lindemann/Coleção Princesa Isabel

Nessas circunstâncias, em 13 de maio de 1888, o governo aprovou a **Lei Áurea**, pela qual era abolida a escravidão no Brasil. Cerca de 720 mil escravizados foram libertados (veja a seção *Passado presente* na página seguinte).

Com a Lei Áurea, muitos fazendeiros que ainda apoiavam o governo de dom Pedro II passaram a fazer oposição a ele. Como veremos no próximo capítulo, o governo imperial ficou cada vez mais isolado; até que, em 1889, o imperador foi deposto por militares, que implantaram a república no Brasil.

Passado presente

Luta contra o preconceito e a discriminação

Com o fim da escravatura, os recém-libertos foram abandonados à própria sorte. Nenhum projeto que promovesse a integração social da população negra foi aprovado ou sequer discutido pelo governo. **Nem mesmo a proposta de distribuir terras aos ex-cativos**, como defendiam muitos abolicionistas, **foi discutida.**

Após a Abolição, permaneceram a desigualdade social e o preconceito étnico numa sociedade que se esforçava por excluir e marginalizar os negros.

Um exemplo dessa exclusão foi no acesso à educação. Antes da Abolição, a quase totalidade dos negros não tinha acesso às escolas. Nos primeiros anos após a Lei Áurea, as escolas continuaram praticamente inacessíveis à população negra. Isso dificultava seu ingresso no mercado de trabalho e impedia seu acesso a profissões que exigiam escolaridade. Além disso, muitos afrodescendentes continuavam impedidos de participar da vida política, pois para ser eleitor era preciso ser alfabetizado.

Essa desigualdade de oportunidades ainda é sentida no Brasil dos nossos dias, embora em menor escala. Pesquisas recentes revelam que o desemprego é maior entre os negros do que entre os brancos; os dados mostram ainda que os negros recebem salários inferiores aos dos brancos e são as principais vítimas da violência urbana, entre outros exemplos.

Isso não significa que não tenham ocorrido mudanças. Pelo contrário: a mobilização da população afrodescendente em diferentes momentos possibilitou conquistas que contribuíram de maneira significativa para diminuir a desigualdade entre brancos e negros no país. Apesar disso, a sociedade brasileira ainda não garante aos negros uma situação de igualdade étnica e social com os brancos.

A comemoração do **Dia Nacional da Consciência Negra em 20 de novembro** é uma forma de **recuperar as antigas lutas de africanos e afrodescendentes no Brasil**, e de lembrar a importância de continuar a combater o preconceito e a discriminação contra a população negra.

Luiz C. Costa/Arquivo da editora

Marcos Costa Gomes de Lima, aluno afrobrasileiro de Gerontologia (estudos relacionados ao envelhecimento do ser humano) da USP de São Paulo, estuda na biblioteca da universidade. Foto de 2015.

Enquanto isso...

A Comuna de Paris

Entre 1870 e 1871, época em que o governo brasileiro discutia a elaboração da Lei do Ventre Livre, a França e a Prússia (uma das regiões da atual Alemanha) travaram uma guerra que terminou com a derrota francesa.

A derrota agitou os trabalhadores de Paris, onde foi proclamada a República. O novo governo, controlado pela burguesia, tentou desarmar a Guarda Nacional, uma força armada que apoiava os trabalhadores. Em resposta, a Guarda Nacional atacou o Hôtel de Ville, onde funcionava a sede do governo.

Os membros do governo fugiram para Versalhes e os trabalhadores assumiram o controle da capital. Em março de 1871, formou-se um governo de representantes dos operários e foi decretada a criação da Comuna de Paris.

A Comuna era formada em sua maioria por líderes socialistas. Coerentes com seus ideais de igualdade e de justiça social, eles decretaram uma série de medidas, como a igualdade civil entre mulheres e homens, o fim do trabalho noturno nas padarias, a redução da jornada de trabalho, entre outras.

Apesar dessas medidas, a Comuna não obteve o apoio da maioria da população francesa, composta principalmente de camponeses. Em maio, tropas do governo republicano de Versalhes ocuparam a capital revolucionária. Seguiu-se uma repressão na qual foram executados 20 mil revolucionários. Era o fim da Comuna de Paris, considerada pelos historiadores como a primeira experiência de governo operário da História.

Foto de 1871 registra a execução de padres durante a Comuna de Paris por pelotão de fuzilamento do movimento revolucionário na França.

Esquema-resumo

A Guerra do Paraguai e o fim da escravidão

Crise econômica e social

- Campanha abolicionista
- Pressão inglesa pelo fim da escravidão
- Resistência de escravizados
- Ação de advogados e jornalistas contra a escravatura

Ação do governo: processo gradual para acabar com a escravidão

- Lei do Ventre Livre (1871)
- Abolição da escravatura no Ceará e no Amazonas (1884)
- Lei dos Sexagenários (1885)
- Lei Áurea (1888)

Crise política

Abolição: cafeicultores eliminam apoio do governo

Guerra do Paraguai (1864-1870): conflitos na demarcação das fronteiras no sul do país

- Envolveu Brasil, Argentina, Uruguai e Paraguai
- Disputa pelos rios Paraná, Paraguai e pelo estuário do rio da Prata
- Extermínio de grande parte da população masculina do Paraguai
- Grandes perdas para o Brasil

Crise militar

- Recrutamento forçado de homens para o Exército
- Fortalecimento político do Exército
- Grande participação de negros e mestiços no Exército: mais apoio à abolição da escravatura

***Combate Naval do Riachuelo*, óleo sobre tela em versão do artista Oscar Pereira da Silva (1867-1939).**

atividade

- Com base nas informações do esquema, explique em seu caderno de que maneira a abolição da escravatura e a Guerra do Paraguai estão relacionadas com a crise do Segundo Reinado.

Atividades

Para organizar as ideias

1. A Guerra do Paraguai foi provocada por uma soma de pequenos conflitos que envolviam a disputa por poder entre as nações do sul da América do Sul. Explique como esses conflitos deram início a uma guerra longa e de grandes proporções entre os quatro países.
2. Durante a Guerra do Paraguai, um dos maiores problemas do governo brasileiro era conseguir recrutar homens para participar do conflito. Sobre isso, responda:
   a) Quais foram as principais formas utilizadas pelo governo brasileiro para recrutar pessoas para a guerra?
   b) Quais foram os meios utilizados pelas pessoas para escapar dos recrutamentos?
3. A Guerra do Paraguai teve graves consequências para o país derrotado. O Brasil também sofreu seus efeitos, embora tenham sido diferentes dos que sofreu o Paraguai. Cite alguns desses efeitos e consequências da guerra para os dois países.
4. Observe a imagem da página 191. É uma fotografia de 1867 que mostra uma família paraguaia durante a guerra. Com base na análise da imagem, responda em seu caderno ao que se pede.
   a) Por meio dessa imagem conseguimos identificar a origem e a história dessas pessoas?
   b) Que título você daria para essa imagem? Pense que ele deve ser curto, mas ao mesmo tempo conseguir passar sua ideia sobre a imagem.
5. Observe novamente a fotografia de parte da tropa de Caxias (página 187) e responda ao que se pede.
   a) De que forma a participação dos afrodescendentes na guerra contribuiu para o processo de abolição da escravatura no Brasil?
   b) Introduzida no Brasil em 1840, a fotografia logo se popularizou. Explique como as fotografias eram feitas nessa época e quais os tipos de registro mais comuns nas fotografias brasileiras do século XIX.
6. A abolição da escravatura no Brasil ocorreu de forma lenta e gradual. A aprovação das leis que libertavam pouco a pouco os escravizados teve início na metade do século XIX e se prolongou até 1888.
   a) Elabore uma linha do tempo que reúna essas leis.
   b) Destaque as datas em que elas foram aprovadas e faça pequenos resumos do que cada uma dessas leis determinava.

   Veja na seção *Como se faz...*, no final deste volume, como elaborar uma linha do tempo.
7. A abolição da escravatura não resultou apenas de decisões do governo brasileiro. Ela foi consequência, sobretudo, da grande mobilização de negros e brancos que lutaram pelo fim do cativeiro e pela libertação de todos os escravizados. Aponte alguns exemplos dessa luta contra a escravidão.
8. Após a abolição, nenhuma medida foi tomada pelo governo para garantir a inclusão e a igualdade dos negros na sociedade brasileira.
   - Faça um resumo sobre as condições de vida dos negros após a abolição e nos dias de hoje.

Teste seus conhecimentos

1. Observe a charge ao lado, publicada na imprensa ilustrada do Rio de Janeiro do século XIX, época em que ocorreu a Guerra do Paraguai.

– Então, estás com medo de marchar para a guerra?
Deixa-te de sustos! Lá nem todos morrem... não estás vendo que estou de volta?...

– Tem paciência, mulher: em tempo de guerra é preciso fazer-se sacrifícios, deixar a família... e andar fugido pelo mato.
– Vamos! Vamos! que a escolta não tarda!...

Adaptado de: TORAL, André. *Imagens em desordem*. São Paulo: Humanitas: USP, 2001. p. 180.

Considere as seguintes afirmações sobre essa charge.

I. Ela faz alusão aos efeitos danosos do conflito armado sobre os soldados enviados ao *front*.
II. Ela faz alusão ao alistamento voluntário de civis no combate às tropas paraguaias que haviam invadido a fronteira norte do Brasil.
III. Ela faz alusão à prática do recrutamento forçado, habitual na arregimentação de tropas no Brasil imperial.

Quais afirmações estão corretas?

a) Apenas I.
b) Apenas II.
c) Apenas I e III.
d) Apenas II e III.
e) I, II e III.

2. Em 4 de setembro de 1850, foi sancionada no Brasil a Lei Eusébio de Queirós (ministro da Justiça), que abolia o tráfico negreiro em nosso país. Em decorrência dessa lei, o governo imperial brasileiro aprovou outra, a Lei de Terras. Dentre as alternativas a seguir, indique em seu caderno qual é a correta.

a) A Lei de Terras facilitava a ocupação de propriedades pelos imigrantes que passaram a chegar ao Brasil.
b) A Lei de Terras dificultou a posse das terras pelos imigrantes, mas facilitou o acesso a elas pelos negros libertos.
c) O governo imperial, temendo o controle das terras pelos coronéis, inspirou-se no *Homestead Act* norte-americano, para promover uma distribuição de terras aos camponeses mais pobres.
d) A Lei de Terras visava aumentar o valor das terras e obrigar os imigrantes, ex-escravizados e pobres a vender sua força de trabalho para os cafeicultores.
e) O objetivo do governo imperial, com esta lei, era proteger e regularizar a situação das dezenas de quilombos que existiam no Brasil.

As questões 1 e 2 foram adaptadas de vestibular (UFRGS e Fatec).

Interpretando documentos

Observe a imagem. É uma charge de Ângelo Agostini ironizando as mudanças que poderão ocorrer após a Lei do Sexagenário (1885). Com base na análise da imagem e de suas legendas, responda em seu caderno ao que se pede.

1. Qual é a crítica que Ângelo Agostini constrói em sua charge?

2. A crítica de Agostini foi dirigida para a ineficiência das legislações que deveriam combater a escravidão e garantir uma melhora na vida dos africanos e seus descendentes no Brasil do século XIX. Você acredita que atualmente a legislação voltada para o combate ao preconceito racial e à discriminação atinge seus objetivos e funciona eficientemente?

Quadro 1
"Já os velhos escravos podem morrer livres! Mas é livre de tratamento e no meio da estrada. Todo escravo maior de 60 anos será livre, disse o atual governo. É algum tanto desumano, mas sempre é um passo a favor da abolição.

Quadro 2
É possível também que o governo mande construir grandes asilos para os pretos velhos, de 4 ou 5 léguas quadradas. Quem sabe se os engenheiros não estarão já fazendo as plantas?

Quadro 3
Porém muito confiamos na filantropia dos lavradores, que com certeza não enxotarão os velhos pretos, apesar de livres. Há sempre serviços para eles.

Quadro 4
A nova lei também se presta a ser iludida. – Uê! meu sinhô! ê ê! – Deixe, rapaz, estou-te fazendo mais moço. Quantos brancos não quereriam que lhe fizessem o mesmo."

AGOSTINI, Angelo. *Revista Ilustrada.* n. 383, 1884.

Diálogos

A presença africana no território hoje conhecido como Brasil teve início no século XVI.

Desde então, os africanos e seus descendentes têm exercido papel fundamental na sociedade brasileira. Junte-se a seus colegas de grupo. Vocês vão pesquisar o legado cultural dos africanos e seus descendentes para a cultura brasileira.

- Procure informações sobre folguedos, música, culinária, lendas, entre outras manifestações culturais de origem africana.
- Se for possível, entrevistem algum líder afrodescendente de sua comunidade e tentem descobrir um pouco mais sobre a presença do negro na sociedade brasileira ou na região em que vocês vivem.
- Em seguida, já com as informações pesquisadas, escrevam pequenos textos sobre as diversas manifestações culturais pesquisadas.
- Montem um jornal com esse material. Não se esqueçam de escolher imagens para ilustrar o jornal.
- Veja como criar um jornal na seção *Como se faz...*, no final deste volume.

Hora de refletir

Nos últimos anos da escravidão, muitos cativos fugiram das fazendas e das cidades e se refugiaram em quilombos. Muitas dessas comunidades sobreviveram ao tempo e existem até hoje. São as comunidades quilombolas. Estima-se que existam mais de 2 mil comunidades quilombolas no Brasil, nas quais vivem mais de 2 milhões de pessoas.

Essas pessoas também são chamadas de quilombolas e vivem geralmente da agricultura de subsistência e do pequeno comércio com a vizinhança. Mas como não têm a posse legal da terra são muitas vezes ameaçadas de expulsão.

Para obter a legalização da posse dessas terras, os quilombolas precisam entrar com ações na Justiça. Esses processos, porém, levam anos para ser julgados. Por essa razão, apenas uma parcela reduzida de comunidades quilombolas obteve títulos de posse das terras onde vivem. Com base nessas informações, discuta com seus colegas a seguinte questão:

- Os quilombolas têm o direito de continuar nas terras onde sempre viveram mesmo não tendo documentos que assegurem sua posse? Por quê?
- Agora, façam um pequeno resumo com a opinião do grupo e apresentem à classe.
- Veja no final deste volume, na seção *Como se faz...*, instruções para fazer um resumo.

Minha biblioteca

***Adeus, chamigo brasileiro*: uma história da Guerra do Paraguai, de André Toral, Companhia das Letras.**

Em forma de história em quadrinhos e com base em uma cuidadosa pesquisa histórica, o autor narra situações dramáticas e o cotidiano de combatentes que teriam participado da Guerra do Paraguai no século XIX.

Companhia das Letras/Arquivo da editora

Mundo virtual

<www.museudaimigracao.org.br/>

Site do Museu da Imigração que disponibiliza documentos da passagem do imigrante pela Hospedaria, lugar destinado a hospedar os imigrantes recém-chegados (e onde fica atualmente o museu); conjunto de mapas e plantas de núcleos coloniais; acervo de mais de 8 mil imagens e mais de 2 mil edições de jornais de colônias de imigrantes no Brasil.

<www.casadasafricas.org.br/>

O portal *Casa das Áfricas*, de fácil navegação, é um amplo painel da cultura das sociedades africanas – com textos, entrevistas, vídeos e painéis de imagens.

Acessos em: jan. 2015.

Capítulo 9

A Proclamação da República

Avenida Marechal Deodoro da Fonseca, ruas Benjamin Constant, Quintino Bocaiúva, Rui Barbosa... Você sabe quem foram essas pessoas? Em sua cidade há um ou mais **logradouros** com algum desses nomes? Ou ainda com o nome de avenida ou praça da República?

Logradouro: é todo espaço público destinado à circulação de pessoas, como uma praça, uma rua, um jardim público, um parque, uma avenida.

Rubens Chaves/Pulsar Imagens

CONTEÚDO DIGITAL

Maurício Simonetti/Pulsar Imagens

Em homenagem ao militar Benjamin Constant, Manaus (AM) construiu a ponte da foto de cima com o nome dele em 1895. Além da ponte, a foto (de 2014) mostra o lixo urbano no Igarapé Mestre Chico. Já em Curitiba (PR), a estação tubular de ônibus urbano fica na Praça Rui Barbosa, em homenagem ao jurista. Foto ao lado, de 2013.

Essas pessoas tiveram um papel importante em um acontecimento que mudou a história do Brasil. No final do século XIX, elas participaram de um movimento que pôs fim à monarquia e criou uma nova forma de governo no país: a república. Isso ocorreu no dia 15 de novembro de 1889.

Como já vimos em outros capítulos, a monarquia é uma forma de governo na qual o governante é um rei (rainha) ou imperador (imperatriz). Esse cargo é geralmente hereditário, ou seja, passa de um dos pais para um dos filhos. É também um cargo **vitalício**. O rei (ou rainha) só deixa o cargo quando morre, renuncia ao trono ou é deposto.

Na república, as coisas são diferentes. O chefe do governo é um presidente (ou presidenta) ou um(a) primeiro(a)-ministro(a). Tanto um quanto outro são eleitos para governar por um tempo limitado, e não por toda a vida. No Brasil, o chefe do governo é um(a) presidente(a) eleito(a) para ocupar o cargo durante quatro anos, com direito a uma reeleição por mais quatro anos.

Neste capítulo estudaremos a queda da monarquia e a instauração da república no Brasil. Veja a seguir a linha do tempo com destaque para o Período Imperial (ou Monárquico) de nossa história.

A Z

Vitalício: que vale por toda a vida.

François-René Moreau/Museu Imperial de Petrópolis, RJ

Museu da República, RJ/Arquivo da editora

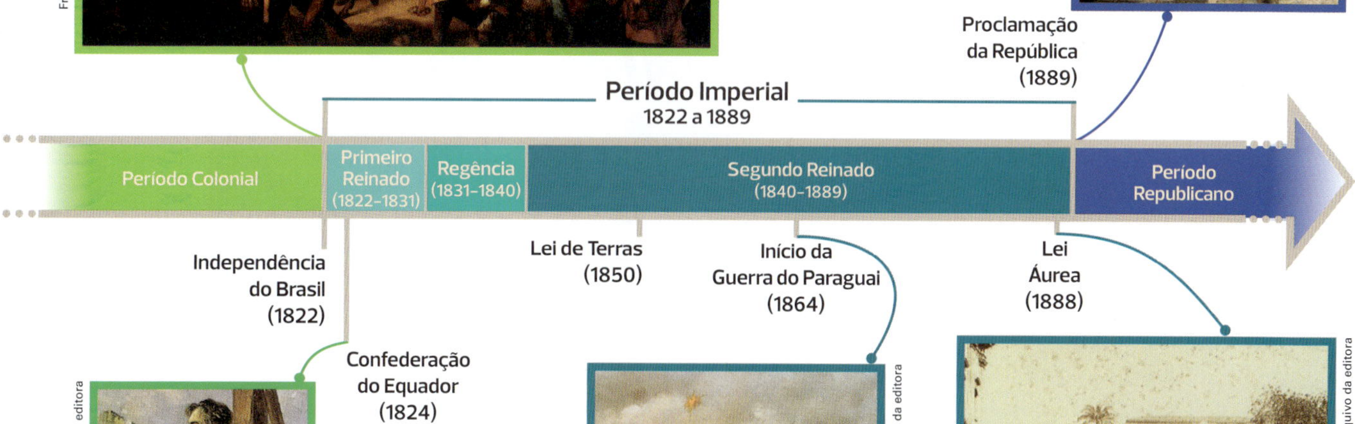

Murillo La Greca, Recife/Arquivo da editora

Nacional de Bellas Artes, Buenos Aires/Arquivo da editora

Biblioteca Nacional, RJ/Arquivo da editora

1 Alegoria de uma crise

A alegoria reproduzida na página seguinte foi publicada pela *Revista Illustrada* do Rio de Janeiro em novembro de 1889, pouco tempo depois da Proclamação da República no Brasil. Seu autor, Pereira Neto, representou nela algumas personagens e situações ligadas ao acontecimento. Ao publicá-la, a intenção dos editores da revista era **prestar uma homenagem** ao que chamaram de "heróis do dia 15 de novembro de 1889".

Observe a imagem abaixo. O que você vê nela? Em primeiro plano, uma mulher empunha com a mão esquerda um escudo e a bandeira do Brasil. Com a direita, segura uma espada. Ela veste uma roupa semelhante à dos antigos romanos e tem na cabeça uma espécie de gorro. Calça sandálias e aos seus pés espalham-se camélias.

imagem condutora

Pereira Neto/Fundação Biblioteca Nacional, RJ.

Glória à Pátria! Honra aos Heroes do dia 15 de Novembro de 1889 – Alegoria de Pereira Neto publicada na *Revista Illustrada*, de 16 de novembro de 1889, em homenagem à Proclamação da República. O cartunista inspirou-se na figura da mulher representada na pintura francesa *A Liberdade guiando o povo* (1830), de Eugène Delacroix (ver página 204).

Um pouco à sua frente, um homem se ajoelha. Ele veste uma casaca, peça de roupa geralmente usada por homens ricos, pertencentes à elite. Segura nas mãos uma almofada sobre a qual há uma coroa, símbolo da monarquia.

Ao fundo, um homem a cavalo faz uma saudação com o quepe, um dos símbolos de sua condição de militar. Essa figura de longas barbas representa o marechal Deodoro da Fonseca. Foi ele quem comandou a ação militar que derrubou a monarquia em 15 de novembro de 1889. Por trás da bandeira há outras figuras que representam militares em posição de sentido.

Ausência do povo

Temos nessa alegoria uma representação de três processos que levaram à mudança, naquele momento, da forma de governo monárquica para a republicana:

- o descontentamento de um setor da elite com a monarquia, principalmente da elite cafeeira do interior paulista;
- a participação dos militares nos assuntos políticos;
- o triunfo das ideias republicanas no Brasil.

Por último, nota-se na alegoria **uma ausência importante: a do povo**. Assim como não está representado no desenho, ele não teve participação efetiva na derrubada da monarquia e na ascensão da república.

Na época, essa ausência foi comentada por Aristides Lobo, um dos principais propagandistas da república. Dizia ele que o povo assistiu **bestializado** à Proclamação da República, julgando que se tratava, apenas, de uma parada militar. Isso porque ela foi resultado da ação de um grupo de militares que tinham à frente o marechal Deodoro da Fonseca.

Reprodução/Acervo da Fundação Maria Luisa e Oscar Americano, São Paulo, SP.

Este óleo sobre tela, de autor anônimo, é uma alegoria à Proclamação da República. Em primeiro plano, uma representação do marechal Deodoro da Fonseca, que entrega a bandeira nacional a uma mulher usando vestido branco, com uma capa vermelha. A senhora simboliza a República. A mão da Providência segura o barrete frígio (branco) sobre a sua cabeça. No segundo plano, a família imperial embarca em um navio. Criada em 1889, a tela idealiza a Proclamação da República, que se deu, na verdade, por um golpe de Estado.

Bestializado: neste contexto, ignorante do que se passava; embasbacado; sem ação.

Modelo francês

Como ocorreu o processo que culminou com o fim da monarquia e a instauração da república no Brasil?

Talvez a imagem da mulher no desenho, a única nele representada, tenha alguma coisa a nos dizer sobre isso. Vamos observá-la?

Essa figura costuma ser utilizada para simbolizar a república, não só no Brasil, mas também em outros lugares. As roupas que veste lembram as túnicas com que se cobriam as mulheres romanas. É uma alusão à antiga república de Roma, que serviu de inspiração a muitos movimentos republicanos dos séculos XVIII e XIX.

Além disso, ela tem à cabeça um gorro conhecido como barrete frígio, que é um dos grandes símbolos da república (sobre o barrete frígio, releia a seção *Olho vivo* do Capítulo 3).

Fotos: Pereira Neto/Fundação Biblioteca Nacional, RJ.

A figura de uma mulher com barrete frígio, importada da França, foi incorporada à representação da República brasileira. Detalhe da alegoria na obra *Glória à Pátria! Honra aos heroes do dia 15 de novembro de 1889.*

A mulher como representação da república foi muito utilizada durante a Revolução Francesa de 1789. Ela se contrapunha à figura masculina do rei. Sua imagem procurava também simbolizar a liberdade.

Ainda na França, a imagem feminina voltou a ocupar um lugar de destaque em um quadro famoso do pintor Eugène Delacroix. A tela, intitulada *A liberdade guiando o povo*, foi uma homenagem à revolução de 1830, quando a população de Paris derrubou o rei Carlos IX e acabou com as tentativas de retorno ao absolutismo monárquico na França (veja a imagem abaixo). Mas foi somente em 1873 que a mulher que simboliza a república passou a ser chamada de Marianne.

Eugène Delacroix/Museu do Louvre, Paris.

A Liberdade guiando o povo **(1830), óleo sobre tela de Eugène Delacroix (1798-1863). A mulher, posteriormente batizada de *Marianne*, representa a liberdade guiando o povo francês após a Revolução de Julho de 1830. Tal figura inspirou a Estátua da Liberdade, em Nova York, e é a efígie da república gravada nas notas e moedas do dinheiro brasileiro, o real.**

No desenho acima que estamos analisando, a figura de Marianne, que representa a república, se ergue triunfante acima da coroa, símbolo da monarquia.

Mas podemos nos perguntar: por que utilizar um símbolo francês para representar a Proclamação da República no Brasil? A resposta a essa pergunta nos leva a compreender outras questões ligadas ao processo que levou à instauração da república no Brasil.

A primeira delas é a enorme influência da cultura francesa no Brasil do século XIX. A elite brasileira tinha por costume copiar hábitos e estilos de vida de países europeus. Naquela época, a grande influência cultural vinha, sobretudo, da França.

Influência positivista

Essa influência estava relacionada, entre outras coisas, com certas ideias de progresso e civilização defendidas por uma linha filosófica conhecida como **positivismo**. O criador dessa corrente de pensamento foi o francês Augusto Comte (1798-1857).

Segundo o positivismo, a **humanidade** deveria passar por **etapas sucessivas** que a levariam a um **progresso constante**. Essa ideia encontrava terreno fértil na segunda metade do século XIX. Por quê? Porque essa foi uma época de grande desenvolvimento científico e de novos inventos.

De fato, verificava-se nesse período uma verdadeira revolução tecnológica. As comunicações avançavam com a invenção do telégrafo e do telefone; os meios de transporte, com a navegação a vapor, a expansão das ferrovias e a invenção do automóvel; a indústria, com a eletricidade e a produção de aço. Tudo isso parecia acontecer quase simultaneamente e, aliado a isso, o crescimento urbano e industrial estavam acelerados. Era como se o progresso anunciado pelos positivistas não tivesse limites.

Todos esses inventos e avanços pareciam dar razão a eles. Para o positivismo, essas conquistas eram produto da razão humana e do espírito científico. Embora timidamente, as novidades europeias e norte-americanas chegavam pouco a pouco no Brasil.

atividade

Nosso mundo hoje

Cara ou coroa? Você conhece a brincadeira? É só jogar a moeda para o alto. Ao cair, uma de suas faces ficará para cima: cara ou coroa.

Essa é uma brincadeira muito antiga. Hoje, as moedas brasileiras já não têm o desenho de uma coroa em uma de suas faces, como acontecia antigamente, nos tempos do imperador. Mas elas retratam sempre a cara (rosto) de algum personagem de nossa história.

Assim, a moeda de um centavo tem um rosto que representa o de Pedro Álvares Cabral. Na de cinco centavos, o rosto representado é o de Tiradentes; na de dez centavos, o de dom Pedro I; na de 25 centavos, o do marechal Deodoro da Fonseca; e na de cinquenta centavos, o do barão do Rio Branco, um diplomata brasileiro do início do século XX.

A moeda de 1 real, a maior de todas, exibe um rosto de mulher: é uma representação de Marianne, símbolo da república.

1. Com base no que você leu até aqui, por que essas personalidades históricas e a figura de Marianne estão representadas nas moedas brasileiras?

2. Se uma nova moeda fosse lançada, quem você escolheria para ser representado nela? Justifique sua escolha.

Moeda de R$ 0,01 – Pedro Álvares Cabral.

Moeda de R$ 0,05 – Tiradentes.

Fotos: Casa da Moeda do Brasil/Arquivo da editora

Moeda de R$ 0,10 – dom Pedro I.

Moeda de R$ 0,25 – Deodoro da Fonseca.

Moeda de R$ 0,50 – Barão de Rio Branco.

Moeda de R$ 1,00

Assim, a utilização de Marianne como representação da república estava em parte ligada à aceitação do positivismo por membros da elite intelectual do país, tanto civil como militar. Para essas pessoas, a relação entre o positivismo e a república era clara e direta, pois os positivistas identificavam a república com o "progresso", enquanto a monarquia representaria o "atraso".

República e modernidade

Mesmo entre aquela parte da elite que não aderiu ao positivismo, a república também era vista como algo moderno. Afinal, a França, cujos modelos ela costumava seguir, adotava essa forma de governo desde 1848 (também adotara a república anteriormente, durante a Revolução Francesa, entre 1792 e 1804).

Para muitas pessoas das elites brasileiras, a república seria a forma de governo que levaria o Brasil à modernidade, já alcançada pela França, mesmo que essa modernidade fosse copiada.

Embora apoiasse a república, a elite não queria que esse tipo de governo fosse instaurado no Brasil da mesma forma que fora na França, ou seja, com a participação do povo. Na França, tanto a república de 1792 quanto a de 1848 foram resultado de movimentos revolucionários com grande presença das camadas baixas da população.

No Brasil, a elite republicana temia que a participação popular pudesse levar a medidas mais radicais, como ocorrera na França entre 1792 e 1794, quando os revolucionários franceses condenaram seus opositores à guilhotina. Nesse caso, preferiram não seguir o "modelo francês" e instaurar a república sem apelar para uma revolução.

The Granger Collection/Other Images

A Exposição Internacional da Filadélfia, ocorrida em 1876, visava comemorar o centenário da Independência dos Estados Unidos e apresentar invenções nos campos das artes, manufaturas e produtos do solo e de minas. Na foto, o inventor inglês Alexander Graham Bell (à direita, então com 39 anos) demonstra o funcionamento do telefone ao imperador dom Pedro II, durante o evento.

2 Razões internas para o fim da monarquia

Mas não era só por espírito de imitação que as elites brasileiras se sentiam atraídas pela república. Havia outras razões para isso.

Durante muito tempo, os grandes fazendeiros e comerciantes deram todo o seu apoio ao Império, mas, na segunda metade do século XIX, muitos deles se mostravam insatisfeitos com a monarquia.

Assim, o avanço das **ideias republicanas** esteve ligado à **insatisfação das elites econômicas e políticas com a monarquia** a partir das últimas décadas do século XIX.

Que elites eram essas? Elas eram formadas pelos grandes proprietários de terra, pelos empresários (banqueiros, industriais, etc.) e pelos grandes comerciantes.

Vale do Paraíba × Oeste paulista

Havia semelhanças, mas também diferenças, entre essas pessoas. Elas não eram todas iguais e seus interesses podiam variar. Mesmo entre os fazendeiros de café do estado de São Paulo havia os que queriam substituir o trabalho escravo pelo trabalho assalariado dos imigrantes e havia os que eram contrários à abolição da escravatura.

Os fazendeiros contrários à abolição eram principalmente os do Vale do Paraíba. As fazendas de café dessa região eram as mais antigas de São Paulo. Seus proprietários, mais conservadores e apegados às tradições, só admitiam a abolição se o governo os indenizasse pela perda de seus escravos.

Leia o livro *Sua majestade o café*, de Cândida Vilares Gancho e Vera Vilhena de Toledo, São Paulo, Moderna.

Os fazendeiros do Vale do Paraíba eram contra o fim da escravidão e reivindicavam uma indenização pela perda dos escravos, o que não ocorreu. O episódio levou-os à oposição ao governo do imperador. Na foto, africanos e afrodescendentes escravizados trabalham em uma fazenda de café no Vale do Paraíba, em 1882.

Marc Ferrez/Instituto Moreira Salles

Essa forma de pensar não era apoiada por outros fazendeiros, como os do Oeste paulista. Nessa região, as plantações de café chegaram mais tarde do que no Vale do Paraíba. Seus proprietários tinham uma mentalidade mais moderna; eles percebiam que os tempos haviam mudado e que já não era mais possível manter a escravidão. Muitos deles condenavam a monarquia e apoiavam a república.

Apesar de seu crescimento econômico, esses novos grandes proprietários possuíam pouca influência na política da monarquia. Criticavam a excessiva concentração de poder nas mãos do imperador e propunham que o poder fosse descentralizado, de modo que as províncias tivessem mais liberdade para tomar decisões sem a interferência do poder central.

Alguns desses cafeicultores participaram da criação do **Partido Republicano Paulista, em 1873**, ampliando o movimento pela república. Pouco antes, em 1870, outro partido republicano já havia sido criado no Rio de Janeiro.

Elite rural apoia República

No final da década de 1880, muitos dos grandes proprietários do Vale do Paraíba e de outras regiões do país estavam decadentes e endividados. Em grande parte, isso se devia à perda de fertilidade do solo pela insistência em cultivar sempre o mesmo produto nas mesmas terras. Assim, esses grandes proprietários tornaram-se completamente dependentes de favores do governo imperial.

A **abolição da escravatura, em 1888, aumentou a crise do setor da elite rural** que ainda apoiava a monarquia (sobre o fim da escravidão, releia o Capítulo 8). Indignados com a Lei Áurea, os fazendeiros desse setor exigiam que o governo os indenizasse pela perda de seus trabalhadores escravizados. Como o governo de dom Pedro II não os indenizou, eles romperam com a monarquia e passaram a apoiar o movimento pela república.

Angelo Agostini/Fundação Biblioteca Nacional, RJ.

Atribuída a Ângelo Agostini, a litografia *A Pátria repele os escravocratas* (1880) representa a rejeição da pátria aos fazendeiros escravocratas que, para aceitar a abolição, exigiam ser indenizados. Na bandeira, lê-se: "Abaixo a monarquia abolicionista! Viva a república com indenização!". Ilustração publicada na *Revista Illustrada*.

Observe o detalhe da imagem: o homem de casaca ajoelhado com a coroa nas mãos representa esse setor das elites que se curva diante da jovem república. Sob os pés de Marianne, as camélias simbolizam a Abolição, fato que desencadeou o rompimento da elite escravagista com a monarquia.

Fotos: Pereira Neto/Fundação Biblioteca Nacional, RJ.

O homem simboliza a adesão das elites às ideias republicanas, e as camélias representam a abolição da escravidão. Detalhe da alegoria na obra *Glória à Pátria! Honra aos heroes do dia 15 de novembro de 1889.*

Influência dos militares e da Igreja

Ainda na imagem que estamos analisando, há um detalhe particularmente importante. Está representado o marechal Deodoro da Fonseca a cavalo, com um quepe na mão. Foi Deodoro quem chefiou o golpe de Estado que derrubou a monarquia e instaurou a república. A ação militar é reforçada aqui por soldados em posição de sentido por trás da bandeira.

A presença de militares na cena política brasileira ganhou particular importância logo após a Guerra do Paraguai (1864-1870).

Com a vitória no conflito, a instituição militar se organizou e tornou-se politicamente significativa. Os militares reclamavam que os soldos estavam baixos, que os oficiais não eram promovidos por mérito, mas por apadrinhamento, e que a verba destinada à corporação era insuficiente.

Fotos: Pereira Neto/Fundação Biblioteca Nacional, RJ.

Representação do marechal Deodoro da Fonseca em detalhe da alegoria na obra *Glória à Pátria! Honra aos heroes do dia 15 de novembro de 1889.*

Essa crise entre o exército e a monarquia (chamada por alguns historiadores de "**questão militar**") fez com que muitos militares passassem a fazer críticas e a defender reformas no sistema político e no governo imperial. Defendiam o fim da escravidão e também condenavam os poderes excessivos da monarquia. Isso estimulou, entre muitos de seus membros, a defesa de ideias republicanas.

Na década de 1880, diversos militares passaram a se posicionar publicamente contra o regime imperial em jornais e outras manifestações públicas. O governo tentou conter essas críticas com proibições e ameaças de punição. Isso só aumentou a distância entre os militares e o governo. Descontentes por não poderem demonstrar sua insatisfação, os militares organizaram atos de insubordinação e desobediência.

As razões dos militares

Por causa da insatisfação com a monarquia, muitos militares começaram a aderir ao positivismo. Para isso contribuía, além da ideia de progresso, a importância atribuída pelo positivismo à ordem e à hierarquia, valores muito cultivados pelos militares. Ao aderirem ao positivismo, esses militares concordavam também com a proposta republicana, pois a república, como vimos, era para os positivistas a mais avançada forma de governo.

Pacheco & Filho/Museu Casa de Benjamin Constant, Rio de Janeiro, RJ.

Benjamin Constant, em foto de 1889.

O principal líder do positivismo e do republicanismo no Exército brasileiro foi Benjamin Constant, tenente-coronel, engenheiro e professor de Matemática. Apoiado pelos estudantes da Escola Militar do Rio de Janeiro e por jovens oficiais, Benjamin Constant acreditava que o Exército era a verdadeira força patriótica brasileira. Em sua opinião, caberia aos militares combater os políticos tradicionais (os chamados "políticos de casaca") e instaurar uma república inovadora e forte, sob uma "ditadura republicana", com base no binômio Ordem e Progresso (inscrito na bandeira brasileira).

Entretanto, nem todos os militares que apoiariam a derrubada da monarquia eram positivistas. Esse foi o caso, por exemplo, do marechal Deodoro da Fonseca, que nunca foi adepto das ideias de Auguste Comte e de Benjamin Constant.

As razões da Igreja

Os problemas com a Igreja (que alguns historiadores chamam de "**questão religiosa**") começaram na década de 1870. Obedecendo a ordens vindas do Vaticano, os bispos de Olinda e de Belém fecharam as irmandades religiosas de suas regiões ligadas à maçonaria (sociedade secreta influenciada pelo pensamento iluminista). O fato de membros importantes do governo fazerem parte da maçonaria criou um grande atrito entre o governo imperial e a hierarquia eclesiástica. O imperador ordenou que os bispos reabrissem as irmandades fechadas. Mas eles se recusaram a cumprir as ordens.

Os religiosos acabaram presos e condenados a quatro anos de cadeia. Em 1875, no entanto, após cumprirem cerca de um ano de pena, foram anistiados pelo imperador. Mesmo assim, a imagem do imperador havia sofrido um imenso prejuízo. A população, bastante católica, ficou do lado dos bispos, condenando a "arbitrariedade de dom Pedro II". Ao mesmo tempo, a relação entre a Igreja e o imperador ficou fortemente abalada.

3 Articulações políticas

Abandonado pelos fazendeiros escravagistas, pelos militares e pelos religiosos, o governo tornou-se cada vez mais isolado da sociedade. Fora dele, **o movimento republicano era apoiado** não só por setores importantes das elites, como os fazendeiros do Oeste paulista, mas **também pelas camadas médias da população urbana**.

Ciente de seu isolamento, o governo tentou reagir em junho de 1889. Para isso, nomeou presidente do Conselho de Ministros um político liberal, mais próximo dos republicanos do que os conservadores. O novo ministro, Afonso Celso de Assis Figueiredo (que tinha o **título de nobreza** de visconde de Ouro Preto), apresentou à Câmara de Deputados um programa de reformas, entre as quais a de uma maior autonomia para as províncias.

De nada adiantou. A Câmara rejeitou a proposta e foi dissolvida pelo imperador. O governo convocou então novas eleições. Mas o tempo não corria a seu favor.

No dia 9 de novembro de 1889, reunido sob a presidência de Benjamin Constant, o Clube Militar decidiu pelo fim da monarquia e pela Proclamação da República. Curiosamente, nesse mesmo dia, o governo organizou no Rio de Janeiro uma grande festa para mostrar a força do regime imperial (veja a seguir a seção *Olho vivo*).

A Z

Título de nobreza: durante o Império, o governo costumava conceder títulos de nobreza a pessoas das elites que o apoiavam. Entre os títulos, havia os de barão, visconde, marquês e duque. O duque de Caxias, por exemplo, foi um dos contemplados.

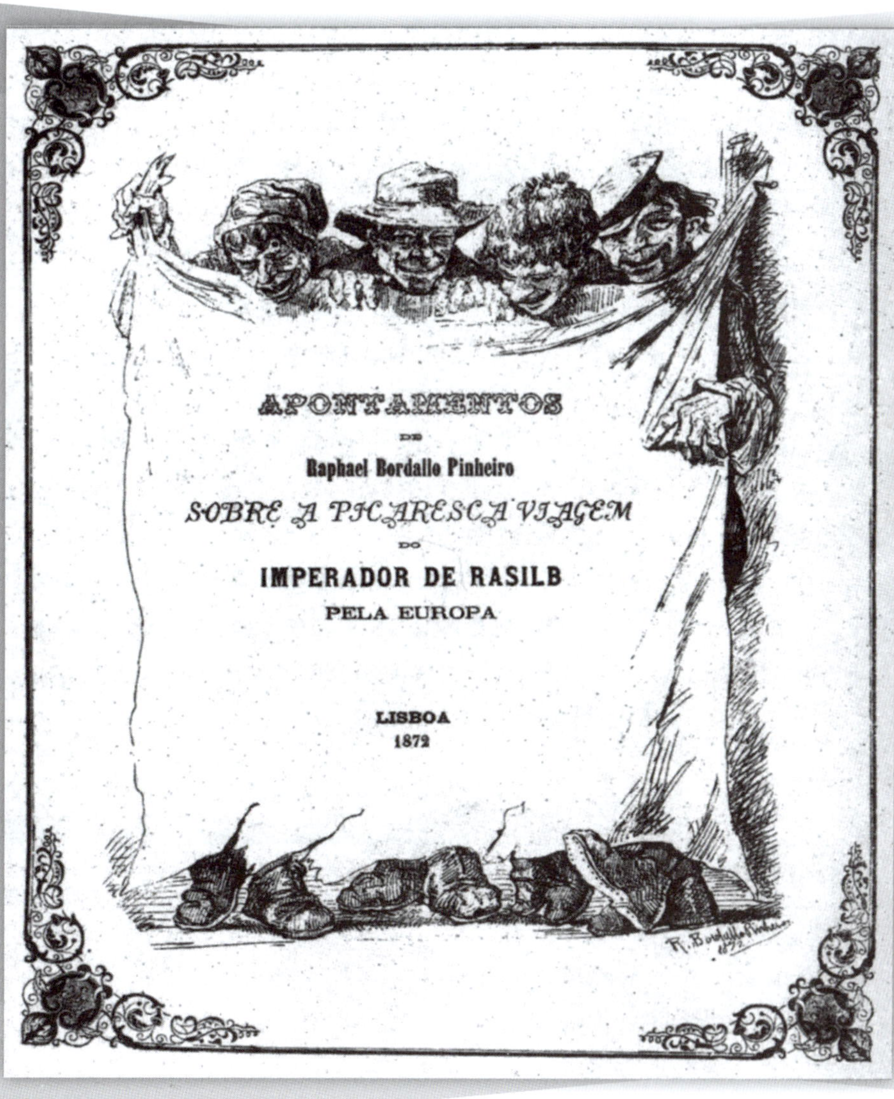

Rafael Bordalo Pinheiro/Coleção Guita e José Mindlin, SP

Página de abertura do livro de caricaturas de Rafael Bordalo Pinheiro, publicado em 1872, com críticas ao governo de dom Pedro II. A obra é intitulada *Apontamentos de Rafael Bordalo Pinheiro sobre a picaresca viagem do imperador de Brasil pela Europa*.

Olho vivo

O baile da Ilha Fiscal

O governo imperial promoveu, na noite de 9 de novembro de 1889, um grande baile nos salões do palácio da Ilha Fiscal, na entrada da baía de Guanabara, no Rio de Janeiro. Oficialmente, o baile tinha como pretexto homenagear os oficiais do cruzador chileno Almirante Cochrane, que havia aportado em terras brasileiras. Contudo, o que de fato o governo pretendia era celebrar as bodas de prata – ou seja, os 25 anos de casamento – da princesa Isabel com o conde d'Eu.

A ocasião também objetivava **fortalecer os representantes da monarquia**, que se encontravam **isolados da sociedade**. Mal sabiam os convidados que a República seria proclamada seis dias depois.

1 Os convidados foram transportados em barcaças desde o Cais Pharoux, na atual praça XV de Novembro, na cidade do Rio de Janeiro, até a ilha. Os barcos estavam decorados com luxuosos tapetes e com bandeiras brasileiras e chilenas.

2 O palacete da Ilha Fiscal havia sido inaugurado por dom Pedro II em abril de 1889, com o objetivo de controlar as mercadorias vindas de outros países em navios que aportavam na baía de Guanabara.

3 Na frente da entrada principal, estão retratados dom Pedro II, sua esposa, dona Tereza Cristina, a princesa Isabel e seu marido, o conde d'Eu.

4 Com o braço esquerdo levantado, o visconde de Ouro Preto, então presidente do Conselho de Ministro e idealizador do baile, faz um discurso para a família imperial e os homenageados da noite.

5 No final do século XIX, as pessoas da alta sociedade se vestiam a rigor para festas e comemorações. As mulheres costumavam usar vestidos decotados e feitos com muito tecido. Como penteado, adotavam o coque. Os homens vestiam fraques e gravatas-borboleta, além de usar barba e bigode que, à época, eram um símbolo de respeito e nobreza.

O último baile da Ilha Fiscal (1905), também conhecido como *A ilusão do Terceiro Reinado*, óleo sobre tela de Francisco Aurélio de Figueiredo e Melo.

Calcula-se que, além dos trezentos tripulantes do navio chileno, aproximadamente 4 500 convidados compareceram. Os gastos com o evento foram enormes e custaram aos cofres públicos quase 10% do total previsto para ser destinado à província do Rio de Janeiro em 1890.

Em 1905, o artista Aurélio de Figueiredo (1856-1916) pintou a tela *O último baile da Ilha Fiscal*, também conhecida como *A ilusão do Terceiro Reinado*. Mais do que mostrar o luxo e a grandeza do acontecimento, a obra é uma alegoria do delicado momento pelo qual passava o país: a transição do Império para a República.

Francisco Aurélio de Figueiredo e Melo/Museu Histórico Nacional, RJ.

Fontes: CARMO, Mikelane Almeida do; PÁSCOA, Luciane Viana Barros. Artes Plásticas em Manaus nos séculos XIX e XX: reflexões sobre o quadro *O último baile da Ilha Fiscal* de Aurélio Figueiredo. Revista *Aboré*. Manaus: Universidade, n. 2, 2006. Disponível em: <http://tinyurl.com/l9qnm5s>. Acesso em: jan. 2015.
EULALIO, Alexandre. De um capítulo do Esaú e Jacó, ao painel d'*O último baile*. Revista *Discurso*. São Paulo: Polis, n. 14, 1983. Disponível em: <http://tinyurl.com/m3Kxg8y>. Acesso em: jan. 2015.

(6) Lâmpadas elétricas, alimentadas por um gerador, iluminavam o baile. O uso da eletricidade era sinal dos avanços do país na época.

(7) A festa, propriamente dita, é representada na metade inferior do quadro.

(8) No alto da pintura, em tons claros, entre bispos e frades, a princesa Isabel é coroada. Na sua frente, o papa abençoa a cerimônia. Com o advento da república, a monarquia deixou de existir e a coroação de Isabel, como rainha sucessora de dom Pedro II, nunca aconteceu. Por isso, essa alegoria não está na parte principal, que representa o período republicano.

(9) Repare na luminosidade do céu. Aurélio Figueiredo retratou o final da festa, já ao amanhecer. Essa passagem da noite para o dia tem uma conotação especial: simboliza o fim da monarquia (noite) e o início da república (dia).

(10) Junto com o amanhecer, surge entre as nuvens a alegoria da república, que tem na cabeça o barrete frígio. Ao seu lado estão alguns chefes republicanos e comandantes militares dos batalhões que se rebelaram em 15 de novembro de 1889.

(11) Aqui vemos representado o Pão de Açúcar. Em 1912, seria inaugurado um teleférico que o ligaria ao morro da Urca: o mundialmente famoso bondinho do Pão de Açúcar.

Proclamação da República

Dois dias depois, militares e civis republicanos, entre os quais Benjamin Constant, Quintino Bocaiúva e Rui Barbosa, reuniram-se com o marechal Deodoro da Fonseca. Essa reunião foi decisiva, pois Deodoro era amigo pessoal de dom Pedro II e relutava em apoiar a república. Entretanto, Quintino, Benjamin e Rui conseguiram convencê-lo a aderir ao movimento republicano.

Inicialmente, o movimento militar pela Proclamação da República fora marcado para o dia 20 de novembro. Entretanto, começaram a correr rumores de que o visconde de Ouro Preto havia ordenado a prisão de marechal Deodoro. Diante disso, o golpe de Estado que derrubaria a monarquia foi antecipado para 15 de novembro.

Na manhã do dia 15, tropas comandadas pelo marechal Deodoro da Fonseca depuseram o gabinete de ministros. Não houve resistência por parte do governo. Dom Pedro II, que se encontrava em Petrópolis, ainda tentou nomear um novo Ministério, mas não obteve sucesso. Em 17 de novembro de 1889, embarcou com a família em um navio que o levaria a Portugal. De lá, seguiu depois para Paris, onde faleceria em dezembro de 1891.

Como é possível perceber, o golpe que derrubou a monarquia foi organizado e conduzido pelos grupos dominantes (ou seja, pelas elites), sem participação popular. Mesmo na capital do país, o Rio de Janeiro, o povo não sabia o que estava ocorrendo na manhã daquele dia 15 de novembro. Algumas pessoas chegaram a pensar que se tratava de mais uma parada militar.

Proclamada a República, os líderes que derrubaram a monarquia constituíram um Governo Provisório presidido pelo marechal Deodoro da Fonseca.

Bandeira da República: primeira divergência

A mudança de regime (de monarquia para república) resultou também na alteração dos símbolos do país. Entre eles, a bandeira nacional. Observe ao lado como a bandeira tem uma importância central na alegoria que representa a República brasileira. Esse foi também um dos primeiros alvos de disputas.

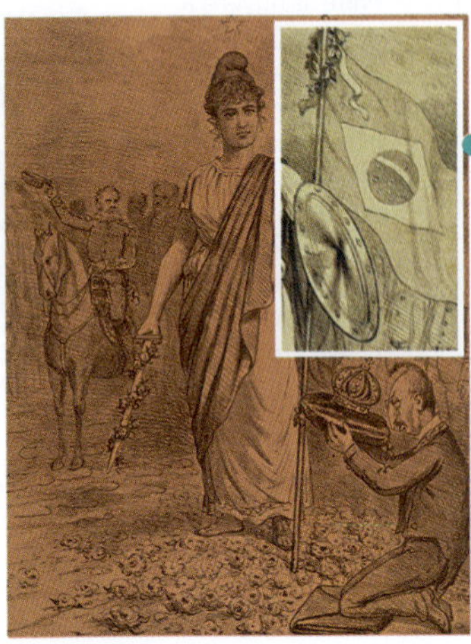

Fotos: Pereira Neto/Fundação Biblioteca Nacional, RJ.

Representação da bandeira oficial do Brasil após a Proclamação da República. Detalhe da alegoria na obra *Glória à Pátria! Honra aos heroes do dia 15 de novembro de 1889.*

Logo após o 15 de Novembro, uma bandeira parecida com a dos Estados Unidos (com faixas verdes e amarelas) chegou a ser apresentada.

Ela representava os interesses dos grandes proprietários de terras, sobretudo os cafeicultores, que queriam um modelo de república semelhante ao dos Estados Unidos. Daí o nome oficial do país, estabelecido pela Constituição de 1891: República dos Estados Unidos do Brasil (atualmente, o nome oficial é República Federativa do Brasil).

Entretanto, essa bandeira não foi aceita pelos positivistas, que defendiam um regime político centralizado, diferente da forma de governo dos Estados Unidos. No lugar dela, eles sugeriram um modelo que mantinha características da bandeira monárquica.

No círculo azul foi introduzida a inscrição de inspiração positivista **Ordem e Progresso**, proposta por Benjamin Constant.

Como o Governo Provisório estava nas mãos dos militares, muitos deles simpáticos ao positivismo, essa bandeira foi oficializada em 19 de novembro de 1889.

Wikipédia/Arquivo da editora

Primeira bandeira republicana, idealizada por Rui Barbosa, serviu de modelo para várias bandeiras estaduais.

Jacobolus/Wikipédia

Bandeira dos Estados Unidos, que vigorou de 4 de julho de 1819 a 3 de julho de 1820.

Lyonardo Krëin/Wikipédia

Bandeira do Império do Brasil

Raimundo Teixeira Mendes/Arquivo da editora

Bandeira oficial do Brasil

Enquanto isso...

A Segunda Revolução Industrial

Estudamos no Capítulo 2 deste volume a **Revolução Industrial**. Ela teve início na Inglaterra em meados do século XVIII e logo se espalhou para outros países europeus e para os Estados Unidos. Foi caracterizada, entre outras coisas, por dar início a um período de significativas invenções tecnológicas e pelo surgimento da indústria moderna.

Nas últimas décadas do século XIX, época em que os ideais republicanos ganhavam força no Brasil, na Europa e nos Estados Unidos, verificou-se uma nova onda de grandes inventos e inovações tecnológicas.

Algumas dessas inovações foram a introdução do aço como matéria-prima básica da indústria e o emprego em grande escala da eletricidade e do petróleo como fontes de energia. Essas e outras transformações do final do século XIX criaram condições para a produção do automóvel, que se tornaria a grande mercadoria industrial do século XX.

Esse conjunto de inovações foi tão grande e importante que passou a ser chamado de Segunda Revolução Industrial.

National Motor Museum/Heritage Images/Getty Images

A invenção do primeiro carro a gasolina foi fruto da Segunda Revolução Industrial. A proeza foi do engenheiro alemão Karl Benz. Ele é visto nesta foto de 1894, na Alemanha, no modelo Benz-Viktoria, criado por ele. No carro, Benz está à direita de sua esposa; sua filha Clara senta-se em frente a ele e ao lado de um colega. O Benz-Viktoria foi seu primeiro carro a ter quatro rodas, produzido por sua empresa Benz e Companhia. Em 1924, Karl Benz seria fundador da automotiva Mercedes-Benz.

Esquema-resumo

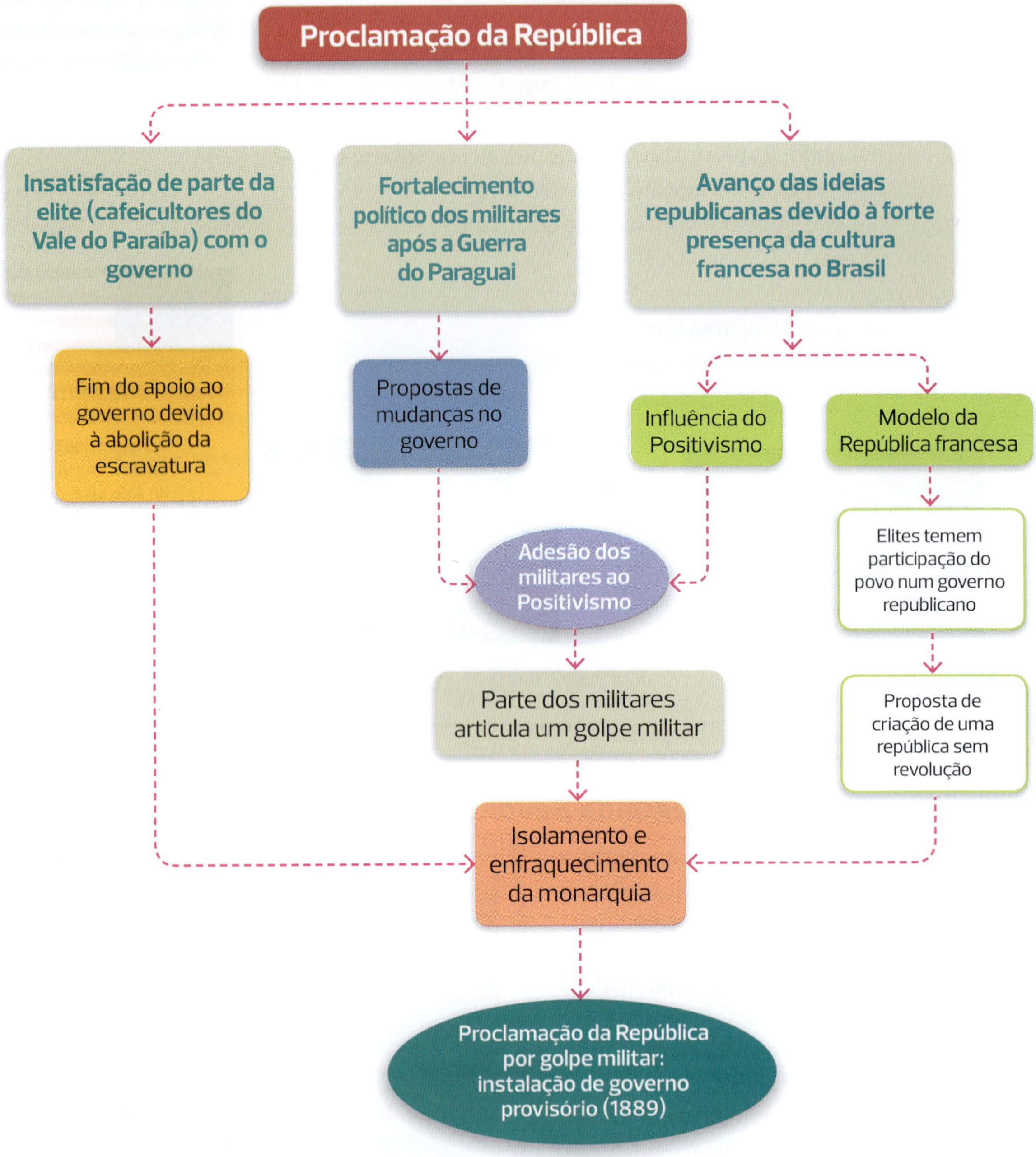

atividade

- De acordo com o esquema, a articulação de processos diferentes contribuiu para o fim da monarquia brasileira: o descontentamento de parte da elite com o governo, a participação dos militares na política e o avanço das ideias republicanas. Explique como cada um desses processos foi relevante para a Proclamação da República brasileira.

Atividades

CONTEÚDO DIGITAL

Para organizar as ideias

1. O império passou por longa crise política e social até chegar ao fim. Cite fatores que contribuíram para esse acontecimento.
2. De que forma os participantes e o processo de instauração da república no Brasil foram representados na alegoria da *Revista Illustrada*, reproduzida na página 208?
3. A república é uma forma de governo na qual a participação popular é de fundamental importância. Podemos dizer que houve participação popular no movimento da Proclamação da República no Brasil? Por quê?
4. Releia o capítulo e faça um fichamento dos principais fatores que fizeram com que parte dos proprietários de terras, principalmente os cafeicultores do Oeste paulista, aderisse às ideias republicanas.
   - Veja, no fim deste volume, na seção *Como se faz...*, orientações para fazer um fichamento.
5. Na segunda metade do século XIX, uma das principais correntes de pensamento existentes no Brasil era o positivismo. Quais eram suas características e qual foi sua importância para a Proclamação da República?
6. Nos primeiros dias após a Proclamação da República, a nova bandeira brasileira passou por significativas mudanças. Que interesses estavam por trás dessas mudanças?
7. A Proclamação da República contou com uma participação direta e decisiva de militares. Quais foram os principais motivos que impulsionaram os militares brasileiros a afastar dom Pedro II do poder?
8. Os conflitos entre o governo imperial e a Igreja contribuíram para isolar dom Pedro II e enfraquecer o regime político. Explique os principais motivos das diferenças entre o governo e o clero.

Teste seus conhecimentos

1. A segunda metade do século XIX foi marcada pelo apogeu do cientificismo no mundo ocidental. A ciência transformava-se na panaceia para todos os males, capaz de indicar soluções para tudo, inclusive prever, controlar e disciplinar os homens e seus comportamentos. Desde o evolucionismo de Darwin até o positivismo de Augusto Comte, a ideia de progresso servia como "bússola" no caminho da modernidade.

   À luz dessas informações, indique em seu caderno a opção que define o contexto de introdução das ideias positivistas no Brasil.

   a) O positivismo ganhou destaque no Brasil ao preparar jovens oficiais com vistas à abolição da escravatura e à implantação do regime republicano.

   b) O positivismo penetrou no Brasil através da visita de uma missão militar inglesa ao país, atingindo seu apogeu com a Proclamação da República por Deodoro da Fonseca, um de seus principais líderes.

   c) A ideia de progresso contida no positivismo baseava-se na crença em um estágio superior da evolução humana a ser atingido, no caso do Brasil, quando toda a população do país fosse alfabetizada e gozasse de cidadania política.

   d) O positivismo difundiu-se no Brasil, sobretudo através da juventude militar, valorizando o mérito individual e a ideia de progresso por meio da ciência.

   e) A difusão do positivismo no Brasil deveu-se à sua penetração no Exército, envolvendo tanto a juventude militar quanto suas lideranças formadas pelos oficiais de alta patente, entre eles, o marechal Deodoro da Fonseca e o duque de Caxias.

2. Considerando-se as informações que estão na charge da página 214, é correto afirmar que o texto escrito na bandeira faz referência:

a) à intensa mobilização das camadas populares a favor de uma transição da monarquia para a república.

b) à adesão de muitos fazendeiros escravocratas à república, logo após a abolição da escravatura.

c) aos movimentos republicano e abolicionista no Brasil, que se fortaleceram desde a década de 1870.

d) à decidida opção do regime monárquico pela abolição da escravatura, apesar da oposição republicana.

3. Observe a imagem da seção *Olho vivo* que traz a tela *O último baile da Ilha Fiscal*, de Aurélio de Figueiredo (páginas 212 e 213). A obra, elaborada em 1905, é uma alegoria da transição do Império para a República no Brasil. Identifique **V** para as opções verdadeiras e **F** para as falsas, levando em consideração as seguintes afirmativas sobre a imagem de Figueiredo:

a) A tela é uma representação do último baile do governo imperial, realizado na Ilha Fiscal, em 9 de novembro de 1889.

b) A luminosidade construída na tela representa a passagem da noite para o dia, simbolizando o fim da monarquia (a noite) e o início da república (o dia).

c) A tela constrói uma alegoria negativa da república, expressando a convicta defesa que o artista fazia do regime monárquico.

d) O tema central da tela é a festa, e a alegoria propriamente dita tem um destaque muito pequeno. Por isso, no espaço central da imagem, vemos a representação da festa e dos convidados.

As questões 1 e 2 foram adaptadas de vestibular (UFF e UFMG).

Diálogos

Como vimos, Marianne foi escolhida para simbolizar a República Brasileira. Apesar dessa figura ser vista como a valorização da mulher, no Brasil do século XIX, as mulheres possuíam ainda um papel político muito restrito: não podiam votar nem se candidatar a cargos públicos; além disso, eram poucas as mulheres que frequentavam instituições educacionais e tinham suas opiniões respeitadas e debatidas no mundo público.

- Com base em suas observações e leituras, nos dias de hoje, a presença feminina na vida política brasileira continua a mesma, ou houve mudanças?
- Escreva um pequeno resumo sobre esse assunto.
- Veja na seção *Como se faz...*, no fim deste volume, orientações para fazer um resumo.

Interpretando documentos

No final do século XIX, alguns artistas plásticos criaram pinturas com o objetivo de construir, por meio da arte, uma visão heroica da História brasileira. É o caso das telas reproduzidas a seguir.

A primeira pintura é *Independência ou morte*, pintada em 1888 por Pedro Américo e representa a Proclamação da Independência do Brasil ocorrida 66 anos antes.

A segunda pintura é *A Proclamação da República*, de Henrique Bernardelli. Pintada por volta de 1900, representa o marechal Deodoro da Fonseca proclamando a República.

Observe as duas obras com atenção.

1. As chamadas pinturas históricas têm a característica de representar determinados valores, como heroísmo, grandeza, vigor, ação. Com base nessa informação, aponte elementos que permitam classificar essas obras como pinturas históricas.

2. Quais são as semelhanças e as diferenças entre as duas imagens?

3. O povo está representado nas duas pinturas? Caso esteja em alguma delas, como é essa representação?

Pedro Américo de Figueiredo e Melo/Museu Paulista da USP, SP.

Independência ou morte, também conhecida como *O Grito do Ipiranga*, óleo sobre tela de Pedro Américo, 1888.

Henrique Bernardelli/Museu da República, RJ.

A Proclamação da República, óleo sobre tela de Henrique Bernardelli, de 1900.

Hora de refletir

Vimos que, na fase final do Segundo Império, alguns setores da elite rural, formada por grandes fazendeiros, utilizaram seu poder para ajudar a derrubar a monarquia.

- Faça uma pesquisa sobre os atuais grandes proprietários de terra do Brasil.
- Eles também são poderosos como os grandes fazendeiros do Segundo Império?
- Eles enfrentam algum tipo de oposição de outros setores da sociedade?
- Justifique suas respostas no caderno.

Minha biblioteca

***A vida privada no Segundo Império pelas cartas de Ina von Binzer (1881-1883)*, de Marly Ritzkat, Atual. (O olhar estrangeiro).**
As cartas da alemã Ina à sua amiga Mary Ritzkat, que ficara na Alemanha, oferecem ao leitor uma visão muito particular da História do Brasil.

***O príncipe triste*, de Rui de Oliveira e Lilia Moritz Schwarcz, DCL.**
Mescla de história e ficção, o livro retrata com lirismo os dilemas de um garoto que, aos 14 anos, tornou-se imperador do Brasil.

***Sua majestade o café*, de Cândida Vilares Gancho e Vera Vilhena de Toledo, Moderna. (Desafios).**
Uma análise da trajetória do café no Brasil, desde o século XIX até os dias atuais.

Difusão Cultural do Livro/Arquivo da editora

Mundo virtual

<http://tinyurl.com/pdmm92p>
Videorreportagem que trata da imponência da Ilha Fiscal, com informações sobre o último grande evento da monarquia, antes da Proclamação da República.
Acesso em: jan. 2015.

Ponto de chegada

Como vimos na abertura desta unidade, a terra pode ser entendida como fonte de poder político e social. Sendo a terra fonte de riquezas e de subsistência, não podemos deixar de associá-la também à questão ambiental. Preservar o equilíbrio da natureza é essencial para a manutenção da vida no planeta.

Os dois documentos a seguir permitem discutir essa questão. O primeiro é uma tira da Mafalda, personagem criada pelo argentino Quino. O segundo é um cartaz da Organização Não Governamental (ONG) internacional Greenpeace, que luta pela preservação do meio ambiente.

Depois de analisar os dois documentos, responda no caderno às atividades propostas.

DOCUMENTO 1 – História em quadrinhos

Joaquín Salvador Lavado (Quino)/Acervo do cartunista

QUINO. *Toda Mafalda*: da primeira à última tira. São Paulo: Martins Fontes, 2008. p. 77.

DOCUMENTO 2 – Cartaz

Greenpeace/Arquivo da editora

Campanha da ONG Greenpeace *Salvar o planeta. É agora ou agora.*

Greenpeace. Campanha *Salvar o planeta. É agora ou agora*. Disponível em: <http://g1.globo.com/platb/natureza-greenpeace/2009/01/05/salvar-o-planeta-e-agora-ou-agora>. Acesso em: nov. 2011.

1. Considerando o tema meio ambiente, que motivos a Mafalda teria para dizer que o planeta está doente?

2. De que forma o Greenpeace procura, por meio do cartaz, sensibilizar as pessoas em relação à necessidade de preservar o meio ambiente?

3. Reúnam-se em grupos e discutam os principais problemas ambientais do mundo contemporâneo como, por exemplo, o aquecimento global.

- Escolham um desses problemas e elaborem um texto para um cartaz visando sensibilizar as pessoas a respeito do assunto.

Suryara Bernardi/Arquivo da editora

Como se faz...

Blog

Blog é um *site* cuja estrutura permite atualização rápida a partir de acréscimos de arquivos, conhecidos como *posts*. Em geral, os arquivos estão organizados de forma cronológica inversa – do mais recente para o mais antigo.

Um *blog* combina textos e imagens, mas também mantém *links* (palavra inglesa que significa 'conexão') para outros *blogs*, páginas da internet e outras mídias – como vídeos – relacionadas ao seu tema.

Para produzir um *blog*, o grupo deve obedecer algumas etapas de trabalho, que devem ser discutidas e planejadas previamente. Abaixo, imagem da página de abertura de um *blog*.

Página de abertura do blog *Varal de Poesia*, em maio de 2015.

1º passo

Façam um levantamento das condições técnicas para a produção de um *blog*. Verifiquem se há computadores conectados à internet na escola ou entre os integrantes do grupo, e que possam ser utilizados tanto para a construção do *blog* quanto para a apresentação em sala de aula.

Procurem saber se alguém do grupo já produziu um *blog* antes.

- No *site* <www.wordpress.com> e na página <http://blog.uol.com.br/> é possível criar um *blog* gratuitamente e de forma simplificada.

2º passo

Discutam em conjunto os temas a serem abordados no *blog*. Anotem todas as ideias discutidas para desenvolvê-lo. Cada elemento do grupo pode ficar responsável por uma seção ou tema a ser abordado, levantando informações e materiais em diferentes fontes para enriquecer o trabalho.

A edição da página pode ficar sob a responsabilidade daqueles que estiverem mais familiarizados com o uso dessa ferramenta. Uma pessoa do grupo deve registrar todas as sugestões para facilitar o trabalho.

3º passo

Documentos diversos, como fotografias, filmes, letras de músicas, gráficos e depoimentos, enriquecem o trabalho, mas devem ter relação com o conteúdo proposto e estar devidamente identificados.

- Toda e qualquer utilização de material não produzido pelo grupo deve ter citação de autor e fonte (livro, jornal, revista, etc., em que o material foi publicado ou veiculado), data de publicação ou produção (em caso de filme, música ou fotografia) e, o mais importante, autorização do autor para a reprodução de seu trabalho no *blog*.

4º passo

As *tags* – rótulo ou legenda em inglês – são palavras-chave usadas para identificar e localizar o conteúdo de um *blog* ou *site*. Essas palavras devem auxiliar o visitante a encontrar o tema / assunto desejado da maneira mais rápida e fácil possível.

5º passo

O *blog* deve conter espaço para depoimentos ou questões de leitores que queiram opinar ou tirar alguma dúvida sobre o assunto publicado. Uma ou duas pessoas do grupo de trabalho devem ser escolhidas para responder às questões levantadas pelos leitores.

6º passo

O nome do *blog* deve ser curto ou bastante criativo para que as pessoas possam se lembrar dele sempre. Divulguem o endereço do *blog* entre amigos e professores e procurem mantê-lo atualizado.

- Além dos temas propostos pelo grupo, esse *blog* pode servir para discutir outros assuntos relevantes para a classe.

Entrevista

Entrevista é uma conversa na qual uma pessoa (no caso, o entrevistador) pede informações e opiniões a outra (o entrevistado) sobre um assunto escolhido. Com a entrevista, é possível conhecer opiniões de diferentes pessoas sobre determinado tema, ampliando as possibilidades de debate em sala de aula.

Uma vez definido o tema a ser abordado, é necessário preparar com antecedência as perguntas e a ordem em que elas devem ser feitas ao entrevistado. Isso evita que as informações deixem de ser obtidas. Ao preparar o roteiro da entrevista, deve-se considerar o tema a ser tratado, o objetivo, o tempo de que se dispõe para realizar a entrevista e o local em que ela será feita.

Leia a seguir alguns passos que podem auxiliar na realização de uma entrevista.

1º passo

Elaboração do plano da entrevista

Uma vez definido o tema, é preciso pensar nas informações que se pretende obter com a entrevista (ou seja, qual é o seu objetivo). Depois é necessário escolher uma pessoa que possa dar essas informações.

O meio de registro da entrevista também deve ser definido: se ela será anotada, filmada ou gravada em áudio.

2º passo

Elaboração das perguntas

Evidentemente, as perguntas devem estar relacionadas com o assunto em questão. Para obter respostas mais completas, procure elaborar questões mais abertas. As questões abertas são aquelas às quais não se pode responder apenas com "sim" ou "não".

As perguntas devem ser simples e escritas com correção e clareza para evitar confusão.

O número de questões não deve ser exagerado para que a entrevista não se torne cansativa.

Evite começar as perguntas usando "Na sua opinião", pois as respostas já são opiniões do entrevistado.

3º passo

Preparação da entrevista

Verifique a disponibilidade do entrevistado e marque a entrevista com antecedência. Nesse momento deve ser dito ao entrevistado quais assuntos serão abordados. Peça autorização do entrevistado para filmar ou gravar a entrevista (se for o caso).

Confirme o local e o horário combinados. O local onde ocorrerá a entrevista deve ser calmo e silencioso para que não haja interferência na conversa.

Prepare e teste os materiais necessários (gravador ou câmera) antes da entrevista. Não se esqueça de levar papel e caneta para anotações caso ocorram falhas no equipamento ou mesmo para tomar nota de pontos importantes.

4º passo

Treinamento

Procure realizar uma entrevista-teste com alguém que possa dar dicas sobre as perguntas e também para analisar sua postura diante do entrevistado. Essa é mais uma oportunidade para testar o uso de equipamentos de gravação ou de filmagem.

Tente memorizar as perguntas para facilitar a conversa com o entrevistado; assim você evita que o encontro se torne um questionário.

Não é necessário seguir rigorosamente a ordem das perguntas: tudo depende do rumo da conversa e das declarações do entrevistado. Mesmo assim, não deixe de ter à mão o roteiro escrito, caso esqueça alguma pergunta.

5º passo

Entrevista

Não se esqueça de anotar ou gravar a data e o local da entrevista.

Fique atento à postura (modo de se sentar) e ao vocabulário utilizado. Não use gíria ao falar com o entrevistado.

Faça uma pergunta de cada vez e ouça atentamente as respostas enquanto faz os registros (anotando ou gravando).

Procure deixar que as questões surjam naturalmente, como em um diálogo, evitando que a entrevista assuma um caráter de "interrogatório policial".

Se durante a conversa surgir um fato novo e interessante não previsto nas perguntas, procure explorar a questão.

O entrevistador deve evitar dar suas opiniões sobre o assunto e respeitar as opiniões do entrevistado.

Ao final da entrevista, agradeça ao entrevistado e se despeça.

> **Dica**
>
> Procure chegar ao local da entrevista com antecedência para preparar o ambiente e os materiais. Não deixe de levar: perguntas escritas, folhas em branco, caneta e demais equipamentos (filmadora ou gravador, se for necessário).

6º passo

Redação da entrevista

Depois da entrevista é preciso organizar as respostas colhidas (se a entrevista foi gravada ou anotada) e transcrevê-las para o computador ou para o papel.

O entrevistador não deve adulterar as declarações do entrevistado. Se alguma ideia não estiver clara, procure esclarecê-la consultando novamente o entrevistado. Se não for possível fazê-lo, o melhor é não publicar essa ideia.

A entrevista deve ter uma abertura na qual o entrevistado é apresentado, isto é, são informados seu nome, idade, profissão, e o tema principal da entrevista, bem como o que a motivou.

Elimine as respostas repetidas, aquelas em que o entrevistado diz a mesma coisa com outras palavras. O mesmo deve ser feito em relação às perguntas.

As respostas não devem começar repetindo os mesmos termos das perguntas. Por exemplo, se a pergunta for "Quais são os principais pontos do novo projeto?", a resposta não deve ser iniciada começando por "Os principais pontos são...".

Procure dizer algo como "Segundo o entrevistado, o novo projeto apresenta as seguintes propostas...".

Sempre que o entrevistado não responder a uma pergunta ou a deixar incompleta, você poderá usar reticências.

Fichamento

O fichamento é uma forma de coletar e organizar as informações de um texto para melhor compreendê-lo e para utilizá-lo em consultas posteriores. Você pode fazer isso em fichas soltas ou nas páginas de seu caderno. A ficha pode ser em papel, cartão ou outro suporte, que contenha os dados de uma pessoa ou de um assunto estudado. Também é possível encontrar fichas em papelarias.

Após o primeiro momento da leitura, no qual se busca entender o texto como um todo, é necessário registrar na ficha os principais conceitos e ideias do autor.

Também é importante procurar e anotar em um quadrinho dentro da ficha o significado de termos desconhecidos. Esse procedimento permite organizar melhor os conteúdos.

1º passo

Leitura atenta do texto

Procure compreender os conceitos utilizados e as principais ideias do autor. Identifique termos e palavras desconhecidas e pesquise seu significado em um dicionário.

2º passo

Estrutura do fichamento

Para melhor organizar as informações e o conhecimento obtido na leitura, elabore o fichamento com a seguinte estrutura:

- Referências bibliográficas de um livro: sobrenome do autor (em letras maiúsculas), nome do autor. *Título da obra* (em itálico). Cidade onde foi publicada: nome da editora, ano de publicação e número de páginas.
- Pequeno resumo do texto: pode ser escrito ao final da leitura do texto e das anotações feitas na ficha (ou no caderno). Com base nessa leitura, redija um pequeno resumo.
- Anotação das partes específicas que compõem o texto e as referências das páginas: procure tomar nota dos trechos mais importantes, que resumam as ideias centrais do autor. Se copiar uma frase mais longa, utilize aspas. Ao anotar, indique sempre a(s) página(s) correspondente(s) do documento original.

Veja a seguir um modelo de fichamento de uma matéria publicada no *site* da revista *História Viva*, em 13 de janeiro de 2011.

Exemplo de fichamento

Matéria original:

janeiro de 2011

Esfinges milenares reveladas no Egito

Escavações em uma antiga estrada do império dos faraós revelam 12 monumentos que datam do século IV a.C.

por Heloísa Broggiato

Prospecções realizadas em uma antiga avenida de 2,7 km de comprimento e 76 metros de largura, que ligava os templos faraônicos de Luxor e Karnak, no Egito, revelaram a existência de 12 esfinges datadas da época do rei Nectanebo I (380-362 a.C.), anunciou o Conselho Supremo de Antiguidades do país. De acordo com os arqueólogos, o caminho foi construído pelo faraó Amenhotep III (1410-1372 a.C.) e restaurado, quase mil anos depois, por Nectanebo I. O local é considerado um dos sítios arqueológicos mais importantes de Luxor.

Bridgeman/Keystone

Foto de uma das doze esfinges que datam do reinado de Nectanebo I (380 a.C.-362 a.C.), descoberta em 2010 por arqueólogos egípcios em Luxor, no sul do Egito. Foto de 2010.

Junto à avenida das esfinges, foi descoberta também uma passagem que partia do local em direção ao rio Nilo. A estrada, mencionada em diversos textos antigos, tem cerca de 600 metros e foi usada por Amon, o rei dos deuses, na visita anual à sua esposa Mut, no templo de Luxor, e também durante procissões.

No local foram encontradas ainda pedras originárias da região de Assuã, o que demonstra a importância da estrada no tempo em que era usada. As escavações continuam em andamento.

Heloísa Broggiato é jornalista, tradutora, cientista política e mestre em política internacional e segurança pela Universidade de Bradford, na Inglaterra.

BROGGIATO, Heloísa. Esfinges milenares reveladas no Egito. *História Viva*. São Paulo: Duetto Editorial, 13 jan. 2011. Disponível em: <www2.uol.com.br/historiaviva/noticias/esfinges_milenares_reveladas_no_egito.html>. Acesso em: jan. 2015.

Fichamento:

1. Referências bibliográficas da obra:

BROGGIATO, Heloísa. Esfinges milenares reveladas no Egito. *História Viva*. São Paulo: Duetto Editorial, 13 jan. 2011. Disponível em: <www2.uol.com.br/historiaviva/noticias/esfinges_milenares_reveladas_no_egito.html>. Acesso em: jan. 2015.

2. Resumo do texto:

A matéria, publicada originalmente em janeiro de 2011, informa sobre importante descoberta arqueológica no Egito – doze esfinges da época do rei Nectanebo I (380 a.C.-362 a.C.), localizadas em uma antiga avenida de 2,7 km de comprimento e 76 m de largura. Junto à avenida foi descoberto também um caminho que ligava o local ao rio Nilo. Essa área é considerada um dos sítios arqueológicos mais importantes de Luxor.

3. Anotações e citações de trechos da matéria:

- "De acordo com os arqueólogos, o caminho foi construído pelo faraó Amenhotep III (1410-1372 a.C.) e restaurado, quase mil anos depois, por Nectanebo I."
- "A estrada, mencionada em diversos textos antigos, tem cerca de 600 metros e foi usada por Amon, o rei dos deuses, na visita anual à sua esposa Mut, no templo de Luxor, e também durante procissões."

Jornal

Elaborar um jornal da classe ou da escola pode ser um trabalho divertido e ao mesmo tempo importante, no sentido de desenvolver habilidades e competências, tais como as de investigar e compreender melhor o contexto escolar; conhecer procedimentos internos de um meio de comunicação importante em nossa sociedade; e ser capaz de expressar com clareza pontos de vista individuais e coletivos.

A prática de pesquisa e a redação de diferentes tipos de texto também são bastante aprimoradas na elaboração de um jornal.

O texto jornalístico é caracterizado por uma linguagem clara e direta. A estrutura da notícia é composta por abertura, desenvolvimento e conclusão. Já na abertura do texto de uma notícia (chamado de lide, do inglês *lead*) encontramos respostas para seis questões básicas: o quê, quem, quando, onde, como e por quê. Fazer rascunhos sobre fatos ocorridos na escola pode ajudar na elaboração de uma notícia.

Veja a seguir alguns passos que podem auxiliar na elaboração de um jornal:

1º passo

Perfil do jornal e perfil do leitor

- Definição do perfil temático do jornal:
  - será porta-voz dos alunos ou da direção da escola?
  - vai abordar temas gerais e atualidades de toda a comunidade ou somente da escola?
  - vai debater assuntos polêmicos?
- Definição do leitor da publicação:
  - colegas, pais, professores e funcionários?
  - toda a comunidade?

Essas definições são importantes para estabelecer o modo pelo qual os textos serão elaborados.

2º passo

Projeto gráfico

Projeto gráfico é um esboço inicial das características visuais que o jornal deve ter. Ele define, por exemplo, o tamanho e o formato do jornal, se ele deve ter duas, três ou quatro colunas, se terá imagens coloridas ou só em preto e branco, etc.

- Decisão em grupo dos detalhes do projeto gráfico para definir a aparência do jornal:
  - Escolha do nome e da forma de divulgação do jornal (impresso, mural ou meio eletrônico);
  - Escolha do tipo das letras para os títulos, textos e legendas;
  - Definir o uso ou não de cores;
  - Definir o uso de imagens e os tipos (fotografia, ilustração, etc.);
  - Escolha das seções do jornal;
  - Indicar em um quadro a relação dos responsáveis pela produção do jornal.

> **Dica**
>
> Analisar o projeto gráfico de outros jornais ajuda na escolha dos elementos acima.

3º passo

Definição das seções de jornal

Definam que seções farão parte do jornal, para distribuí-las entre os membros do grupo: capa, editorial, atualidades, entrevista, artes plásticas / literatura, quadrinhos / charges, cinema, teatro, etc.

4º passo

Divisão das tarefas

Dividam as tarefas entre os integrantes do grupo de acordo com os temas propostos e as datas de entrega dos trabalhos.

> **Dica**
>
> Avalie a disponibilidade de recursos materiais, como papel, máquinas fotográficas, gravadores para entrevista, computadores, etc.

5º passo

Entender a linguagem jornalística

- Destacamos, a seguir, alguns termos da linguagem jornalística que podem ajudar na elaboração do trabalho:
  - **Artigo**: texto que transmite a opinião e a interpretação do autor sobre um fato. Geralmente é assinado e não reflete necessariamente a opinião da publicação.
  - **Editorial**: é a opinião da empresa que publica o periódico sobre temas importantes. Não é assinado.
  - **Entrevista**: contato pessoal entre o repórter e uma ou mais pessoas (fontes) para coleta de informações. Também designa um tipo de matéria jornalística redigida sob a forma de perguntas e respostas (conhecida igualmente como pingue-pongue).
  - **Legenda**: texto curto colocado ao lado, abaixo ou dentro de foto ou ilustração, que acrescenta informações à imagem.
  - **Lide**: abertura de um texto jornalístico. Pode apresentar sucintamente o assunto, destacar o fato principal ou criar um clima que atraia o leitor para o texto. O tradicional responde a seis questões básicas: o quê, quem, quando, onde, como e por quê.
  - **Manchete**: título principal, em letras grandes, no alto da primeira página de um jornal. Indica o fato jornalístico de maior importância entre as notícias contidas na edição. Também pode ser o título de maior destaque no alto de cada página.
  - **Nota**: pequena notícia.
  - **Notícia**: relato de fatos atuais, de interesse e de importância para a comunidade e para o público leitor.
  - **Pauta**: agenda ou roteiro dos principais assuntos a serem investigados e noticiados em uma publicação jornalística.
  - **Reportagem**: conjunto de providências necessárias à elaboração de uma notícia jornalística: pesquisa, cobertura de eventos, apuração, seleção dos dados, interpretação e tratamento.

Dica

É importante buscar a procedência e exatidão das informações a serem divulgadas, e discutir as consequências e implicações relacionadas ao fato narrado.

Fonte: AUGUSTO, Agnes. Jornal na sala de aula: leitura e assunto novo todo dia. *Nova Escola*. São Paulo: Abril, [s.d.]. Disponível em: <http://revistaescola.abril.com.br/lingua-portuguesa/pratica-pedagogica/jornal-sala-aula-423555.shtml>. Acesso em: 19 jul. 2011.

Linha do tempo

A elaboração de uma linha do tempo é uma atividade de pesquisa, reflexão e ordenação de acontecimentos históricos para localizá-los cronologicamente em meio a um grande número de períodos.

Não existe um padrão único para a representação gráfica de uma linha de tempo. Ela pode ser apresentada em uma linha horizontal ou vertical, em espiral, em formato de árvore ou em outros formatos.

Ao relacionarmos fatos significativos em uma linha do tempo, podemos refletir sobre o tempo e a importância de nossas próprias experiências históricas.

A produção e a análise de uma linha do tempo nos fazem perceber que o conhecimento histórico nunca está concluído, pois novos dados ou outros enfoques sempre podem contribuir para sua reconstrução.

A seguir, alguns passos que podem ajudar na elaboração de uma linha do tempo:

1º passo

Com base nas orientações do professor sobre o tema e o período a serem representados na linha do tempo, defina o formato e o modo de apresentação de sua linha do tempo (caderno, cartolina ou computador).

Dica

No *site* <www1.uol.com.br/bibliot/linhadotempo/> é possível acessar uma linha do tempo com fatos e personagens da História, que pode ser modelo para a sua linha do tempo.

2º passo

Selecione as fontes de pesquisa referentes ao tema / período histórico que você vai trabalhar: livros, enciclopédias, *sites*, jornais, documentos pessoais, entrevistas com pessoas mais velhas, etc.

Selecione também documentos como fotografias, mapas, pinturas ou outros materiais que possam acrescentar informações importantes à linha do tempo que você vai construir.

Se escolher elaborar uma linha do tempo sobre sua vida, relacione os acontecimentos que você considera mais importantes e informe a data e o local deles.

Além de suas lembranças, consulte documentos pessoais, como sua certidão de nascimento, diários, fotografias e objetos como roupas, brinquedos e livros, para obter mais detalhes ou descobrir novos fatos.

Conversar com membros da família e amigos também pode enriquecer sua pesquisa.

3º passo

Depois da leitura e investigação das fontes e materiais, faça um resumo dos acontecimentos e marque o período de duração (início e fim).

4º passo

Elabore um texto apresentando sua linha do tempo, destacando seu tema, o período representado e os principais acontecimentos registrados.

5º passo

Represente graficamente os acontecimentos e seus respectivos períodos de duração (em meses, anos, décadas ou séculos) no modelo de linha do tempo escolhido.

Você pode destacar os acontecimentos que julgar mais importantes em cores diferentes.

Dica

A representação gráfica dos períodos de tempo deve ser proporcional e coerente. Por exemplo: o espaço que representa cem anos deve ter o dobro do espaço que representa cinquenta anos.

6º passo

Fotografias, imagens e demais documentos podem ser relacionados aos fatos registrados na linha do tempo por meio de setas ou quadros com informações sobre esses documentos (assunto, autor, data).

> **Dica**
>
> Se escolher fazer uma linha do tempo sobre a sua vida procure relacionar acontecimentos históricos de sua cidade ou país no mesmo período em que algo importante aconteceu com você – uma grande descoberta científica, um fato relativo a alguma personalidade, um evento político ou esportivo importante, entre outros.
>
> Veja exemplo abaixo.

Exemplo de linha do tempo de um menino nascido em 2006.

Olivier Morin/Agência France-Presse

Conferência do Clima em Copenhague (COP-15)

Ano de nascimento	Entrada na creche	Primeiro ano	Sexto ano	Oitavo ano
2006	2009	2012	2017	2019

Bob Thomas/Getty Images

Copa do Mundo de Futebol na Alemanha.

NASA/SPL/Latinstock

Robô *Curiosity*, da Nasa, pousa em Marte

Mural

A organização de um mural é uma atividade que permite selecionar e debater temas específicos ligados aos conteúdos estudados nas aulas. Essa atividade, desenvolvida pela classe dividida em grupos, contribui para a contextualização dos temas e para a construção do conhecimento.

Textos jornalísticos e científicos também podem ser incorporados ao mural, mas todo o conteúdo deve ser muito bem organizado de modo a atrair as pessoas e tornar mais claros aspectos dos temas estudados.

O mural deve ser colocado em um lugar visível e de fácil acesso para permitir sua leitura.

Sugerimos, a seguir, algumas dicas que podem auxiliar na organização de um mural:

1º passo

Definição das características do mural

É importante decidir, em conjunto com a classe, o perfil do mural:

- Qual será seu título?
- Como o conteúdo estudado será relacionado com as informações expostas no mural? (Produção de artigos ou resumos, exposição de notícias de jornais e revistas, charges, pesquisas, entrevistas, gráficos, etc.)

- Que materiais serão utilizados no mural?
- Em que lugar será colocado o mural?
- Qual deve ser a ordem de exposição dos trabalhos?
- Quanto tempo cada trabalho ficará exposto?
- Haverá uma apresentação oral dos temas e materiais expostos pelos grupos?

2º passo

Levantamento de materiais

De acordo com o tema em debate e com as orientações do professor, façam um levantamento do material que pode compor o mural ou que sirva de fonte para a atividade solicitada (resumos, pequenos artigos, entrevistas, pesquisas).

As fontes podem ser jornais, revistas, enciclopédias, livros, *sites*, imagens, mapas, etc. Lembrem-se de pesquisar em fontes variadas e informar todos os dados bibliográficos das fontes utilizadas: título, autor, local e data de publicação, legendas e autoria das imagens. Essas informações dão maior credibilidade ao material exposto.

3º passo

Pesquisa e organização das informações

É necessário ler com atenção todo o material selecionado, identificando as principais ideias de cada texto, resumindo os conteúdos mais importantes e debatendo com os colegas os temas a serem expostos. No processo de leitura e discussão, procurem identificar o material (texto, imagem, gráfico, mapa, etc.) que melhor explique o assunto em questão.

É importante pesquisar e expor diferentes pontos de vista sobre o mesmo tema para que os leitores tenham condições de refletir e tirar suas próprias conclusões.

Dica

Na produção e organização do material a ser exposto, são fundamentais a correção e a clareza dos textos, que devem ser escritos com letras grandes.

4º passo

Construção do mural

O material deve ser bem distribuído pelo mural para chamar a atenção dos leitores. Os assuntos podem ser divididos em seções (por exemplo: "atualidades", "pesquisas", "entrevistas") de espaços fixos para que os leitores se habituem com sua distribuição no mural e tenham facilidade para encontrá-las.

O uso harmonioso de diferentes cores também ajuda a chamar a atenção para os temas. O conteúdo do mural deve ser renovado com frequência, mantendo assim o interesse dos leitores. Os temas expostos (artigos, reportagens, entrevistas, etc.) não devem ser muito extensos para que a leitura seja dinâmica e agradável. Deve-se evitar a repetição dos assuntos abordados.

O nome de cada um dos responsáveis pelo mural deve ser informado no rodapé.

Zakir Hossain Chowdhury/NurPhoto/Corbis/Latinstock

Estudantes de uma escola em Daca, capital de Bangladesh, expõem sua revista-mural no Festival Nacional de Revista-Mural, que ocorre há sete anos no país. O evento busca explorar o talento, a criatividade e a força de vontade da juventude, por meio da criação de um espaço para a troca de pontos de vista. Foto de 2014.

Pesquisa

A pesquisa escolar é uma atividade de leitura, seleção, organização e interpretação de informações com o objetivo de ampliar o conhecimento sobre determinado assunto.

A pesquisa exige também criatividade e espírito investigativo para chegar às explicações. Pesquisa não é simplesmente fazer uma cópia do material, mas escrever com suas palavras o que você entendeu dos textos selecionados.

Os itens básicos de uma pesquisa são: introdução, desenvolvimento, conclusão, bibliografia e anexos (opcional).

A seguir, um roteiro para a elaboração de uma pesquisa:

1º passo

Planejamento

- Definição do tema de acordo com as orientações do professor;
- Definição das fontes a serem consultadas: enciclopédias, dicionários, livros, internet, jornais, revistas especializadas, programas de rádio e TV, conferências, observação pessoal;
- Planejamento do tempo necessário para a realização da pesquisa – é importante organizar seu tempo observando o prazo para a entrega da pesquisa e as atividades a serem realizadas.

2º passo

Seleção das fontes de pesquisa

- Escolha as fontes de acordo com o tema e com os objetivos da pesquisa. Procure variar os tipos de fonte para obter diferentes informações e poder compará-las;
- Leitura e resumo do material selecionado.

3º passo

Organização das informações

- Organize as informações de acordo com os objetivos da pesquisa;
- Registre tudo o que considerar importante;
- Cite o material de onde retirou as informações.

4º passo

Redação da pesquisa

- **Introdução**: Apresente de maneira resumida o esquema geral da pesquisa – o tema, as principais ideias ou assuntos abordados, como o trabalho está organizado e quais são os objetivos da pesquisa.
- **Desenvolvimento (ou "corpo do trabalho")**: Com base em suas anotações, explique de forma clara e ordenada o assunto da pesquisa, resumindo com suas palavras as informações e ideias encontradas. Você pode dividir os assuntos em títulos e subtítulos seguindo sempre o roteiro e objetivos da pesquisa.

  Os assuntos devem ser apresentados ordenadamente e devem tratar apenas do tema proposto. Ao final, releia seu texto. Verifique se ele está claro. Corrija possíveis erros gramaticais e de concordância. Verifique se escreveu tudo o que sabe sobre o assunto.

  As frases ou trechos de livros, revistas, jornais e enciclopédias devem ser citados entre aspas. Cada citação deve ser seguida da referência ao texto citado (isso se chama *referência bibliográfica*). Para isso, siga o seguinte modelo: Abra parêntese. Sobrenome do autor, em letras maiúsculas (ou caixa-alta), seguido de vírgula e do primeiro nome do autor, mas tendo apenas a primeira letra em maiúscula (ou caixa-alta e baixa). *Título da obra* (em itálico). Edição. Local em que a obra foi publicada, seguido de dois-pontos e da editora, data de publicação e número da página. Feche o parêntese.

(Veja as regras para citação no item *Bibliografia*.)

- **Conclusão**: Faça um resumo do trabalho mostrando aquilo que aprendeu. Procure se expressar de forma clara.
- **Bibliografia**: É a lista de obras ou publicações consultadas. A bibliografia deve incluir os dados sobre todo o material utilizado para desenvolver a pesquisa, inclusive endereços dos *sites* consultados na internet.

- **Livros**: Sobrenome do autor em letras maiúsculas (ou caixa-alta), nome do autor. *Título da obra* (em itálico). Edição. Local em que a obra foi publicada: editora, data de publicação.

  Exemplo: HUXLEY, Aldous. *Admirável mundo novo*. 8. ed. São Paulo: Editora Globo, 1980.
- **Artigos de jornais**: Sobrenome do autor em letras maiúsculas (ou caixa-alta), nome. Título do artigo. *Nome do jornal*. Local de publicação, data. Nome do suplemento ou caderno e página.

  Exemplo: TUPINAMBÁS, Glória. Unesco declara 2011 como ano internacional da Química. *Estado de Minas*. Belo Horizonte, 5 abr. 2011, n. 25 261. Caderno Educação.
- **Artigos de revista**: Sobrenome do autor (em caixa-alta), nome. Título do artigo. *Nome da revista*. Local de publicação, editora, número do volume, fascículo, folha inicial e final do artigo, data.

  Exemplo: BALDUINO, Ludmila. Segredos dos Elementos. *Revista Recreio*. São Paulo: Abril, n. 544, Ano 11, p. 14-15, ago. 2008.
- **Enciclopédias e dicionários**: Sobrenome do autor em letras maiúsculas (ou caixa-alta), nome do autor. "Título do artigo pesquisado", *Nome da enciclopédia*, número do volume. Local: Editora, ano.

  Exemplo: FERREIRA, Aurélio B. de Hollanda. "Ciclone". *Novo Dicionário da Língua Portuguesa*. 2. ed. Rio de Janeiro: Nova Fronteira, 1986.
- **CD-ROM**: AUTOR. *Título*. Local de publicação: Editora, data. Tipo de mídia.

  Exemplo: ALMANAQUE ABRIL: sua fonte de pesquisa. São Paulo: Abril, 1998. CD-ROM (1).
- **Documento eletrônico**: SOBRENOME, Nome. *Título*. Local, ano. Número de página ou volume. (Série, se houver). Disponível em: <http://...>. Acesso em: dia mês (abreviado, apenas as 3 primeiras letras, com exceção do mês de maio, que entra por completo) ano.

  Exemplo: SOBÂNIA, Roseane Ribeiro. *Usina Eólica iniciará transmissão em dezembro*. Florianópolis, 2010. Disponível em: <www.ser rasc.com.br/index.php?option=com_content&view=article&id=951:usina-eolica-iniciara--transmissao>. Acesso em: 4 fev. 2015.
- **Páginas da Internet**: Título da página, endereço do *website* dentro dos caracteres < > e data em que se acessou o *website* (no mesmo formato utilizado para documento eletrônico).

  Exemplo: Ministério da Educação - MEC. Disponível em: <www.mec.gov.br/>. Acesso em: 4 fev. 2015.
- **Anexos**

Nos anexos, colocamos informações que complementam a pesquisa, tais como: figuras, mapas, fotografias, gráficos, reportagens de jornais ou revistas, entrevistas, entre outros complementos. Você deve indicar a origem desses materiais e seus autores. As imagens devem conter legendas indicando o assunto, o autor, o ano em que foram feitas e de onde foram extraídas.

- **Aspectos gráficos – Capa e Índice**

A capa deve conter:

- Nome da escola, da disciplina e do professor;
- Nome do autor ou autores, número de cada um (se houver mais de um autor) e turma;
- Título do trabalho (em letras maiores);
- Ilustração de acordo com o tema (opcional).

O índice é uma lista dos assuntos do trabalho, na qual devem constar títulos e subtítulos da pesquisa, com indicação das páginas do trabalho nas quais aparecem.

Resumo

Resumo é a apresentação, com suas palavras, das principais ideias do texto. Eliminar os aspectos secundários do texto, ou seja, retirar informações que não comprometam seu entendimento, ajuda na tarefa de resumir o assunto em questão.

Um bom resumo deve destacar as informações fundamentais do texto, respeitando o pensamento do autor e a ordem das ideias apresentadas.

Veja a seguir os passos para a elaboração de um resumo:

1º passo

Leitura e compreensão do texto

Procure identificar as principais ideias em cada parágrafo do texto. Sublinhe e anote essas ideias para depois elaborar seu próprio texto.

2º passo

Redação do resumo

Informe, no cabeçalho, o título do texto, o nome do autor, o local e a data de sua publicação.

As ideias ou conceitos repetidos podem ser substituídos por uma ideia-chave que resuma todas as outras. Busque eliminar as informações que não sejam essenciais para o entendimento do texto. Procure respeitar o conteúdo do texto e as ideias do autor e elabore um resumo com suas palavras, mas evitando colocar suas opiniões ou julgamento sobre o assunto.

3º passo

Leitura e revisão do resumo

Leia o texto que você escreveu e verifique se é possível identificar as principais ideias do autor. Observe se a linguagem está clara e adequada. Faça as correções necessárias.

Exemplo de resumo

Matéria original:

junho de 2011

Uma história entre a África e o Brasil

Governo federal firma parceria com Benim para identificar e preservar patrimônios ligados à rica história de relação entre os dois países

por Graziella Beting

Brasil e Benim são dois países com muita história em comum. A maior parte dos escravos trazidos à América portuguesa veio do país africano, onde os lusos mantinham um entreposto desde o século XVII. Depois da abolição da escravatura, muitos libertos e seus descendentes retornaram para a África, levando muito da cultura brasileira e europeia para lá.

Essas influências mútuas estão sendo agora inventariadas. Desde o ano passado, os governos dos dois países firmaram um acordo de cooperação para a identificação, valorização e preservação dos bens comuns às duas culturas, tanto cá como lá. Este ano, o projeto, que deve ser concluído em 2012, começou a sair do papel.

Iphan/Divulgação

Casa com arquitetura de influência brasileira transformada em escola em Benim, na África. Foto de 2011.

Muitas das casas construídas no Benim no século XIX por africanos que nasceram ou viveram no Brasil apresentam características da arquitetura nacional. São sobrados espaçosos, que destoam da arquitetura local e são conhecidas como "casas brasileiras". Há também igrejas que se parecem com as barrocas daqui, e, além disso, no Benim, comemora-se o Carnaval, nos moldes da nossa festa. Por outro lado, o acarajé feito pelas baianas em Salvador, considerado patrimônio imaterial brasileiro, tem origem africana e é encontrado no Benim.

Graziella Beting é jornalista e tradutora.

BETING, Graziella. Uma história entre a África e o Brasil. *História Viva*. São Paulo: Duetto Editorial, 2011. Disponível em: <www2.uol.com.br/historiaviva/noticias/uma_historia_entre_a_africa_e_o_brasil.html>. Acesso em: jan. 2015.

Elaboração do resumo:

1. Referências de publicação da matéria original:

BETING, Graziella. Uma história entre a África e o Brasil. *História Viva*. São Paulo: Duetto Editorial, 2011. Disponível em: <www2.uol.com.br/historiaviva/noticias/uma_historia_entre_a_africa_e_o_brasil.html>. Acesso em: jan. 2015.

2. Resumo:

Brasil e Benim, país africano, têm muita história em comum. A maior parte dos escravos da América portuguesa é oriunda de Benim. Depois da abolição da escravatura no Brasil, muitos ex-escravos e seus descendentes voltaram para a África, levando muito da cultura brasileira e europeia para lá.

No Benim há diversos sobrados espaçosos com características da arquitetura brasileira do século XIX. São chamados de "casas brasileiras". As igrejas também se parecem com as igrejas barrocas daqui. E, tanto lá como aqui, o Carnaval é comemorado da mesma maneira. Outro ponto em comum é o acarajé das baianas de Salvador, considerado patrimônio imaterial brasileiro, que tem origem africana e é encontrado no Benim.

Seminário

Seminário é uma dinâmica de estudo em grupo que busca uma análise mais aprofundada de um tema. A leitura, reflexão e o debate coletivo do tema são as principais características dessa atividade.

Em poucas palavras, seminário consiste na exposição, por um aluno ou por um grupo de alunos, de um tema preestabelecido. À exposição se segue um debate que pode englobar toda a classe.

Trata-se de uma atividade que exige a participação ativa dos apresentadores e da plateia para que o conhecimento seja construído em grupo e socializado de forma dinâmica.

Para expor o assunto, o grupo pode utilizar diversos recursos: exposição oral, quadro-negro, *slides* (se o grupo ou a escola tiverem os recursos necessários), cartazes, encenações, filmes, músicas, etc.

Os passos seguintes são necessários para organizar e desenvolver um seminário:

1º passo

Preparação do seminário

- Definição e distribuição dos temas pelo professor para os vários grupos da classe;
- Orientação coletiva, na qual serão definidos os objetivos, as características da pesquisa (pesquisa bibliográfica, pesquisa de campo ou ambas), a dinâmica de trabalho e o cronograma de apresentação;
- Reunião dos integrantes de cada grupo para preparar o seminário;
- Com base na bibliografia indicada pelo professor, seleção dos materiais pelos membros do

grupo e início das leituras, procurando identificar e debater os principais conceitos e ideias contidos nos textos consultados. É importante comparar a opinião de diferentes autores sobre o assunto estudado para que a discussão seja mais rica;

- Busca de materiais e recursos de ensino necessários à realização do seminário, como *slides*, se o grupo ou a escola tiverem os recursos necessários; cartazes, filmes, músicas, etc.

2º passo

Divisão dos temas a serem apresentados

Após a leitura e reflexão conjunta de toda a bibliografia sobre o tema proposto, cada membro do grupo deverá ficar responsável pela apresentação de um ou mais assuntos.

A divisão deve ser equilibrada e todos os componentes do grupo devem participar da apresentação oral e dos debates propostos.

Decorar o texto não deve ser uma preocupação. É necessário entender o assunto e, assim, dominar seus principais aspectos.

> **Dica**
>
> O tema e subtemas do seminário devem ser compreendidos por todos os membros do grupo. Se ainda persistirem dúvidas ou dificuldades, procurem esclarecer em conjunto. Se necessário, peçam auxílio ao professor.

3º passo

Elaboração do roteiro

Para facilitar e orientar a apresentação do seminário é necessário fazer um roteiro, que deverá ser impresso e entregue a todos os participantes (plateia) no dia do seminário.

Assim, todos poderão saber o que será debatido e se preparar melhor para participar das discussões posteriores à apresentação.

O roteiro deve conter:

- **Cabeçalho**: identificação do tema, nomes dos membros do grupo, classe, nome do professor;
- **Lista**: tópicos que serão desenvolvidos;
- **Introdução**: texto no qual o tema deve ser colocado em seu contexto histórico, ou seja, na época e no ambiente social nos quais ele surgiu. Também devem ser explicados na introdução a importância e os objetivos do seminário;
- **Desenvolvimento**: apresentação dos principais conceitos e ideias dos autores pesquisados. Também é importante abordar aspectos dos momentos históricos relativos ao tema que auxiliem na sua compreensão;
- **Finalização**: levantamento e apresentação dos problemas (questionamentos) surgidos na pesquisa para discussão com a turma;
- **Conclusão**: exposição das ideias a que o grupo chegou;
- **Bibliografia**: divulgação das fontes de pesquisa (principais autores consultados).

4º passo

Exposição

A apresentação do seminário deve seguir uma ordem lógica, estabelecida pelo roteiro.

As falas não devem ser decoradas. O texto decorado não estimula o desenvolvimento de novas ideias e não favorece a reflexão. Para que a exposição seja dinâmica e clara, procurem explicar o texto com suas próprias palavras, com exemplos simples, sempre que necessário.

Usem todos os recursos necessários para facilitar a compreensão do tema em debate. Todas as imagens, vídeos, fotos, cartazes, etc. devem ser explicados e relacionados ao tema.

No momento da discussão com a classe, é importante saber ouvir e respeitar as diferentes opiniões. Lembrem-se: a opinião do grupo não é a única possível. Até mesmo dentro do grupo podemos ter diferentes opiniões e conclusões. Expô-las e refletir sobre elas só aumenta as possibilidades de compreensão.

> **Dica**
>
> Procurem falar em um tom de voz que todos possam ouvir. A fala deve ser tranquila e clara. A pronúncia correta das palavras também é importante. Cuidado com o uso de gírias!

Glossário*

* Palavras definidas ao longo do livro e na página em que se encontram.

Bibliografia

AMARAL, Antonio Barreto do. *Dicionário de história de São Paulo*. São Paulo: Imprensa Oficial, 2006.

ANDRADE, Manuel Correia de. *Abolição e reforma agrária*. São Paulo: Ática, 2001.

ANDREWS, George Reid. *Negros e brancos em São Paulo (1888-1988)*. Bauru: Edusc, 1998.

ARIÈS, Philippe; DUBY, Georges. *História da vida privada*. São Paulo: Companhia das Letras, 1990. v. 5.

ASHTON, T. S. *A Revolução Industrial*. Portugal: Publicações Europa-América, 1977.

ATLANTE Geografico Moderno. Novara: Istituto Geografico de Agostini, 1998.

AZEVEDO, Antonio Carlos do Amaral. *Dicionário de nomes, termos e conceitos históricos*. Rio de Janeiro: Nova Fronteira, 1999.

AZEVEDO, Celia Maria Marinho de. *Onda negra, medo branco*: o negro no imaginário das elites século XIX. São Paulo: Annablume, 2004.

BARBOSA, Lucia Maria de Assunção et al. (Org.). *De preto a afrodescendente:* trajetos de pesquisa sobre relações étnico-raciais no Brasil. São Carlos: Edufscar, 2003.

BELLUZO, Ana Maria de Moraes. *O Brasil dos viajantes*. São Paulo: Objetiva/Metalivros, 1999.

BERNAND, Carmen; GRUZINSKI, Serge. *História do Novo Mundo 2*: as mestiçagens. São Paulo: Edusp, 2006.

BETHELL, Leslie (Org.). *A abolição do comércio brasileiro de escravos:* a Grã-Bretanha, o Brasil e a questão do comércio de escravos 1807-1969. Brasília: Senado Federal, 2002.

______. *História da América Latina*. São Paulo: Edusp; Brasília: Fundação Alexandre de Gusmão, 2004. v. 7.

BOBBIO, Norberto; MATTEUCCI, Incola; PASQUINO, Gianfranco. *Dicionário de Política*. Brasília: Ed. da UnB; São Paulo:/Imprensa Oficial, 2000.

BOUDON, Raymond; BOURRICAUD, François. *Dicionário crítico de Sociologia*. São Paulo: Ática, 2001.

BRAGA, Marco et al. *Breve história da ciência moderna*. Rio de Janeiro: Jorge Zahar Editor, 2006. v. 4.

BURKE, Peter. *Testemunha ocular*: história e imagem. Bauru: Edusc, 2004.

______. *Uma história social do conhecimento:* de Gutenberg a Diderot. Rio de Janeiro: Jorge Zahar, 2003.

CALDEIRA, Jorge. *A nação mercantilista*. São Paulo: Editora 34, 1999.

CANDIDO Lopez. Buenos Aires: Ediciones Banco Velox, [s.d.].

CARDOSO, Ciro Flamarion S. *O trabalho na América Latina colonial*. São Paulo: Ática, 1995.

CARDOSO, Maurício et al. *Negro e negritude*. São Paulo: Loyola, 1997.

CARDOSO, Rafael. *A arte brasileira em 25 quadros*. Rio de Janeiro: Record, 2008.

CARNEIRO, Maria Luiza Tucci. *O racismo na história do Brasil*. São Paulo: Ática, 2002.

CARONE, Edgard. *Classes sociais e movimento operário*. São Paulo: Ática, 1989.

CARR, Edward Hallett. *Que é História?*. Rio de Janeiro: Paz e Terra, 1982.

CARVALHO, José Murilo de. *A formação das almas*. São Paulo: Companhia das Letras, 1990.

______. *Cidadania no Brasil. O longo caminho*. Rio de Janeiro: Civilização Brasileira, 2003.

______. *Os bestializados*. São Paulo: Companhia das Letras, 1987.

CASCUDO, Luís da Câmara. *Dicionário do folclore brasileiro*. Belo Horizonte: Itatiaia; São Paulo: Edusp, 1988.

______. *História da alimentação no Brasil*. Belo Horizonte: Itatiaia; São Paulo: Edusp, 1983. 2 v.

______. *Made in África*. São Paulo: Global, 2002.

CASTELNAU, Francis de. *Entrevistas com escravos africanos na Bahia oitocentista*. Rio de Janeiro: José Olympio, 2006.

CASTRO, Therezinha de. *História documental do Brasil*. Rio de Janeiro: Record, 1968.

CHALHOUB, Sidney et al. (Org.). *Artes e ofícios de curar no Brasil*. Campinas: Ed. da Unicamp, 2003.

______. *Cidade febril:* cortiços e epidemias na Corte imperial. São Paulo: Companhia das Letras, 1996.

______. *Trabalho, lar e botequim*. Campinas: Ed. da Unicamp, 2001.

CHANU, Pierre. *A civilização da Europa das luzes*. Lisboa: Editorial Estampa, 1985. v. 2.

CHASTEEN, John Charles. *América Latina:* uma história de sangue e fogo. Rio de Janeiro: Campus, 2003.

CHRISTO, Maraliz de Castro Vieira. *Pintura, história e heróis no século XIX:* Pedro Américo e "Tiradentes esquartejado". 2005. Tese (Doutorado) - Unicamp, Campinas, 2005.

COIMBRA, Raimundo Olavo. *A bandeira do Brasil*. Rio de Janeiro: IBGE, 1979.

COLI, Jorge. *Como estudar a arte brasileira do século XIX*. São Paulo: Senac, 2005.

COSTA, Sérgio. *Dois Atlânticos:* teoria social, antirracismo, cosmopolitismo. Belo Horizonte: Ed. da UFMG, 2006.

CUMMING, Robert. *Para entender a arte*. São Paulo: Ática, 2000.

CUNHA, Manuela Carneiro da (Org.). *História dos índios no Brasil*. São Paulo: Companhia das Letras/Secretaria Municipal de Cultura/Fapesp, 1992.

DAVATZ, Thomas. *Memórias de um colono no Brasil*. São Paulo: Martins/Edusp, 1972.

DECCA, Maria Auxiliadora Guzzo de. *Indústria, trabalho e cotidiano*: Brasil — 1889 a 1930. São Paulo: Atual, 1991.

DICIONÁRIO de história do Brasil. São Paulo: Melhoramentos, 1976.

DORATIOTO, Francisco. *Maldita guerra*. São Paulo: Companhia das Letras, 2002.

______. *O conflito com o Paraguai:* a grande guerra do Brasil. São Paulo: Ática, 1996.

DOURADO, Maria Teresa Garritano. *Mulheres comuns, senhoras respeitáveis:* a presença feminina na Guerra do Paraguai. 2002. Dissertação (Mestrado) - UFMS, Campo Grande.

DUBY, Georges; PERROT, Michelle. *História das mulheres*. Porto: Alumbramento, 1990. v. 5.

FALCON, Francisco José Calazans. *Iluminismo*. São Paulo: Ática, 2002.

FARIA, Antonio Augusto da Costa; ARROS, Edgard Luiz de. *Os abolicionistas*. São Paulo: Ática, 2003.

FAUSTO, Boris. *História do Brasil*. São Paulo: Edusp/FDE, 1998.

FERNANDES, Joana. *Índio*: esse nosso desconhecido. Cuiabá: Ed. da UFMT, 1993.

FERRO, Marc. *História das colonizações*: das conquistas às independências — Século XIII a XX. São Paulo: Companhia das Letras, 1996.

FLORES, Moacyr. *República Rio-Grandense*: realidade e utopia. Porto Alegre: EdiPUCRS, 2002.

FRAGA FILHO, Walter. *Encruzilhadas da liberdade*. Campinas: Ed. da Unicamp, 2006.

FRAGOSO, João; GOUVÊA, Maria de Fátima. *O Brasil colonial*. 3 vol. Rio de Janeiro: Civilização Brasileira, 2014.

FRANÇA, Paulo Endrigo. *O riacho do Ipiranga e a Independência nos traços dos geógrafos, nos pincéis dos artistas e nos registros dos historiadores (1822-1889)*. 2008. Dissertação (Mestrado) — UnB, Brasília, 2008.

FREYRE, Gilberto. *Casa-grande & senzala*. Rio de Janeiro: Record, 2002.

FRIEDMAN, Meyer; FRIEDLAND, Gerald W. *As dez maiores descobertas da Medicina*. São Paulo: Companhia das Letras, 2000.

GASMAN, Lydinéa. *Documentos históricos brasileiros*. Rio de Janeiro: Fename, 1976.

GENOVESE, Eugene D. *A terra prometida*. Rio de Janeiro: Paz e Terra, 1988.

GODECHOT, Jacques. *Europa e América no tempo de Napoleão (1800-1815)*. São Paulo: Edusp, 1984.

GOMES, Angela de Castro; PANDOLFI, Dulce Chaves; ALBERTI, Verana (Org.). *A República no Brasil*. Rio de Janeiro: Nova Fronteira/CPDOC, 2002.

GONÇALVES, Regina Célia. *Guerras e açúcares:* política e economia na Capitania da Parayba – 1585-1630. Bauru: Edusc, 2007.

GONDRA, José. *Artes de civilizar:* Medicina, higiene e educação escolar na Corte imperial. Rio de Janeiro: Eduerj, 2004.

GORENDER, Jacob. *A escravidão reabilitada.* São Paulo: Ática, 1991.

______. *O escravismo colonial.* São Paulo: Ática, 2001.

GRAHAN, Sandra Lauderdale. *Proteção e obediência:* criadas e seus patrões no Rio de Janeiro – 1860-1910. São Paulo: Companhia das Letras, 1988.

GRANGEIRO, Cândido Domingues. *As artes de um negócio:* a febre photographica. Campinas: Mercado das Letras; São Paulo: Fapesp, 2000.

GRUPIONI, Luís Donisete Benzi (Org.). *Índios no Brasil.* São Paulo: Secretaria Municipal de Cultura, 1992.

HAGEN, Rose-Marie; HAGEN, Rainer. *Los secretos de las obras de arte.* Madrid: Taschen, 2005.

HARRO-HARRING, Paul. *Esboços tropicais do Brasil.* São Paulo: Instituto Moreira Salles, 1996.

HASENBALG, Carlos. *Discriminação e desigualdades raciais no Brasil.* Belo Horizonte: Editora UFMG; Rio de Janeiro: Iuperj, 2005.

HILL, Pascoe Grenfell. *Cinquenta dias a bordo de um navio negreiro.* Rio de Janeiro: José Olympio, 2006.

HISTÓRIA em Revista. Rio de Janeiro: Time-Life/Abril Livros, 1996. 26 v.

HOBSBAWM, Eric J. *A era das revoluções:* Europa 1789-1848. Rio de Janeiro: Paz e Terra, 2002.

______. *Ecos da Marselhesa.* São Paulo: Companhia das Letras, 1996.

______. *Mundos do trabalho.* Rio de Janeiro: Paz e Terra, 2000.

______. *Revolucionários.* Rio de Janeiro: Paz e Terra, 2003.

HOCHSCHILD, Adam. *O fantasma do rei Leopoldo:* uma história de cobiça, terror e heroísmo na África colonial. São Paulo: Companhia das Letras, 1999.

HOLANDA, Sérgio Buarque de (Org.). *História Geral da Civilização Brasileira.* São Paulo: Difel, 1982.

HUBERMAN, Leo. *História da riqueza do homem.* Rio de Janeiro: Zahar Editores, 1976.

IBGE. *Estatísticas históricas do Brasil:* séries econômicas, demográficas e sociais de 1550 a 1988. Rio de Janeiro, 1990.

JANCSÓ, István (Org.). *Brasil:* formação do Estado e da nação. São Paulo: Fapesp/Hucitec; Ijuí: Unijuí, 2003.

KARNAL, Leandro et al. *História dos Estados Unidos:* das origens ao século XXI. São Paulo: Contexto, 2008.

KARASCH, Mary C. *A vida dos escravos no Rio de Janeiro (1808-1850).* São Paulo: Companhia das Letras, 2000.

LA BRETONNE, Restif de. *As noites revolucionárias.* São Paulo: Estação Liberdade, 1989.

LEAL, Victor Nunes. *Coronelismo, enxada e voto.* São Paulo: Alfa-Ômega, 1975.

LEFEBVRE, Georges. *A Revolução Francesa.* São Paulo: Ibrasa, 1989.

LEITE, Míriam Moreira (Org.). *A condição feminina no Rio de Janeiro:* século XIX. São Paulo: Hucitec/Edusp; Brasília: Fundação Nacional Pró-Memória, 1984.

LEWKOWICZS, Ida et al. *Trabalho compulsório e trabalho livre na história do Brasil.* São Paulo: Ed. da Unesp, 2008.

LIMA, Oliveira. *D. João VI no Brasil.* Rio de Janeiro: Topbooks, 2006.

LOPES, Eliane Marta Teixeira (Org.) et al. *500 anos de educação no Brasil.* Belo Horizonte: Autêntica, 2000.

LOPES, Nei. *Bantos, malês e identidade negra.* Belo Horizonte: Autêntica, 2006.

______. *Enciclopédia brasileira da diáspora africana.* São Paulo: Selo Negro, 2004.

MACHADO, Vladimir. *Dos esboços pictóricos às rotundas dos dioramas:* a fotografia nas pinturas das batalhas de Pedro Américo. 2004. Tese (Doutorado) – USP, São Paulo, 2004.

MAIO, Marcos Chor; SANTOS, Ricardo Ventura (Org.). *Raça, ciência e sociedade.* Rio de Janeiro: Editora Fiocruz/CCBB, 1996.

MARTINS, Ana Luiza. *História do café.* São Paulo: Contexto, 2008.

MARX, Karl. *O dezoito Brumário de Louis Bonaparte*. São Paulo: Editora Moraes, 1987.

______; ENGELS, Friedrich. *Manifesto do Partido Comunista*. Rio de Janeiro: Editorial Vitória, 1963.

MAZZEO, Antonio Carlos. *Burguesia e capitalismo no Brasil*. São Paulo: Ática, 1995.

MELATTI, Julio Cezar. *Índios do Brasil*. São Paulo: Edusp, 2007.

MELLO, Evaldo Cabral de (Org.). *Frei Joaquim do Amor Divino Caneca*. São Paulo: Ed. 34, 2001.

MILLIET, Maria Alice. *Tiradentes:* o corpo do herói. São Paulo: Martins Fontes, 2001.

MONTEIRO, Hamilton M. *Brasil Império*. São Paulo: Ática, 1994.

______. *Brasil República*. São Paulo: Ática, 1986.

MONTEIRO, Tobias. *História do Império:* o Primeiro Reinado. Belo Horizonte: Itatiaia; São Paulo: Edusp, 1982.

MONTENEGRO, Antonio Torres. *Abolição*. São Paulo: Ática, 1988.

MOREIRA, Carlos Eduardo et al. *Cidades negras:* africanos, crioulos e espaços urbanos no Brasil escravista do século XIX. São Paulo: Alameda, 2006.

MORIN, Tania Machado. *Virtuosas e perigosas*: as mulheres na Revolução Francesa. São Paulo: Alameda, 2013.

MOURA, Clóvis. *Dicionário da escravidão negra no Brasil*. São Paulo: Edusp, 2004.

______. *Rebeliões da senzala*. Porto Alegre: Mercado Aberto, 1988.

MUNANGA, Kabengele. *Negritude:* usos e sentidos. São Paulo: Ática, 1988.

______; GOMES, Nilma Lino. *O negro no Brasil de hoje*. São Paulo: Global, 2006.

NASCIMENTO, Milton Meira do; NASCIMENTO, Maria das Graças S. *Iluminismo:* a revolução das luzes. São Paulo: Ática, 2001.

NÉRÉ, Jacques. *História contemporânea*. Rio de Janeiro: Bertrand, 1991.

NEVES, Lúcia Helena Bastos Pereira das; MACHADO, Humberto Fernandes. *O Império do Brasil*. Rio de Janeiro: Nova Fronteira, 1999.

NEVINS, Allan; COMMAGER, Henry Steele. *Breve história dos Estados Unidos*. São Paulo: Alfa-Ômega, 1986.

NOVAIS, Fernando A. (Dir.); ALENCASTRO, Luiz Felipe de (Org.). *História da vida privada no Brasil*. São Paulo: Companhia das Letras, 1997. v. 4.

OLIVEIRA, Cecília Helena de Salles; MATTOS, Claudia Valladão de. *A independência e a construção do Império*. São Paulo: Atual, 1995.

______. *O brado do Ipiranga*. São Paulo: Edusp/Museu Paulista da Universidade de São Paulo, 1999.

OLIVER, Roland. *A experiência africana*. Rio de Janeiro: Jorge Zahar, 1994.

OLIVEIRA, Luís Valente de; RICUPERO, Rubens (Orgs.). *A abertura dos portos*. São Paulo: Editora Senac, 2007.

O'NEILL, Thomas. *A vinda da Família Real portuguesa para o Brasil*. Rio de Janeiro: José Olympio/Secretaria Municipal das Culturas, 2007.

PARÉS, Luis Nicolau. *A formação do candomblé:* história e ritual da nação jeje na Bahia. Campinas: Ed. da Unicamp, 2007.

PENNA, Lincoln de Abreu. *República brasileira*. Rio de Janeiro: Nova Fronteira, 1999.

PERROT, Michelle. *As mulheres ou os silêncios da História*. Bauru: Edusc, 2005.

PILETTI, Nelson. *História da educação no Brasil*. São Paulo: Ática, 1996.

PINTO, Maria Inez Machado Borges. *Cotidiano e sobrevivência*: a vida do trabalhador pobre na cidade de São Paulo, 1890-1914. São Paulo: Edusp, 1994.

POMER, Leon. *O surgimento das nações*. São Paulo: Atual/Ed. da Unicamp, 1985.

______. *Os conflitos na Bacia do Prata*. São Paulo: Brasiliense, 1979.

PORTO, Walter Costa; PEIXOTO, João Paulo M. (Orgs.). *Constituições do Brasil*. Brasília: Instituto Tancredo Neves/Fundação Friedrich Naumann, 1987.

PRADO JÚNIOR, Caio. *Formação do Brasil contemporâneo*. São Paulo: Brasiliense, 1971.

PREZIA, Benedito; HOORNAERT, Eduardo. *Esta terra tinha dono.* São Paulo: FTD, 1995.

PRIORE, Mary del (Org.). *História da criança no Brasil.* São Paulo: Contexto, 1986.

______ (Org.). *História das crianças no Brasil.* São Paulo: Contexto, 1999.

______. *História das mulheres no Brasil.* São Paulo: Contexto, 1997.

______, (Org.) et al. *Documentos de História do Brasil*: de Cabral aos anos 90. São Paulo: Scipione, 1997.

______; VENÂNCIO, Renato Pinto. *O livro de ouro da história do Brasil:* Rio de Janeiro: Ediouro, 2001.

PROENÇA, Graça. *História da Arte.* São Paulo: Ática, 2002.

QUEIROZ, Sueli Robles Reis de. *Escravidão negra no Brasil.* São Paulo: Ática, 1993.

REIS, João José. *A morte é uma festa:* ritos fúnebres e revolta popular no Brasil do século XIX. São Paulo: Companhia das Letras, 1991.

______. *Rebelião escrava no Brasil:* a história do levante dos malês em 1835. São Paulo: Companhia das Letras, 2003.

REIS, Nestor Goulart. *Imagens de vilas e cidades do Brasil colonial.* São Paulo: Edusp, 2000.

RÉMOND, René. *O século XIX (1815-1914).* São Paulo: Cultrix, 1974.

REVISTA DE HISTÓRIA DA BIBLIOTECA NACIONAL. Rio de Janeiro: Sociedade de Amigos da Biblioteca Nacional.

REVISTA HISTÓRIA VIVA. São Paulo: Duetto Editorial.

REVISTA NOSSA HISTÓRIA. Rio de Janeiro: Vera Cruz.

REZENDE, Antonio Paulo. *História do movimento operário no Brasil.* São Paulo: Ática, 1994.

RIBEIRO, Berta G. *O índio na cultura brasileira.* Rio de Janeiro: Revan, 1987.

RIBEIRO, Darcy. *O povo brasileiro.* São Paulo: Companhia das Letras, 1995.

RODRIGUES, Jaime. *De costa a costa*: escravos, marinheiros e intermediários do tráfico negreiro de Angola ao Rio de Janeiro (1780-1860). São Paulo: Companhia das Letras, 2005.

______. *O infame comércio:* propostas e experiências no final do tráfico de africanos para o Brasil (1800-1850). Campinas: Ed. da Unicamp/Cecult, 2000.

RUY, Affonso. *Primeira revolução social brasileira (1798).* São Paulo: Nacional; Brasília: INL, 1978.

SAINT-HILAIRE, Auguste de. *Viagem pelo distrito dos diamantes e litoral do Brasil.* Belo Horizonte: Itatiaia; São Paulo: Edusp, 1974.

SAMARA, Eni de Mesquita (Org.). *Populações:* (con)vivência e (in)tolerância. São Paulo: Humanitas, 2004.

SANDRONI, Paulo. *Novíssimo dicionário de economia.* São Paulo: Best Seller, 2002.

SCARANO, Julita. *Negro nas terras do ouro:* cotidiano e solidariedade – século XVIII. São Paulo: Brasiliense, 2002.

SCHLICHTA, Alcioni Borba Duarte. *A pintura histórica e a elaboração de uma certidão visual para a nação no século XIX.* 2006. Dissertação (Doutorado) – UFPR, Curitiba, 2006.

SCHULTZ, Kirsten. *Versalhes tropical:* Império, Monarquia e a Corte Real portuguesa no Rio de Janeiro, 1808-1821. Rio de Janeiro: Civilização Brasileira, 2008.

SCHUMAHER, Schuma; BRAZIL, Érico Vital. *Mulheres negras do Brasil.* Rio de Janeiro: Senac Nacional/REDEH, 2007.

SCHWARCZ, Lilia Moritz. *As barbas do imperador.* São Paulo: Companhia das Letras, 1998.

______; REIS, Letícia Vidor de Souza (Orgs.). *Negras imagens:* ensaios sobre cultura e escravidão no Brasil. São Paulo: Edusp/Estação Ciência, 1996.

SCHWARTZ, Stuart. *Escravos, roceiros e rebeldes.* Bauru: Edusc, 2001.

SETÚBAL, Maria Alice. *Terras paulistas:* histórias, arte, costumes. São Paulo: Cenpec/Imprensa Oficial, 2004.

SILVA, Alberto da Costa e. *Um rio chamado Atlântico:* a África no Brasil e o Brasil na África. Rio de Janeiro: Nova Fronteira/UFRJ, 2003.

SILVA, Eduardo. *Dom Obá II D´África, o príncipe do povo:* vida, tempo e pensamento de um homem livre de cor. São Paulo: Companhia das Letras, 1997.

SILVA, Maria Beatriz Nizza da. *A Gazeta do Rio de Janeiro (1808-1822):* cultura e sociedade. Rio de Janeiro: EdUERJ, 2007.

______. *Ser nobre na colônia.* São Paulo: Ed. da Unesp, 2005.

SILVA, Paula Pinto e. *Farinha, feijão e carne-seca:* um tripé culinário no Brasil colonial. São Paulo: Senac, 2005.

SINGER, Paul. *A formação da classe operária.* São Paulo: Atual, 1994.

SKIDMORE, Thomas E. *Uma história do Brasil.* Rio de Janeiro: Paz e Terra, 2003.

SMITH, Adam. *A riqueza das nações:* investigação sobre sua natureza e suas causas. São Paulo: Nova Cultural/Círculo do Livro, 1996.

SOARES, Luiz Carlos. *O "povo de Cam" na capital do Brasil:* a escravidão urbana no Rio de Janeiro do século XIX. Rio de Janeiro: Faperj/7 Letras, 2007.

SOARES, Mariza de Carvalho (Org.). *Rotas atlânticas da diáspora africana:* da baía do Benim ao Rio de Janeiro. Niterói: Ed. da UFF, 2007.

SOBOUL, Albert. *A Revolução Francesa.* São Paulo/Rio de Janeiro: Difel, 1976.

SODRÉ, Nelson Werneck. *História da imprensa no Brasil.* São Paulo: Martins Fontes, 1983.

SOUZA, Laura de Mello e. *Desclassificados do ouro:* a pobreza mineira no século XVII. Rio de Janeiro: Graal, 1990.

______ (Org.). *História da vida privada no Brasil.* São Paulo: Companhia das Letras, 1997. vol. 1 de 4.

______ (Org.). *O governo dos povos.* São Paulo: Alameda, 2009.

SOUZA, Marina de Mello e. *África e Brasil africano.* São Paulo: Ática, 2006.

TELLES, Augusto C. da Silva. *O Vale do Paraíba e a arquitetura do café.* Rio de Janeiro: Capivara, 2006.

THOMPSON, E. P. *A formação da classe operária inglesa.* Rio de Janeiro: Paz e Terra, 2001. 3 v.

THORNTON, John. *A África e os africanos na formação do mundo Atlântico.* Rio de Janeiro: Campus, 2004.

TINHORÃO, José Ramos. *As festas no Brasil colonial.* São Paulo: Editora 34, 2000.

______. *Os sons dos negros no Brasil:* cantos, danças, folguedos, origens. São Paulo: Editora 34, 2008.

TOCQUEVILLE, Alexis. *Democracia na América.* São Paulo: Companhia Editora Nacional/Edusp, 1969.

______. *O Antigo Regime e a Revolução.* Brasília: Ed. da UnB; São Paulo: Hucitec, 1989.

TORAL, André. *Imagens em desordem:* a iconografia da Guerra do Paraguai (1864-1870). São Paulo: Humanitas, 2001.

TURAZZI, Maria Inez. *A euforia do progresso e a imposição da ordem:* a engenharia, a indústria e a organização do trabalho na virada do século XIX ao XX. Rio de Janeiro: COPPE; São Paulo: Marco Zero, 1999.

TURRA, Cleusa; Venturi, Gustavo (Orgs.). *Racismo cordial:* a mais completa análise sobre preconceito de cor no Brasil. São Paulo: Ática, 1995.

VAINFAS, Ronaldo (Dir.). *Dicionário do Brasil colonial (1500-1808).* Rio de Janeiro: Objetiva, 2001.

______ (Dir.). *Dicionário do Brasil Imperial (1822-1889).* Rio de Janeiro: Objetiva, 2002.

______; NEVES, Lúcia Bastos Pereira das. *Dicionário do Brasil joanino (1808-1821).* Rio de Janeiro: Objetiva, 2008.

VIANA FILHO, Luís. *O negro na Bahia.* Rio de Janeiro: Nova Fronteira, 1988.

VIANA, Larissa. *O idioma da mestiçagem:* as irmandades de pardos na América portuguesa. Campinas: Ed. da Unicamp, 2007.

VOVELLE, Michel. *Imagens e imaginário na História.* São Paulo: Ática, 1997.

WESSELING, H. L. *Dividir para dominar:* a partilha da África (1880-1914). Rio de Janeiro: UFRJ/Revan, 1998.

WILCKEN, Patrick. *Império à deriva:* a corte portuguesa no Rio de Janeiro, 1808-1821. Rio de Janeiro: Objetiva, 2005.